S. FISCHER

Naomi Klein

GEGEN TRUMP

**Wie es dazu kam und
was wir jetzt tun müssen**

Aus dem Amerikanischen von
Gabriele Gockel, Sonja Schuhmacher
und Claus Varrelmann

S. FISCHER

Erschienen bei S. FISCHER

Die Originalausgabe erschien unter dem Titel
»No is Not Enough. Resisting Trump's Schock Politics
and Winning the World We Need«
im Verlag Haymarket Books, Chicago.
© Naomi Klein 2017

Für die deutschsprachige Ausgabe:
© 2017 S. Fischer Verlag GmbH,
Hedderichstr. 114, D-60596 Frankfurt am Main

Gesamtherstellung: CPI books GmbH, Leck
gesetzt aus der Trump Mediaeval sowie der Knockout
Printed in Germany
ISBN 978-3-10-397349-5

Für meine Mutter, Bonnie Sherr Klein,
die mir täglich etwas über Schockresilienz beibringt.

»Ich habe nicht vor, die amerikanische Regierung zu
stürzen, das haben die Konzerne schon erledigt.«

John Trudell
Santee-Dakota-Aktivist, Künstler und Dichter (1946–2015)

Inhalt

Einführung

Schock.

Dieses Wort fällt immer wieder, seit Donald Trump im November 2016 gewählt wurde – um die Wahlergebnisse zu beschreiben, die den Umfragen trotzten, um den Seelenzustand jener darzustellen, die seinen Aufstieg zur Macht beobachteten, und um die Blitzkriegtaktiken zu schildern, mit denen er Politik macht. Sogar seine Beraterin Kellyanne Conway hat im Zusammenhang mit der neuen Ära wiederholt von einem »Schock für das System« gesprochen.

Seit annähernd zwei Jahrzehnten beschäftige ich mich mit den gesellschaftlichen Auswirkungen großer Schocks – wie sie entstehen, wie sie von Politikern und Unternehmen ausgenutzt werden und wie sie sogar bewusst verschärft werden, um gegenüber einer desorientierten Bevölkerung die Oberhand zu gewinnen. Ich habe aber auch über die andere Seite der Medaille berichtet: Wie Gesellschaften angesichts einer Krise, die alle betrifft, zusammenfinden und die Welt zum Besseren verändern.

Als ich Trumps Aufstieg beobachtete, hatte ich ein seltsames Gefühl. Nicht nur, dass er die Schock-Strategie auf das mächtigste und schwerstbewaffnete Land der Welt anwendet. Es ist noch mehr als das. In Büchern, Dokumentarfilmen und investigativen Berichten habe ich diverse Trends dokumentiert: den Aufstieg der Supermarken, die wachsende Macht privaten Reichtums über das politische

System, die globale Durchsetzung des Neoliberalismus, wobei häufig Rassismus und Angst vor den »anderen« als Mittel zum Zweck dienten, die verheerenden Folgen des Freihandels im Dienst der Konzerne und die tiefen Wurzeln, die die Leugnung des Klimawandels im rechten Lager geschlagen hat. Und als ich mit meinen Recherchen zu Trump begann, erschien er mir allmählich wie Frankensteins Monster, zusammengeflickt aus den Leichenteilen all dieser und weiterer gefährlicher Tendenzen.

Vor zehn Jahren erschien mein Buch *Die Schock-Strategie: Der Aufstieg des Katastrophenkapitalismus*, eine Untersuchung, die vier Jahrzehnte umspannte, von Chile nach Augusto Pinochets Putsch bis Russland nach dem Zusammenbruch der Sowjetunion, von Bagdad unter der US-amerikanischen »Shock-and-Awe«-Attacke bis New Orleans nach dem Hurrikan Katrina. Der Begriff »Schock-Strategie« beschreibt die brutale Taktik, die Desorientierung der Öffentlichkeit auszunutzen, wenn sie in einen kollektiven Schockzustand verfällt – nach Kriegen, Terroranschlägen, Marktzusammenbrüchen oder Naturkatastrophen –, um radikale konzernfreundliche Maßnahmen durchzudrücken, ein Vorgehen, das häufig unter dem Begriff »Schocktherapie« läuft.

Zwar sprengt Trump den gewohnten Rahmen in mancher Hinsicht, seine Schock-Strategie folgt aber einem Muster, wie man es aus anderen Ländern kennt, die unter dem Deckmantel der Krise radikal umgekrempelt wurden. Als Trump in seiner ersten Woche im Amt einen wahren Tsunami an Präsidialdekreten erließ und die Menschen sich wahrhaft schwertaten, mitzukommen, musste ich an Polen denken, ein Land, dem die Vereinigten Staaten, wie es die Menschenrechtsaktivistin Halina Bortnowska beschreibt, mitten im Zusammenbruch des Kommunismus eine wirtschaftspolitische Schocktherapie aufzwangen. Sie schildert die Geschwindigkeit der Veränderungen in ihrem Land als den »Unterschied zwischen Hundejahren und Menschenjahren« und beobachtet, dass man »Zeuge dieser halbpsychotischen Reaktionen wird. Man kann nicht mehr erwarten, dass die Menschen in ihrem eigenen Interesse handeln, wenn sie so desorientiert sind, dass sie nicht mehr wissen – oder nicht mehr wissen wollen –, was diese ihre Interessen sind.«

Bisher hat es den Anschein, dass Trump und seine wichtigsten Berater auf eine Reaktion hoffen, wie Bortnowska sie beschreibt, und dass sie versuchen, die Schock-Strategie im eigenen Land durchzuziehen. Ziel ist der offene Krieg gegen den öffentlichen Sektor und das Gemeinwohl, sei es in Form von Umweltschutzvorschriften oder Maßnahmen zur Bekämpfung des Hungers. An ihre Stelle soll die entfesselte Macht und Freiheit der Konzerne treten. Dieses Programm ist so eklatant ungerecht und so offenkundig korrupt, dass es nur mit Hilfe einer rassistischen und sexistischen Politik verwirklicht werden kann, die die Gesellschaft spaltet, ergänzt durch ein unaufhörliches Medienspektakel, das der Ablenkung dient. Und selbstredend wird es gestützt durch massiv aufgestockte Kriegsausgaben, eine dramatische Eskalation von militärischen Konflikten an verschiedenen Fronten, von Syrien bis Nordkorea, während der Präsident darüber nachsinnt, wie »Folter funktioniert«.

Trumps Kabinett aus Milliardären und Multimillionären sagt uns eine Menge über die Ziele, die diese Regierung verfolgt. ExxonMobil stellt den Außenminister. General Dynamics und Boeing leiten das Verteidigungsministerium. Und die Leute von Goldman Sachs kümmern sich um den Rest. Einige Berufspolitiker wurden für ihren Posten offenbar deshalb ausgewählt, weil sie den Aufgaben der Behörden, die sie nun leiten, feindselig oder bestenfalls gleichgültig gegenüberstehen. Steve Bannon, Trumps mittlerweile an den Rand gedrängter Chefstratege, erklärte im Februar 2017 vor einem konservativen Publikum ganz unverblümt, das Ziel sei die »Dekonstruktion des Verwaltungsstaates« (damit meinte er gesetzliche Bestimmungen und Behörden, die die Menschen und deren Rechte schützen sollen). Und »wenn man sich die für das Kabinett Nominierten anschaut, wurden sie aus einem bestimmten Grund ausgewählt, und das ist die Dekonstruktion«.

Es wurde viel Wirbel gemacht um den Gegensatz zwischen Bannons christlichem Nationalismus und dem Transnationalismus von Trumps eher konformistischen Beratern, insbesondere seines Schwiegersohns Jared Kushner. Es mag sein, dass Bannon aus dieser blutrünstigen Reality-Show fliegt (vielleicht ist das bereits eingetreten, wenn Sie diese Zeilen lesen). Wenn es aber um die Dekonstruktion des Staates geht und das Outsourcing großer Teile des öffentlichen Sektors in profitorientierte Unternehmen, stehen Bannon und Kushner keineswegs im Konflikt, sondern ziehen an einem Strang.

Während sich diese Entwicklung vollzog, fiel mir auf, dass in Washington nicht einfach die Machtübergabe zwischen zwei Parteien stattfand, sondern die unverhüllte Machtergreifung der Konzerne, die seit Jahrzehnten in Vorbereitung ist. Es scheint, als seien die Kreise, die seit langem die großen Parteien finanzieren, um sie für ihre Interessen einzuspannen, dieses Spiels überdrüssig geworden. Offenbar haben die Bewirtung gewählter Volksvertreter, das Umschmeicheln und die legalisierte Bestechung ihr Gefühl verletzt, mit göttlichen Befugnissen ausgestattet zu sein. Deshalb schalten sie jetzt die Mittelsmänner aus – diese notleidenden Politiker, deren Aufgabe es wäre, das Gemeinwohl zu schützen – und machen, was alle Bosse tun, wenn sie wollen, dass etwas richtig gemacht wird: Sie machen es selbst.

Deshalb bleibt meist die Antwort aus auf die ernsthaften Fragen nach Interessenkonflikten und Verstößen gegen Ethikrichtlinien. So wie sich Trump beharrlich weigert, seine Steuererklärung offenzulegen, so hat er sich auch rundweg geweigert, sein Wirtschaftsimperium zu verkaufen oder auf Gewinne daraus zu verzichten. In Anbetracht der Abhängigkeit der Trump Organization von der Gunst ausländischer Regierungen, die wertvolle Markenlizenzen und -zulassungen vergeben, ist nicht auszuschließen, dass Trumps Verhalten gegen die Verfassung der Vereinigten Staaten verstößt, die es dem Präsidenten untersagt, Geschenke oder ein »Gehalt« von einem fremden Staat anzunehmen. Ein Gerichtsverfahren auf dieser Grundlage läuft bereits.

Aber die Trumps stört das wenig. Das Gefühl, über dem Gesetz zu stehen und stets ungestraft davonzukommen, ist kennzeichnend für diese Regierung. Jeder, der diese Straflosigkeit gefährdet, wird kurzerhand gefeuert – fragen Sie den ehemaligen FBI-Chef James Comey. Bisher trugen in den Vereinigten Staaten die Vertreter der Konzerninteressen eine Maske: die des lächelnden Schauspielers Ronald Reagan oder die des Pseudo-Cowboys George W. Bush (mit Dick Cheneys / Halliburton finsterer Miene im Hintergrund). Jetzt ist die Maske gefallen. Und niemand versucht auch nur so zu tun, als verhielte es sich anders.

Trump war nie Leiter eines traditionellen Unternehmens, sondern – und das macht die Geschichte noch anrüchiger – Aushängeschild eines Imperiums, das um seine persönliche Marke aufgebaut wurde – eine Marke, die ebenso wie die Marke seiner Tochter Ivanka bereits vielfach von der Fusion mit der US-Präsidentschaft profitiert hat. Das Geschäftsmodell der Familie Trump verdankt sich einem Wandel der Unternehmensstrukturen, der sich bei vielen multinationalen Markenherstellern vollzogen hat. Dieser Wandel hatte tiefgreifende Auswirkungen auf Kultur und Arbeitsmarkt, die im Mittelpunkt meines ersten Buches *No Logo: Der Kampf der Global Players um die Marktmacht – Ein Spiel mit vielen Verlierern und wenigen Gewinnern* standen. Dieses Modell sagt uns, dass die bloße Idee, es könnte – oder sollte – ein Unterschied zwischen der Marke Trump und Trumps Präsidentschaft bestehen, jenseits des Vorstellungsvermögens des Mannes im Weißen Haus liegt. Das hohe Amt ist nichts anderes als die krönende Verbreiterung seiner Markenbasis.

Bei der Beschäftigung mit der unentwirrbaren Verflechtung Trumps mit seiner Handelsmarke und deren Folgen für die Zukunft der Politik ging mir auf, warum so viele Angriffe auf ihn verpuffen – und wie wir wirksamere Mittel und Wege des Widerstands finden können.

Die Tatsache, dass die freche Geschäftemacherei mit einem öffentlichen Amt vor aller Augen ein solches Niveau erreicht, ist ebenso besorgniserregend wie viele Amtshandlungen Trumps in seinen ersten Monaten als Präsident. Aber die Geschichte zeigt uns, dass dank der Schock-Strategie auf diese bereits destabilisierte Lage noch sehr viel Schlimmeres folgen kann.

Die Hauptsäulen von Trumps politischem und öko-
nomischem Projekt sind: die Dekonstruktion staatlicher
Behörden; ein Frontalangriff gegen den Wohlfahrtsstaat
und das Sozialwesen (teilweise begründet mit bösartiger
rassistischer Panikmache und Angriffen gegen Frauen, weil
sie Gebrauch von ihren Rechten machen); die Entfesselung
eines rauschhaften Verbrauchs fossiler Brennstoffe (wofür
erst einmal die Klimawissenschaft beiseitegefegt und zahlreiche Behörden geknebelt werden müssen); und ein Kul-
turkrieg gegen Einwanderer und den »radikalislamischen
Terrorismus« (auf sich stetig ausweitenden Schauplätzen
im In- und Ausland).

Dieses Projekt bedroht jene, die ohnehin schutzlos sind,
aber zugleich ist es darauf angelegt, eine Abfolge von Krisen und Schocks zu erzeugen. Wirtschaftskrisen, wenn
Marktblasen platzen – die sich dank Deregulierung aufgebläht haben; Sicherheitsschocks, wenn der Bumerang
einer antiislamischen Politik und einem aggressiven Vorgehen im Ausland zurückschlägt; Extremwetterereignisse, weil sich unser Klima zusehends destabilisiert; und
Industrieschocks, wenn Ölpipelines zu Bruch gehen und
Bohrtürme einstürzen, was leicht passiert, wenn Sicher-
heits- und Umweltvorschriften, die das Chaos eindämmen,
abgeschafft werden.

All das ist gefährlich. Noch gefährlicher sind die Maßnahmen, die Trump und seine Regierung ergreifen werden,
um unter Ausnutzung dieser Krisen und Schocks die radikaleren Aspekte seiner Agenda durchzudrücken.

Eine schwere Krise – sei es ein Terroranschlag oder ein
Börsenkrach – würde voraussichtlich den Vorwand liefern,
um den Notstand auszurufen und die geltenden Regeln
außer Kraft zu setzen. Unter dem Deckmantel der Krise

könnten dann Schwerpunkte der Trump-Agenda durchgeboxt werden, für die eine weitere Aushebelung demokratischer Normen erforderlich wäre – wie etwa sein Vorhaben, ein Einreiseverbot für alle Muslime zu verhängen (nicht nur für jene aus bestimmten Ländern), seine Twitter-Drohung, mit Hilfe der »Bundespolizei« die Gewalt auf den Straßen von Chicago einzudämmen, oder sein offenkundiger Wunsch, die Pressefreiheit zu beschneiden. Eine hinreichend große Wirtschaftskrise könnte als Vorwand dienen, um die staatliche Rentenversicherung zu demontieren, zu deren Schutz sich Trump verpflichtet hat, die aber viele aus seinem Kreis seit Jahrzehnten abschaffen möchten.

Trump könnte noch aus anderen Gründen darauf abzielen, das Krisenniveau hochzuschrauben. Wie der argentinische Romancier César Aira 2001 schrieb: »Alle Veränderungen sind nur Änderungen des Themas.« Trump hat bereits mehrfach mit schwindelerregendem Geschick das Thema gewechselt – wozu er alles einsetzt, vom verrückten Tweet bis zu Tomahawk-Marschflugkörpern. Sein Luftangriff auf Syrien als Reaktion auf einen grauenhaften Chemiewaffenangriff hat ihm in der Presse den größten Zuspruch seiner Präsidentschaft gebracht (in manchen Organen schlägt man seither einen respektvolleren Ton an). Sei es als Reaktion auf weitere Enthüllungen über seine Verbindungen zu Russland oder über Skandale im Zusammenhang mit seinen unübersichtlichen internationalen Geschäftsbeziehungen – wir dürfen damit rechnen, dass er noch häufiger das Thema wechselt. Und nichts sorgt so zuverlässig für einen Themenwechsel wie ein größerer Schock.

Wir verfallen nicht in einen Schockzustand, wenn etwas Großes und Schreckliches passiert; es muss etwas Großes und Schreckliches sein, *das wir noch nicht verstehen.*

Ein Schockzustand tritt ein, wenn sich eine Kluft auftut zwischen den Ereignissen und unserer Fähigkeit, sie zu erklären. Wenn wir in diese Lage geraten, ohne Geschichte, ohne Verankerung, dann werden sehr viele Menschen anfällig für Autoritätsfiguren, die uns sagen, wir sollten einander fürchten und unsere Rechte für das Wohl der Allgemeinheit opfern.

Das ist heute ein globales Phänomen, das sich nicht auf die Vereinigten Staaten beschränkt. Nach den koordinierten Terroranschlägen in Paris im November 2015 verhängte die französische Regierung den Notstand, womit ein Versammlungsverbot einherging – und dehnte diesen Zustand auf Monate aus, das heißt, politische Demonstrationen wurden weitestgehend verboten. Viele Bewohner Großbritanniens erklärten nach dem Schock der Brexit-Abstimmung, sie hätten das Gefühl, in einem neuen, nicht wiederzuerkennenden Land aufzuwachen. In diesem Kontext stieß die konservative Regierung mehrere rückschrittliche Reformen an, darunter die Idee, Großbritannien könne seine Wettbewerbsfähigkeit nur durch Abschaffung von Vorschriften und durch Steuervorteile für die Reichen bewahren, womit das Land praktisch zur Steueroase für ganz Europa wird. In diesem Kontext setzte Premierministerin Theresa May vorgezogene Neuwahlen durch – gegen eine in Umfragen geschwächte Opposition und offenbar in der Hoffnung auf eine weitere Amtszeit, ehe die Öffentlichkeit die Chance ergreift, gegen neue Austeritätsmaßnahmen zu rebellieren, die rein gar nichts mit den Versprechungen zu tun haben, mit denen der Brexit den Wählern verkauft wurde.

In jedem meiner bisherigen Bücher stecken fünf bis sechs Jahre intensiver Recherchen; während dieser Zeit habe ich das Thema aus verschiedenen Blickwinkeln betrachtet und aus den am schlimmsten betroffenen Regionen berichtet. Das Ergebnis waren dicke Bände mit sehr vielen Fußnoten. Dieses Buch ist hingegen innerhalb weniger Monate entstanden. Ich habe mich kurzgefasst und im Plauderton geschrieben, weil ich weiß, dass heutzutage kaum noch jemand Zeit für dicke Wälzer hat. Auch sitzen an Teilen dieser verwickelten Geschichte bereits andere Autoren, die sie weit besser darstellen können als ich. Aber mir wurde klar, dass die Recherchen, die ich über all die Jahre angestellt habe, etwas Licht ins Dunkel des Trumpismus bringen können. Verfolgt man die Wurzeln von Trumps Geschäftsmodell und seiner Wirtschaftspolitik, betrachtet man ähnlich destabilisierende Momente in der Geschichte und lernt man von Menschen, die erfolgreich Widerstand gegen Schock-Strategien geleistet haben, dann wird auch etwas klarer, wie wir auf diesen gefährlichen Weg geraten sind, wie wir künftigen Schocks besser standhalten und, noch wichtiger, wie wir rasch wieder auf sicheren Boden gelangen können. Das sind die ersten Elemente eines Leitfadens für Schockresistenz.

Eines habe ich bei der Berichterstattung von dutzenden Schauplätzen mitten in der Krise gelernt, sei es in Athen im Schuldendebakel oder in New Orleans nach dem Hurrikan Katrina oder in Bagdad während der US-Besatzung: Widerstand gegen diese Strategien ist möglich. Zu diesem Zweck müssen zwei Bedingungen erfüllt sein: Erstens müssen wir durchschauen, wie Schockpolitik funktioniert und wessen Interessen sie dient. Auf diese Weise schütteln wir den Schock schnell ab und beginnen mit der Gegenwehr. Genauso wichtig ist zweitens, dass wir eine *andere* Geschichte erzählen als jene, die uns die Schocktherapeuten aufbinden wollen; wir müssen eine Weltsicht präsentieren, die so überzeugend ist, dass sie dem Wettkampf mit ihrer Weltanschauung gewachsen ist. Diese Vision beruht auf Werten, und sie muss einen anderen Weg aufzeigen, der von den Serienschocks wegführt. Einen Weg, den wir ungeachtet der Trennlinien von Rasse, ethnischer Gruppe, Religion und Geschlecht gemeinsam gehen, statt dass wir uns gegeneinander aufhetzen lassen. Einen Weg, der den Planeten heilt, statt ihn mit noch mehr Kriegen und Umweltverschmutzung zu überziehen. Vor allem aber muss diese Vision jenen, die leiden – weil sie keine Arbeit haben, keine Krankenversicherung, keinen Frieden, keine Hoffnung –, ein spürbar besseres Leben anbieten.

Ich behaupte nicht zu wissen, wie diese Vision aussieht. Gemeinsam mit allen anderen arbeite ich daran und bin überzeugt, dass sie nur aus einer echten Zusammenarbeit hervorgehen kann, wobei die Führungsrolle denen zukommt, die von unserem gegenwärtigen System am brutalsten behandelt werden. In den letzten Kapiteln beschäftige ich mich mit einigen frühen, hoffnungsvollen Basisbewegungen, in denen dutzende Organisationen und Denker zusammenarbeiteten, um eine solche Agenda zu entwerfen, eine Agenda, die es mit dem aufstrebenden Militarismus, Nationalismus und der Herrschaft der Konzerne aufnehmen kann. Zwar steckt sie noch in den Anfängen, aber es zeigen sich bereits die Konturen einer progressiven Mehrheit, die sich auf einen kühnen Plan für eine Welt der Sicherheit und Fürsorglichkeit einigt, die wir alle wollen und brauchen.

All die dabei geleistete Arbeit gründet auf dem Wissen, dass es nicht reicht, zu schlechten Ideen und böswilligen

Akteuren nein zu sagen. Das entschiedene Nein muss von einem mutigen und vorausblickenden Ja begleitet werden, einem Plan für die Zukunft, der so glaubwürdig und bestechend ist, dass sehr viele Menschen für seine Realisierung kämpfen werden, ganz gleich, welche Schock-Strategien und Panikmache die Gegenseite aufbietet. Das *Nein* – zu Trump, zu Marine Le Pen, zu jeder fremdenfeindlichen und hypernationalistischen Partei, wie sie weltweit aus dem Boden sprießen – mag der Beweggrund sein, der anfangs Millionen auf die Straße treibt. Aber das *Ja* ist es, das uns weiterkämpfen lässt.

Das *Ja* ist das Leuchtfeuer, das uns in den kommenden Stürmen den Weg weisen wird.

Kurz gesagt geht es in diesem Buch darum, dass Trump, so extrem er sein mag, keine Anomalie, sondern vielmehr eine logische Konsequenz ist – ein Potpourri aus so ziemlich allen üblen Trends der letzten fünfzig Jahre. Trump ist das Produkt mächtiger Denkmodelle, die menschliches Leben anhand von Rasse, Religion, Geschlecht, sexueller Orientierung, körperlicher Erscheinung und körperlichen Fähigkeiten einstufen – und die seit den Anfängen der Kolonisierung Nordamerikas und des transatlantischen Sklavenhandels systematisch die Rassenzugehörigkeit als Waffe genutzt haben, um eine brutale Wirtschaftspolitik durchzusetzen. Zudem personifiziert er die Fusion zwischen Mensch und Konzern – die Ein-Mann-Megamarke, mit Ehefrau und Kindern als Ablegermarken, die pathologischen Züge und Interessenkonflikte, die damit einhergehen, inbegriffen. Er verkörpert die Überzeugung, Geld und Macht seien ein Freibrief dafür, anderen den eigenen Willen aufzuzwingen, ein Freibrief, nach Frauen zu grapschen oder nach den begrenzten Ressourcen eines Planeten an der Schwelle einer katastrophalen Erwärmung. Er ist das Produkt einer Geschäftskultur, die »Disruptoren« hochjubelt, wenn sie mit der Missachtung von Gesetzen und Vorschriften ein Vermögen machen. Vor allem aber ist er die Inkarnation eines immer noch mächtigen marktfundamentalistischen Projekts – einer Ideologie, die von den Parteien der Mitte ebenso übernommen wurde wie von den Konservativen und die Krieg führt gegen den öffentlichen Sektor und jedwedes Gemeinschaftseigentum, während Firmenchefs als Superhelden hingestellt werden, die die Menschheit retten. 2002 gab George W. Bush eine Party zum 90. Geburtstag eines Mannes, der geistiger Urheber des Krieges gegen den öffentlichen Sektor war, den marktradikalen Wirtschaftswissenschaftler Milton Friedman. Bei der Feier erklärte der damalige Verteidigungsminister Donald Rumsfeld: »Milton verkörpert die Wahrheit, dass Ideen Folgen haben.« Da hatte er recht – und Donald Trump ist die unmittelbare Folge dieser Ideen.

Deshalb ist der Blickwinkel wichtig, unter dem Donald Trump *nicht* schockierend ist. Er ist das vollkommen vorhersehbare, ja geradezu klischeehafte Ergebnis der allgegenwärtigen Ideen und Trends, denen man schon lange hätte Einhalt gebieten müssen. Und aus diesem Grund müssen wir, selbst wenn diese albtraumhafte Präsidentschaft morgen enden würde, den politischen Bedingungen entgegentreten, denen sie sich verdankt und die in aller Welt Ableger hervorbringen. Mit Vizepräsident Mike Pence und dem Sprecher des Repräsentantenhauses Paul Ryan, die im Hintergrund lauern, und einem Demokratische-Partei-Establishment, das ebenfalls mit der Klasse der Superreichen verstrickt ist, wird uns die Welt, die wir brauchen, nicht einfach in den Schoß fallen, sobald der derzeitige Chef im Oval Office ausgetauscht ist.

Über das Wort *wir*: Vielleicht fällt Ihnen auf, dass ich manchmal bezüglich der Vereinigten Staaten von *wir* spreche, und manchmal im Hinblick auf Kanada. Einer der Gründe ist ganz einfach. Ich besitze die Staatsbürgerschaft beider Länder und habe tiefe Bindungen und Beziehungen auf beiden Seiten der Grenze. Meine Eltern sind Amerikaner, und meine Verwandten leben alle in den Vereinigten Staaten. Aber ich bin in Kanada aufgewachsen und habe mich entschieden, hier zu leben. (Am Wahlabend erhielt ich eine Nachricht von meinem Vater: »Bist du nicht froh, dass wir schon nach Kanada gezogen sind?«) Meine journalistische und politische Arbeit führt mich jedoch sehr oft in die Vereinigten Staaten, wo ich an zahllosen Meetings und Debatten darüber teilgenommen habe, wie wir uns gemeinsam angesichts dieses historischen Augenblicks der Verantwortung stellen können.

Ein weiterer Grund, warum ich manchmal bezüglich der Vereinigten Staaten *wir* sage, hat nichts mit Staatsbürgerschaft zu tun. Tatsache ist, dass die US-Präsidentschaft Folgen für jeden Erdenbürger hat. Niemand ist gefeit gegen das Tun der größten Volkswirtschaft der Welt, des zweitgrößten Emittenten von Treibhausgasen und der Nation mit dem größten Militärarsenal. Jene, die Ziel von Trumps Raketen und monströsen Bomben sind, tragen bei weitem die größten Lasten und Risiken. Aber angesichts einer so gewaltigen Macht und einer so skrupellosen Politik befindet sich jeder Bewohner des Planeten potentiell im Explosionsgebiet, in der Fallout-Zone und sicherlich in der Erwärmungszone.

Eine Geschichte allein reicht nicht, um zu erklären, wie

wir in diese kritische Lage geraten sind, und ein Plan ist nicht genug, um die Probleme zu beheben – dafür ist unsere Welt zu verflochten und zu kompliziert. Dieses Buch ist nur ein Versuch, darzustellen, wie wir an diesem surrealen politischen Augenblick angelangt sind, wie es ganz konkret sehr viel schlimmer werden könnte, und wie wir, wenn wir nicht den Kopf verlieren, eine neue Seite aufschlagen und in einer radikal besseren Zukunft ankommen können.

Zuallererst müssen wir verstehen, wozu wir nein sagen – weil das *Nein* auf der Rückseite des Buchumschlags nicht nur einer Person oder einer Gruppe gilt (obwohl es das auch tut). Wir sagen auch nein zu dem *System*, das ihren Aufstieg in solche Höhen ermöglicht hat. Und dann gehen wir einen Schritt weiter und sagen *ja* – ein Ja, das einen so fundamentalen Wandel einleiten wird, dass die Machtergreifung der Konzerne, die wir heute erleben, zu einer Fußnote der Geschichte schrumpfen wird, die unseren Kindern zur Warnung dienen soll. Und Donald Trump und seine Mitläufer wird man als das sehen, was sie sind: das Symptom einer tiefsitzenden Krankheit – aber man wird auch erfahren, dass wir gemeinsam beschlossen haben, uns zusammenzutun und sie zu heilen.

Anmerkung: Kleinere Teile dieses Buches sind bereits früher in Form von Essays, Büchern und Reden erschienen; die große Mehrzahl der Texte ist aber neu und erscheint erstmals. Bitte besuchen Sie noisnotenough.org, dort sind die von mir geschilderten Bewegungen, denen Sie sich anschließen können, sowie viele weitere Organisationen und Denker verlinkt.

Auch finden Sie dort die Quellen für alle Zitate und Statistiken in diesem Buch.

TEIL I

WIE SIND WIR HIERHERGERATEN: DER AUFSTIEG DER SUPERMARKEN

»Wir müssen schnell damit anfangen, von einer ›sachorientierten‹ Gesellschaft zu einer ›personorientierten‹ Gesellschaft zu kommen. Wenn Maschinen und Computer, Profitbestrebungen und Eigentumsrechte für wichtiger gehalten werden als die Menschen, dann wird die schreckliche Allianz von Rassenwahn, extremem Materialismus und Militarismus nicht mehr besiegt werden können.«

Martin Luther King jr., »Vietnam und die Menschenrechte«, 1967

Kapitel I

Trumps Sieg als Markenerlebnis pur

Der Abend, an dem Donald Trump zum Gewinner der Wahl von 2016 und zum 45. Präsidenten der Vereinigten Staaten erklärt wurde, verwirrte mich auch deshalb, weil es kein Abend war. Ich befand mich auf einer Vortragsreise im australischen Sydney, und wegen der Zeitverschiebung war es Mittwoch, der 9. November, spätvormittags. Für fast alle, die ich kenne, war es Dienstagabend, und meine Freunde schickten mir Textnachrichten von Wahlpartys, auf denen keiner mehr nüchtern war. Für die Australier aber begann ein normaler Werktag, was bei mir nur zu totalen Schwindelgefühlen führte, als die ersten Hochrechnungen gemeldet wurden.

Ich saß in einer Besprechung mit fünfzehn Leitern verschiedener australischer Organisationen, die sich für Umweltschutz, Arbeitnehmerrechte und soziale Gerechtigkeit einsetzen. Unsere Debatte drehte sich um eine entscheidende Erkenntnis. Bisher hatten wir unseren Kampf gegen Klimawandel, Rassismus, Ungleichheit und die Verletzung der Rechte von Ureinwohnern, Migranten und Frauen sowie andere zentrale Konflikte separat, jeder auf seinem Feld ausgetragen. Aber wir stellten, wie viele Bewegungen heute, die Frage: Wo sind die Berührungspunkte? Welche tiefer liegenden Ursachen sind das verbindende Element? Wie können diese Probleme gleichzeitig und im Zusammenhang angegangen werden? Welche Werte wären für eine solche

Bewegung maßgeblich? Und wie ließe sie sich in politische Macht ummünzen? Mit einigen Kollegen arbeitete ich in Nordamerika daran, eine solche übergreifende Bewegung, die »People's Platform«, aufzubauen – auf dieses Projekt namens Leap Manifesto werde ich im letzten Kapitel noch einmal zurückkommen –, und es gab viele australische Gruppen, die einen ähnlichen Ansatz verfolgten.

Eine Stunde lang herrschte auf unserem Treffen fröhlich-optimistische Stimmung, und wir sprachen aufgeregt über die neuen Möglichkeiten. Was die US-Wahlen betraf, waren die Teilnehmer völlig entspannt. Wie viele Progressive und Linke und sogar traditionelle Konservative waren wir sicher, dass Trump verlieren würde.

Dann begannen die Handys zu summen. Und im Raum wurde es immer stiller, die Teilnehmer in dem lichtdurchfluteten Versammlungssaal wurden von wachsender Panik ergriffen. Plötzlich erschien uns der Grund für unsere Versammlung – die Idee, dass wir gemeinsam einen Sprung nach vorn für den Klimaschutz, gegen Rassismus, für gute Arbeitsplätze und mehr schaffen würden – völlig absurd. Es war, als würde jeder sofort, und ohne ein Wort darüber zu verlieren, begreifen, dass uns eine Orkanbö ins Gesicht schlug und wir jetzt nichts anderes tun konnten, als die Stellung zu halten. Die Vorstellung, dass wir auch nur bei einer der akuten Krisen, mit denen wir es zu tun haben, vorankommen könnten, schien sich vor unseren Augen in Luft aufzulösen.

Dann, ohne dass jemand die Sitzung beendet hätte, löste sie sich auf, wobei sich die Mitstreiter zum Abschied kaum zunickten. CNN übte eine magische Anziehungskraft aus, und wir begaben uns schweigend auf die Suche nach größeren Bildschirmen.

Es waren nicht die US-Wähler, die sich mehrheitlich für Trump ausgesprochen hätten; Hillary Clinton hatte einen Stimmenvorsprung von fast 2,9 Millionen, eine Tatsache, die den Präsidenten wurmt. Dass er die Wahl gewann, hat er dem Wahlmännersystem zu verdanken, das ursprünglich eingeführt wurde, um die Macht der Sklavenhalter zu schützen. Und im Rest der Welt erklärte die überwältigende Mehrheit der Menschen in Umfragen, hätten sie auf magische Weise an dieser Wahl teilnehmen können, so hätten sie ihr Kreuzchen bei Clinton gemacht. (Eine bemerkenswerte Ausnahme bildete Russland, wo Trump großen Zuspruch erntete.)

In diesem großen Anti-Trump-Camp hat jeder über diesen Wahlabend, und wie es ihm dabei erging, eine andere Geschichte zu erzählen. Viele ergriff Entsetzen darüber, dass so etwas in den Vereinigten Staaten passieren konnte. Sehr viele andere trauerten, weil das, was wir über tiefverwurzelten Rassismus und Frauenfeindlichkeit in den Vereinigten Staaten längst wissen, so anschaulich bestätigt wurde. Wieder andere bedauerten, dass die erste Kandidatin um das Amt des US-Präsidenten keine Chance bekam, zum Vorbild für die nächste Generation zu werden. Aber es gab auch Leute, die wütend darüber waren, dass eine so kompromittierte Kandidatin überhaupt gegen Trump ins Rennen geschickt wurde. Und für Millionen in den Vereinigten Staaten und in aller Welt war Angst das beherrschende Gefühl – eine dumpfe, geradezu körperliche Vorahnung, dass die Präsidentschaft Trumps als Katalysator extremen Rassismus, Gewalt und Unterdrückung freisetzen würde. Zahlreiche Menschen erlebten einen Mix dieser und anderer Emotionen.

Und viele begriffen auch, dass es bei diesem Wahlergebnis nicht nur um einen Mann in einem Land ging. Trump ist nur eine Spielart einer offenbar global um sich greifenden Infektion. Wir erleben eine Welle autoritärer, fremdenfeindlicher Rechtsaußenpolitik – von Marine Le Pen in Frankreich über Narendra Modi in Indien bis hin zu Rodrigo Duterte in den Philippinen, der britischen UK Independence Party, Recep Tayyip Erdoğan in der Türkei und all ihren Gesinnungsgenossen (einige darunter explizit neofaschistisch), die in aller Welt an die Macht drängen.

Meine Eindrücke vom Wahltag/Wahlabend in Sydney schildere ich deshalb, weil ich das Gefühl nicht loswerde, dass wir etwas Wichtiges lernen können aus der Erfahrung, wie Trumps Sieg unser Gespräch beendete und Pläne für eine optimistische Agenda praktisch ohne Debatte über den Haufen warf. Es war völlig nachvollziehbar, dass wir am Wahltag so empfanden. Aber wenn wir uns damit abfinden, dass es von nun an nur noch Verteidigungsschlachten zu schlagen gibt, dass wir nur noch unsere Stellung halten können angesichts der rückschrittlichen Attacken im Stile Trumps, dann geraten wir tatsächlich in eine sehr gefährliche Situation. Denn die Stellung, die wir hielten, bevor Trump gewählt wurde, war die Situation, die Trump hervorgebracht hat. Eine Situation, die viele Menschen als den sozialen und ökologischen Ernstfall ansahen, und zwar schon ohne die neuesten Rückschläge.

Natürlich müssen wir uns gegen die Angriffe, die von Trump und ähnlichen Demagogen weltweit ausgehen, energisch wehren. Aber wir dürfen die nächsten vier Jahre nicht ausschließlich in der Verteidigung spielen. Die Krisen sind so akut, dass wir keine Zeit zu verlieren haben. Bei einem Problem, über das ich eine ganze Menge weiß, dem Klimawandel, hat die Menschheit ein begrenztes

Zeitfenster, in dem gehandelt werden muss; danach wird es unmöglich sein, ein auch nur halbwegs stabiles Klima aufrechtzuerhalten. Und wie wir in Kapitel 4 sehen werden, schließt sich dieses Fenster rasch.

Wir müssen also gleichzeitig das Erreichte verteidigen und in die Offensive gehen – um den Angriffen der Gegenwart standzuhalten *und* Raum für den Aufbau der Zukunft zu finden, die wir brauchen. Also sagen wir gleichzeitig nein und ja.

Aber bevor wir dazu kommen, was wir statt Trump und all dem wollen, wofür er und seine Regierung stehen, sollten wir mit unerschrockenem Blick betrachten, wo wir stehen und wie wir hierhergeraten sind, und uns damit beschäftigen, dass sich die Lage wahrscheinlich kurzfristig erheblich verschlimmern wird. Zu letzterem Punkt lassen Sie sich gesagt sein: Viel spricht dafür, dass wir auf ein schlimmes Ende zusteuern. Aber davon dürfen wir uns nicht lähmen lassen. Dieses Territorium zu kartieren ist nicht leicht, aber es gibt keinen anderen Weg, wollen wir die Fehler der Vergangenheit nicht wiederholen und dauerhafte Lösungen finden.

Kein Wandel, sondern ein Putsch der Konzerne

Donald Trumps Kabinett der Milliardäre und Multimillionäre steht für eine schlichte Tatsache: Die Menschen, die sich bereits einen obszönen Anteil am Reichtum des Planeten gesichert haben, einen Anteil, der Jahr für Jahr wächst – die neuesten Zahlen von Oxfam belegen, dass acht Männer so viel besitzen wie die Hälfte der Weltbevölkerung – sind entschlossen, noch mehr an sich zu reißen.

NBC News meldete im Dezember 2016, dass Trumps

Anwärter für Ministerposten insgesamt Vermögen von 14,5 Milliarden Dollar kontrollieren (nicht mitgerechnet »Sonderberater« Carl Icahn, der allein über 15 Milliarden Dollar verfügt). Zudem sind die Kabinettsposten nicht einfach nur mit einer repräsentativen Auswahl der Ultrareichen besetzt. In einem beunruhigenden Ausmaß hat Trump seine Regierungsmannschaft aus Leuten zusammengestellt, die ihren persönlichen Reichtum der Tatsache verdanken, dass sie wissen, wie man den verletzlichsten Menschen auf dem Planeten und dem Planeten selbst Schaden zufügt, und zwar oft mitten in der Krise. Es scheint fast, als wäre dies das Einstellungskriterium gewesen.

Als Finanzminister hat Trump Steve Mnuchin bestellt, einst an der Spitze der Immobilienbank OneWest wurde er als »Mr Zwangsversteigerung« bekannt, weil er zehntausende Menschen nach dem Finanzkollaps von 2008 unter fragwürdiger Ausnutzung der rechtlichen Lage aus ihren Häusern geklagt hatte. Trumps Außenminister heißt Rex Tillerson, früher Geschäftsführer von ExxonMobil, dem größten privaten Erdölunternehmen der Welt. Der Konzern, den er leitete, hatte über Jahrzehnte pseudowissenschaftliche Fehlinformationen über den Klimawandel finanziert und verbreitet und über Lobbyisten hinter den Kulissen erbittert gegen internationale Maßnahmen zum Klimaschutz gekämpft, während man bei ExxonMobil darüber nachdachte, wie der Konzern von einer sich erwärmenden Welt profitieren könnte. Und dann wären da noch die vielen Unternehmer aus dem militärischen und Überwachungsbereich sowie deren bezahlte Lobbyisten, die Trump mit Aufgaben im Verteidigungsministerium und beim Verfassungsschutz betraute.

Wir waren im Höhenflug

Man vergisst es leicht, aber vor Trumps Wahl standen ganz normale Leute empört auf, um gegen das Unrecht zu kämpfen, das von vielen eben jener Branchen und politischen Kräfte verübt wird, und ihr Widerstand verzeichnete erste Erfolge. Bernie Sanders' überraschend starker Wahlkampf um die Nominierung als Präsidentschaftskandidat ließ, obwohl er letztlich scheiterte, die Wall Street bereits um ihre Boni zittern und konnte bedeutende Änderungen im Wahlprogramm der Demokraten durchsetzen. Black Lives Matter und Say Her Name erzwangen eine landesweite Debatte um systematische Schwarzenfeindlichkeit und militarisierte Polizeirazzien, und sie sorgten für einen allmählichen Abbau der Privatgefängnisse und den Rückgang der Zahl inhaftierter Amerikaner. Im Jahr 2016 konnte kein großes Sport- oder Kulturereignis – von der Oscarverleihung bis zum Super Bowl – mehr stattfinden, ohne deutlich zu machen, wie sehr sich die Debatte über rassistische und staatliche Gewalt gewandelt hatte. Die Frauenbewegung brachte sexuelle Gewalt in die Schlagzeilen, beleuchtete die »Vergewaltigungskultur« und veränderte den Stil, in dem über Prominente wie Bill Cosby gesprochen wurde, die wegen Sexualdelikten vor Gericht standen; auch war es gelungen, Roger Ailes von seiner Spitzenposition bei *Fox News* zu entfernen, nachdem ihm vorgeworfen wurde, er habe mehr als zwei Dutzend Frauen sexuell belästigt (was er bestreitet).

Auch die Klimabewegung war auf Erfolgskurs und errang einen Sieg nach dem anderen gegen Erdölpipelines, Schiefergas-Fracking und Ölbohrungen in der Arktis, wobei sehr oft Ureinwohner ihren Widerstand wiederaufleben ließen. Und noch weitere Siege bahnten sich an: Das 2015 in Paris ausgehandelte Klimaabkommen steckte das Ziel, den Temperaturanstieg so stark zu begrenzen, dass fossile Brennstoffe im Wert von Billionen Dollar, also extrem profitable Aktivposten, im Boden bleiben müssen. Firmen wie ExxonMobil sahen sich durch die Umsetzung dieser Klimaziele in ihrer Existenz bedroht.

Und wie sich auch auf unserem Treffen in Sydney zeigte, gewann in den Vereinigten Staaten und anderswo die Einsicht an Boden, dass die vordringliche Aufgabe darin besteht, Kontakte zwischen diesen Bewegungen zu knüpfen, um eine gemeinsame Agenda zu entwickeln und zugleich ein progressives Bündnis aufzubauen – das in einer Ethik umfassender sozialer Integration und Sorge für den Planeten wurzelt.

Die Regierung Trump, keineswegs die Geschichte einer gefährlichen, unverschämten Einzelperson, sollte teilweise in diesem Kontext betrachtet werden – als wütender Backlash gegen die wachsende Macht der sich zusammenschließenden sozialen und politischen Bewegungen, die eine gerechtere und sichere Welt fordern. Statt das Risiko weiterer Fortschritte (und zunehmender Gewinneinbußen) einzugehen, hat sich diese Bande aus raffgierigen Investoren, klimafeindlichen Umweltverschmutzern und Profiteuren von Krieg und »Überwachung« zusammengeschlossen, um die Regierung zu übernehmen und ihren unrechtmäßig erworbenen Reichtum zu schützen. Nach Jahrzehnten, in denen der öffentliche Raum Stück für Stück privatisiert wurde, haben Trump und seine Mannschaft nun die Kontrolle über die Regierung selbst an sich gerissen. Die Machtübernahme ist vollzogen.

Der Wunschzettel der Konzerne

Angesichts seiner fehlenden Regierungserfahrung hat sich Trump den Wählern mit einer neuartigen zweigleisigen Verkaufsmasche angedient. Erstens: Ich bin so reich, dass ich es nicht nötig habe, mich kaufen zu lassen. Und zweitens: Ihr könnt darauf vertrauen, dass ich dieses korrupte System repariere, weil ich es in- und auswendig kenne – ich habe als Geschäftsmann mitgespielt, ich habe Politiker gekauft, ich habe Steuern hinterzogen, ich habe die Produktion ausgelagert. Also wer ist besser geeignet als ich und meine ebenso reichen Freunde, um diesen Sumpf auszutrocknen?

Es überrascht kaum, dass noch etwas geschehen ist. Trump und sein Kabinett ehemaliger Topmanager bauen die Regierung mit atemberaubender Geschwindigkeit so um, dass den Interessen ihrer Firmen, ihrer ehemaligen Firmen und ihrer Steuerklasse insgesamt gedient ist. Wenige Stunden nach seiner Amtsübernahme forderte Trump massive Steuersenkungen, so plante er, die Körperschaftssteuer für Konzerne von bisher 35 Prozent auf 15 Prozent zu reduzieren, und versprach, 75 Prozent der Umweltschutzvorschriften außer Kraft zu setzen. Seine Steuerpläne enthalten noch weitere Vergünstigungen und Schlupflöcher für die Superreichen, wie sie sein Kabinett bevölkern (zu schweigen von ihm selbst). Seinen Schwiegersohn Jared Kushner betraute er mit der Leitung eines »SWAT-Teams«, bestückt mit Konzernmanagern, denen aufgetragen wurde, weitere Vorschriften aufzuspüren, die abgeschafft werden sollen, neue Privatisierungsprogramme zu entwerfen und neue Wege zu finden, die US-Regierung »wie ein großes amerikanisches Wirtschaftsunternehmen«

zu führen. (Einer Analyse von Public Citizen zufolge traf sich Trump in weniger als drei Monaten im Amt mit mindestens 190 Konzernmanagern – bis er verkündete, das Besucherprotokoll werde nun nicht mehr veröffentlicht.) Auf die Frage, was die Regierung in den ersten drei Monaten Substantielles geleistet habe, verwies Mick Mulvaney, Chef des Haushaltsbüros, auf Trumps zahlreiche Präsidialerlasse und betonte: »Die meisten dieser Gesetze und Vorschriften schaffen andere Gesetze ab. Vorschriften, die andere Vorschriften abschaffen.«

So sieht's aus. Trump und seine Mannschaft sind darauf erpicht, Programme zu zerstören, die Kinder vor Umweltgiften schützen, sie haben Erdgasunternehmen von der Pflicht befreit, all die hochwirksamen Treibhausgase zu melden, die sie ausspucken, und treiben Dutzende und Aberdutzende vergleichbarer Maßnahmen voran. Das ist kurz gesagt ein Rundumschlag. Und aus diesem Grund lachen Trump und die von ihm ernannte Regierungsmannschaft über den schüchternen Einwand, es gebe hier Interessenkonflikte – das ganze Projekt ist ein einziger Interessenkonflikt. Um nichts anderes geht es.

Und darum geht es vor allem Donald Trump, einem Mann, der so vollständig mit seiner Unternehmensmarke verschmolzen ist, dass er selbst offenbar nicht sagen kann, wo er aufhört und seine Marke beginnt. Ein durchaus bemerkenswerter Aspekt von Trumps bisheriger Präsidentschaft ist die Etablierung von Mar-a-Lago, Trumps Privatdomizil und Club, als karnevaleskes, profitorientiertes »Winter White House« nur für Mitglieder (als solches wurde es sogar kurzzeitig auf Websites des Außenministeriums beworben). Ein Clubmitglied verriet der *New York Times*, Mar-a-Lago sei wie ein »Ausflug nach Disneyland,

bei dem man weiß, Micky Maus ist den ganzen Tag da« –
nur dass es sich bei dieser Übung in Vollkontakt-Branding
nicht um Disneyland, sondern um Americaland handelt
und der Präsident der Vereinigten Staaten Micky Maus ist.

Der ultimative Markenrabauke

Als ich dieses Zitat las, wurde mir klar, dass ich, wenn ich
diese Präsidentschaft verstehen wollte, etwas würde tun
müssen, wogegen ich mich lange Zeit gesträubt habe: wieder in die Welt des Marketing und Branding, das heißt der
Markenpolitik, einzutauchen, mit der ich mich in meinem
ersten Buch *No Logo* beschäftigt habe.

In dem Buch geht es um einen Schlüsselmoment in der
Geschichte amerikanischer Unternehmen, als Konzern-
giganten wie Nike und Apple aufhörten, sich vor allem
als Firmen zu sehen, die physische Produkte herstellen,
und begannen, sich in allererster Linie als Hersteller von
Marken zu betrachten. Sie beschlossen, im Branding – das
ein Gefühl der Stammeszugehörigkeit herstellt – ihr Glück
zu suchen. Vergesst Fabriken. Vergesst die Notwendigkeit
einer großen Belegschaft. Sobald sie erkannten, dass die
höchsten Gewinne aus der Herstellung eines Bildes flossen,
kamen diese »hohlen Marken«, diese »hollow brands«, zu
dem Schluss, dass es eigentlich keine Rolle spielte, wer
ihre Produkte herstellte oder wie wenig man den Arbeitern
bezahlte. Das überließen sie den Fremdfirmen – eine Entwicklung mit verheerenden Folgen für die Beschäftigten zu
Hause und im Ausland, die aber auch eine neue Welle des
Widerstands gegen Konzerne befeuerte.

Bei den Recherchen zu *No Logo* vertiefte ich mich vier
Jahre lang in die Markenkultur – vier Jahre lang sah ich im-

mer wieder Super-Bowl-Werbung, durchforstete Zeitschriften wie *Advertising Age* nach den jüngsten Erkenntnissen zur Unternehmenssynergie, las nervtötende Managementliteratur darüber, wie man mit den eigenen persönlichen Markenwerten in Kontakt kommt, unternahm Exkursionen in NikeTown-Läden, besuchte asiatische Ausbeuterbetriebe, durchwanderte monströse Einkaufszentren und Städte, die sich für Markenwerbung hergaben, und begleitete »Adbusters« und »Culture Jammers« auf ihren nächtlichen Aktionen.

Manches hat Spaß gemacht – ich bin keineswegs immun gegen die Reize von gutem Marketing. Aber am Ende hatte ich das Gefühl, als hätte ich eine Toleranzgrenze überschritten und eine Art Markenallergie entwickelt. Wenn Starbucks eine neue Masche ersonnen hatte, um ihre Läden zu »Nichtmarken« zu machen, oder Victoria's Secret Kopfschmuck von Ureinwohnern auf den Laufsteg brachte, wollte ich nicht darüber schreiben – ich hatte diese raubgierige Welt hinter mir gelassen. Das Problem ist, wer Trump verstehen will, muss die Welt begreifen, die ihn zu dem gemacht hat, was er ist, und das ist weitestgehend die Welt des Branding und der Marken. Er zeigt die schlimmsten Trends auf, die ich in *No Logo* beschrieben habe, vom Abschütteln der Verantwortung gegenüber den Beschäftigten, die das Markenprodukt herstellen, vermittelt über ein Netz von häufig skrupellosen Fremdfirmen, bis hin zu einem unersättlichen kolonialistischen Bedürfnis, jeden verfügbaren Raum mit dem eigenen Namen zu versehen. Und deshalb habe ich mich entschieden, wieder in diese Hochglanzwelt einzutauchen, um zu sehen, was sie uns darüber sagen kann, wie es Donald Trump gelang, in das mächtigste Amt der Welt aufzusteigen, und vielleicht sogar, was sie über den Zustand der Politik ganz allgemein zu sagen hat.

Jenseits der Welt der Dinge

Der Aufstieg der Supermarken, wie sie Trump um seine dreiste Rollenfassade aufgebaut hat, wurzelt in einer scheinbar harmlosen Idee, die Mitte der 1980er Jahre von Managementtheoretikern entwickelt wurde: dass Unternehmen, um erfolgreich zu sein, vor allem Marken produzieren müssen und nicht etwa Produkte.

Bis dahin hatte man in der Geschäftswelt zwar begriffen, dass die Stärkung des Markennamens durch Werbung wichtig ist, die Hauptsorge eines jeden soliden Herstellers war jedoch die Produktion von Gütern. Wie es in einem Leitartikel der Zeitschrift *Fortune* des Jahres 1938 hieß: »die grundlegende und irreversible Aufgabe der Industrie ist die Herstellung von Dingen … Kaufkraft hat ihren Ursprung in der Fabrik und auf dem Land und unter der Erde.«

Aber in den 1980er Jahren schwächelten die Umsatzzahlen von klassischen Marken wie Tide, Levi's und Marlboro. Das Problem war offenbar, dass der Markt mit täuschend ähnlichen Produkten überschwemmt wurde, und angesichts der Rezession war für viele bei ihrer Kaufentscheidung der Preis und nicht der Markenname ausschlaggebend. Die alten Tricks – Reklametafeln, TV-Werbespots – zogen nicht mehr recht; es war, als wären die Verbraucher resistent geworden. (Oder wie der Werbefachmann David Lubars es so einprägsam formulierte: Verbraucher »sind wie Kakerlaken – man besprüht sie und besprüht sie und nach einer Weile werden sie immun«.)

Etwa um diese Zeit bekamen die traditionellen amerikanischen Hersteller Konkurrenz, die ihnen Marktanteile abjagte. Es waren Firmen wie Nike und Apple oder später Tommy Hilfiger, Intel und so weiter. Diese Pioniere hatten ein anderes Modell: Schaffe eine transzendente Idee oder Marke rund um dein Unternehmen. Nutze es, um mit Verbrauchern in Kontakt zu kommen, die die Werte der Marke teilen. Dann berechne einen gesalzenen Aufpreis für Produkte, bei denen es weniger um die Objekte an sich als um den urtümlichen Wunsch eines jeden Menschen geht, zu einem Stamm, zu einem festen Kreis zu gehören.

Wenn sich also Jugendliche die ganze Nacht anstellten, um Nike-Turnschuhe für 250 Dollar zu kaufen, erwarben sie im Grunde keine Turnschuhe; sie kauften die Idee des »Just Do It« und den Traum von Michael Jordan, der zur Ein-Mann-Supermarke aufstieg, ein Begriff, mit dem das wachsende Imperium des Sportlers beschrieben wurde. Wenn die Eltern dieser Jugendlichen einen Apple-Computer kauften, brachten sie ein Stück der zutiefst optimistischen Zukunftsvision mit nach Hause, eingefangen in dem Slogan »Think Different«. (Die Aura des Authentischen wuchs mit jeder revolutionären, künstlerischen Ikone, ob lebendig oder tot, deren Gesicht die Kampagne zierte: Gandhi, Martin Luther King, Picasso, Mandela, der Dalai Lama.) Und wenn Pendler plötzlich den vierfachen Preis wie sonst üblich für eine Tasse Kaffee hinblätterten, dann lag das daran, dass Starbucks nicht wirklich Kaffee verkaufte; es verkaufte, seinem Chef zufolge, die Idee des »dritten Orts«, weder zu Hause noch am Arbeitsplatz. (Der dritte Ort war früher ein echter kommunaler Raum, wo Menschen ohne die Hilfe von Konzernen zusammenkamen, aber diese Räume verschwanden rasch.)

Eine weitere wichtige Entwicklung in dieser Zeit war die

Vorstellung, dass sich die Marke – als das wahre Produkt – auf beliebig viele Waren projizieren lässt, die scheinbar gar nichts mit ihr zu tun haben. Ralph Lauren brachte Tapeten heraus, Virgin versuchte sich mit Hochzeitskleidern und Cola, Starbucks bot Jazz-CDs an. Die Möglichkeiten schienen grenzenlos.

Viele dieser Firmen mit hohem Markenprofil stellten die (damals) kühne Behauptung auf, Waren zu produzieren sei nur eine Nebensache, und dank der jüngsten Siege in der Liberalisierung des Handels und der Reform des Arbeitsrechts könnten sie ihre Produkte zu Schnäppchenpreisen durch Fremdfirmen und Subunternehmer herstellen lassen, meist im Ausland angesiedelt. Es spiele eigentlich keine Rolle, wer die physische Arbeit erledigte, denn der wahre Wert liege nicht in der Herstellung, sondern in Design, Innovation und natürlich Marketing.

Bald war es auf Managementebene Konsens, sehr viele Unternehmen, die sich dieses Modell nicht zu eigen machten, seien aufgebläht und überdimensioniert; sie besäßen zu viel, beschäftigten zu viele Leute und hätten zu viele Belastungen zu tragen. Der altmodische Produktionsprozess – eigene Fabriken unterhalten, für zehntausende Vollzeitbeschäftigte mit festen Verträgen verantwortlich sein – sah nicht mehr aus wie der Weg zum Erfolg, sondern eher wie ein Klotz am Beim. Ziel war es, ein Hollow-Brand-Modell zu werden – wenig besitzen, alles auf die Marke setzen.

Sehr bald konkurrierten multinationale Konzerne in einem Wettlauf hin zur Schwerelosigkeit: Wer am wenigsten besaß, die wenigsten Beschäftigten auf der Gehaltsliste hatte und die stärksten Bilder, im Gegensatz zu Dingen, produzierte, gewann das Rennen.

Kein Raum, kaum Jobs

Der kometenhafte Aufstieg dieses Geschäftsmodells hatte zwei unmittelbare Folgen. Zum einen drängte sich das Marketing immer stärker in unsere Kultur, weil Marken unbesetzten Raum suchten und neue »Markenerweiterungen« anstrebten, um ihre großen Ideen zu projizieren und ihren Zielmarkt zu erreichen. Zum anderen erlebten Arbeit und Arbeiter eine extreme Abwertung und galten zunehmend als austauschbar.

Marken wie Nike und Adidas lieferten sich in der Marketingsphäre einen erbitterten Konkurrenzkampf, ließen aber ihre Produkte in denselben Fabriken herstellen, wo sie von denselben Beschäftigten zusammengenäht wurden. Und warum auch nicht? Etwas zu produzieren galt nicht mehr als »Kernkompetenz«. Hauptniederlassungen (jetzt oft als »Campus« bezeichnet) wollten sich möglichst ungehindert auf das konzentrieren, was sie als ihr eigentliches Geschäft ansahen: eine Unternehmensmythologie erschaffen, die so stark ist, dass sie Sinn und Bedeutung auf praktisch jeden Gegenstand projizieren kann, einfach indem man ihn mit dem Markennamen versieht.

In der Presse wurde dieses Phänomen häufig so dargestellt: Unternehmen X oder Y verlagert seine Fabriken in einen Teil der Welt, wo Arbeit billiger ist. Aber als ich die Sweatshops besuchte, die in Indonesien und den Philippinen Markenartikel wie Gap-Kleidung und IBM-Computer produzieren, stellte ich fest, dass die Wahrheit anders aussieht. In den meisten Fällen sind diese Unternehmen mit ihren Fabriken in Nordamerika und Europa nicht etwa umgezogen und haben sie in Asien wieder eröffnet, sondern sie haben sie geschlossen und nie wieder eröffnet, nirgendwo. In dieser Zeit entstanden hochkomplizierte Lieferketten, und es wurde immer schwieriger, herauszufinden, wo und von wem ein Produkt hergestellt wird. Auch kam es zu einer Welle von Skandalen: Immer wieder brachten unerschrockene Investigativjournalisten und Gewerkschaftsgruppen ans Licht, dass etwa ein von Michael Jordan beworbener Nike-Schuh oder ein Disney-Markenspielzeug unter erschreckenden Bedingungen in Ausbeuterbetrieben in Haiti oder Indonesien hergestellt wurde. Aber sobald Journalisten und Verbraucher die Marke zur Verantwortung ziehen wollten, erklärten die Unternehmen unisono: »Wir sind genauso entsetzt wie Sie. Und deshalb werden wir mit dieser Fremdfirma nicht mehr zusammenarbeiten.«

Es ist kein Geheimnis, warum dieses Modell durchstartete. Wenn man es richtig anstellte – wenn man schöne Werbefilme drehte, eine Menge in Design investierte und versuchte, die Markenidentität durch zahllose Sponsorenverträge und Crosspromotion zu stärken –, dann waren viele Leute bereit, für das so aufgepeppte Produkt fast jeden Preis zu bezahlen. Und aus diesem Grund erzeugte der Erfolg der sogenannten »Lifestyle-Marken« eine Art Manie, und die Marken überboten sich darin, wer das teuerste Netzwerk von Markenerweiterungen aufbieten und wer die umfassendsten 3-D-Erlebnisse schaffen konnte – die dem Kunden ermöglichten, förmlich in ihre Lieblingsmarken hineinzukriechen und mit ihnen zu verschmelzen.

Was hat nun diese Geschichte der 1990er Jahre mit Donald Trump zu tun? Eine ganze Menge. Trump hat exakt nach diesem Rezept ein Imperium aufgebaut. Und dann hat er sich als Kandidat genau ausgerechnet, wie er von der Wut und Verzweiflung profitieren konnte, die dieses Modell in den Kommunen hinterlassen hatte, wo früher die gutbezahlenden Fertigungsbetriebe angesiedelt gewesen waren – mit Arbeitsplätzen, die Firmen wie die Trumps abgebaut haben. Eine echte Meisterleistung.

Die Trump-Show

In den 1980er Jahren, als Trump landesweit bekannt wurde, war er noch ein traditionell tätiger Immobilientycoon, der von dem unersättlichen Wunsch geplagt wurde, seinen Namen in der Presse und auch sonst vielerorts zu sehen. Sein Name prangte auf Gebäuden in New York und Atlantic City; er bearbeitete unermüdlich die Presse, und seine Beziehung zu seiner Frau und seiner Geliebten inszenierte er zu einer Seifenopfer, die man live verfolgen konnte. Die Folge war, dass Trump weitaus sichtbarer wurde, als seine Bedeutung es gerechtfertigt hätte: Sein Gesicht erschien auf Illustrierten von *Time* bis *GQ*. Er war mit Kurzauftritten in Filmen und Fernsehserien zu sehen. Und schon früh begriff er einen wesentlichen Aspekt des Branding. Wie er dem *Playboy* sagte: »Die Show ist Trump, und die Vorstellungen sind überall ausverkauft.« Dennoch blieb sein Kerngeschäft konventionell: Er kaufte Immobilien, renovierte und betrieb die Gebäude, seien es Hotels, Eigentumswohnanlagen oder Kasinos.

In den 1990er Jahren änderte sich das, vor allem weil Trump seine Kasinos in Atlantic City so heruntergewirtschaftet hatte, dass seine Geldgeber, die Banken, immer mehr von seinem Imperium übernahmen, und zwar noch bevor er zum ersten Mal Pleite machte. Er verlor die Kontrolle über seine Objekte jedoch nicht ganz. Die Investoren glaubten, sie benötigten Trumps Namen – seine persönliche Marke –, um zu verhindern, dass das Kartenhaus in sich zusammenfiel. Und das ließ Rückschlüsse darauf zu, wie viel ein durch eifrige Promotion gepushter Name in der realen Welt wert ist.

Trump, nach wie vor als Bauunternehmer tätig, hatte beobachtet, wie zum Beispiel Nike ein Heidengeld mit ihrem Hollow-Brand-Modell verdiente. Und er schickte sich an, diesem Beispiel zu folgen. Seine erste Innovation bestand darin, dass er Objekte zum Markenartikel machte, die vorher nicht als Marke gehandelt worden waren: teure Immobilien. Natürlich gab es schon vor Trump weltweit tätige Hotel- und Feriendorfketten. Aber Trump war Wegbereiter der Idee, dass, wo man arbeitet (ein Büroturm), wo man wohnt (eine Eigentumswohnanlage) oder wo man die Freizeit verbringt (der Golfclub oder das Urlaubsziel), allesamt Franchisenehmer einer einzigen globalen Luxusmarke sein sollten. Ähnlich wie Celebration in Florida – eine Stadt, die auf die Marke Disney zugeschnitten ist – verkaufte Trump den Menschen die Möglichkeit, rund um die Uhr und sieben Tage die Woche in seiner Marke zu leben.

Der eigentliche Durchbruch kam aber, als Mark Burnett, Chef eines Reality-TV-Imperiums, Trump die Idee zu *The Apprentice* nahebrachte. Bis dahin hatte Trump alle Hände voll damit zu tun, die Folgen seiner Pleiten zu bewältigen und ungeduldige Banker zu beschwichtigen. Jetzt wurde ihm unverhofft die Chance geboten, in die Stratosphäre der Supermarken aufzusteigen, also jener exklusiven Firmen, die ihre Riesengewinne vor allem durch den Aufbau ihres Markennamens eingefahren hatten, den sie dann hierhin und dorthin projizieren, befreit von der Bürde, eigene Produkte herzustellen – oder in Trumps Fall, eigene Gebäude zu errichten.

Er begriff sofort, welches Potential in dem Angebot steckte. Weil die Serie das Scheinwerferlicht auf Trumps pompösen Lebensstil richtete, mit langen Einstellungen auf seinen feudalen Eigenheimen und seinen Luxusjets, würde sie für seine lebenslange Mission, den Namen Trump mit materiellem Erfolg gleichzusetzen, wahre Wunder wirken. Noch bevor die erste Episode ausgestrahlt wurde, unterschrieb er bereits Lizenzverträge, mit denen er seinen Namen für Herrenbekleidung verkaufte. Dem Pressebetreuer des Senders erklärte er, selbst wenn *The Apprentice* »keine guten Quoten hat, ist es für meine Marke super«.

Aber sie hatte gute Quoten – sogar beeindruckend gute. Und schon bald hatte er ein ganzes Sammelsurium von Markenerweiterungen beisammen – angefangen mit Trump-Eau-de-Toilette über Trump-Brillen und Trump-Matratzen bis hin zu einer Trump-Universität. Was den derzeitigen Präsidenten der Vereinigten Staaten betrifft, gab es keine Produktkategorie, die sich nicht in die Blase der Marke namens Trump eingliedern ließ.

Vor allem aber musste Trump bei *The Apprentice* nicht wie andere Marken dafür bezahlen, dass sie in einer erfolgreichen Fernsehserie vorkamen; vielmehr sparte er ein Vermögen für unbezahlbare kostenlose Werbezeit. Mehr noch, seine Fernsehserien brachten durch die Werbung für andere Marken Millionen ein. Im April 2011 wurde *The Celebrity Apprentice* für mehr Produktwerbung als jede andere ausgestrahlte Serie bezahlt und verbuchte insgesamt 120 Produktplatzierungen. Das ist das Kennzeichen einer echten Supermarke: Trump baute eine Marke auf, die eine Vielzahl von Marken umfasst. (Und indem er seine Kinder in die Serie holte, brütete er sogar neue Marken aus.)

Wenn dir ein solcher Streich gelungen ist, welche Finte

heckst du dann als Nächstes aus? Vereinige deine Marke mit dem ultimativen Symbol der Macht und Autorität: dem Weißen Haus.

Oligarchen-Chic

Bevor es so weit war, brauchte Trump noch eins, um seine Verwandlung zu vollenden. Er veränderte sein Kerngeschäft – Immobilien – radikal. Statt die Gebäude selbst zu errichten und zu besitzen wie in der ersten Zeit seiner Karriere, wollte Trump einfach seinen Namen an Immobilienunternehmen in aller Welt verkaufen, die seine Bekanntheit nutzen würden, um Käufer und Kunden für ihre Bürogebäude, Eigentumswohnanlagen und Hotels anzuwerben – so ließ sich viel leichter Geld verdienen. Die Lizenznehmer waren für den Bau zuständig und sollten für alle Wechselfälle haften. Wenn die Projekte scheiterten (was oft geschah), kassierte Trump trotzdem Lizenzgebühren. Und die waren horrend. Der *Washington Post* zufolge hat Trump bei einer Hotel-Eigentumswohnanlage in Panama »mindestens 50 Millionen Dollar verdient und praktisch nichts investiert«.

Ein paar Flaggschiffobjekte besitzt er noch, darunter der Trump Tower in New York und Mar-a-Lago in Florida. Aber wenn man das Netzwerk sehr vieler Immobilien der Marke Trump betrachtet – vom Trump International Golf Club in Dubai bis hin zu zahlreichen anderen Trump-Immobilien in Indien, Kanada, Brasilien, Südkorea und New York City –, dann fällt auf, dass Trump sie nicht selbst besitzt, sondern nur Anteile hält. Seine Einnahmen stammen aus der Vermietung seines Namens.

Trumps internationaler Erfolg war weitgehend dem

richtigen Timing zu verdanken. Er betrat den globalen Luxusimmobilienmarkt zu einer Zeit, als nie dagewesene Kapitalmengen in Form von unversteuertem Privatvermögen herumschwappten und nach sicheren Anlagemöglichkeiten suchten – wie es auch jetzt noch der Fall ist. Laut James S. Henry, leitender Berater des in Großbritannien angesiedelten Tax Justice Network, lag für das Jahr 2015 das Privatvermögen von Einzelpersonen, geparkt in den Steueroasen der Welt, schätzungsweise irgendwo zwischen 24 Billionen und 36 Billionen Dollar. Feudale Eigentumswohnungen mit greller Ästhetik, zugeschnitten auf die neureichen Oligarchen, ob aus Moskau oder Kolumbien, fanden reißenden Absatz.

Aber Trumps Markt waren nicht nur die Reichen. Sein Markenimperium der *Apprentice*-Ära erreichte gleichzeitig Verbraucher mit hohen und mittleren Einkommen. Für die Reichen und Schönen hatte er die Mitgliedschaft in seinen Strand- und Golfclubs zu bieten oder eine Wohnung in einem Trump-Hochhaus, ausgestattet mit der Trump-Haushaltswarenkollektion. Den Massen, die nicht so viel hinblättern können, verscherbelte Trump kleine Teile des Traums – eine schicke rote Trump-Krawatte, ein Trump-Steak, ein Trump-Buch.

Ihr seid alle gefeuert!

Trump eroberte das Weiße Haus mit einer Kampagne, die unermüdlich den Verlust von Arbeitsplätzen in der Fertigung anprangerte – eben jener Jobs, die er bei praktisch jeder Gelegenheit ausgelagert hatte. Als Geschäftsmann nutzte er alle Möglichkeiten des Outsourcing, wie es auch Ivankas Unternehmen tut. Und es überrascht nicht, dass großangelegte investigative Berichte die empörenden Bedingungen aufdeckten, unter denen Trump-Krawatten im chinesischen Shengzhou gefertigt werden, und die sogar noch schlimmeren Zustände in den chinesischen Fabriken, in denen Ivankas Schuhkollektion entsteht. Im April 2017 brachte die Fair Labor Association, eine Organisation, die sich aufgrund der Sweatshop-Skandale der 1990er Jahre gründete, einen Bericht heraus, der enthüllt, dass die Beschäftigten in einer chinesischen Fabrik, die im Auftrag eines großen Zulieferers für Ivankas Kleider und Blusen produzierte, um die 60 Stunden die Woche arbeiteten und nur gut einen Dollar die Stunde verdienten (deutlich weniger als der Durchschnittslohn von Fabrikarbeitern in chinesischen Städten). Lohnfortzahlung im Krankheitsfall oder Mutterschaftsurlaub war für die meisten Arbeiterinnen auch nicht vorgesehen – nicht gerade ein Ruhmesblatt für eine Unternehmerin, die sich für Frauen in der Arbeitswelt starkmacht.

Um die Bauarbeiten an vielen Hotels und Hochhäusern der Marke Trump in den Vereinigten Staaten und anderswo gab es ähnliche Kontroversen. Recherchen der Zeitschrift *Vice* ergaben zum Beispiel, dass die Behandlung der Arbeitsmigranten, die einen Golfplatz der Marke Trump in Dubai errichteten, selbst für ein Land unwürdig waren, das für seine sklavereiähnlichen Arbeitsbedingungen bekannt ist. Ben Anderson, der den Bericht verfasste, schildert die Unterbringung der Arbeiter mit »21 Männern in einem Raum, wo Ratten umherlaufen« und Badezimmern, die »nicht so aussehen, als wären sie für Menschen vorgesehen«.

The Trump Organization gab eine Stellungnahme ab, in der sie eine »Null-Toleranz-Politik gegenüber rechtswidrigen Arbeitsbedingungen bei jedem Projekt, das den Namen

›Trump‹ trägt« verkündete. Unnötig zu erwähnen, dass das erwähnte Projekt von einer Fremdfirma gebaut wurde; Trump hatte nur seinen Namen vermietet.

Bestimmte Marken würden durch solche Enthüllungen schwer beschädigt werden. The Trump Organization tut sie mit einem Achselzucken ab. Und das hat sehr viel mit der Big-Branding-Idee zu tun, um die herum Trump sein Imperium errichtet hat.

Immun gegen Skandale

Trump definiert seine Markenidentität öffentlich als Qualität und Luxus. Aber das ist ein Taschenspielertrick: Trump-Hotels und -Feriendörfer schaffen es nicht einmal in die Liste der Top Ten der Hotelketten, die Luxusunterkünfte anbieten, wie etwa Four Seasons und Oberoi (wie um diesen Punkt zu unterstreichen, wurden für Mar-a-Lago im Januar 2017 fast ein Dutzend Verstöße gegen die Lebensmittelsicherheit gemeldet). Die Wahrheit, die nicht annähernd so glamourös klingt, ist, dass die Marke Trump für Reichtum an sich steht – oder, um es derber auszudrücken, für Geld. Aus diesem Grund sehen wir hier eine Ästhetik zwischen Denver-Clan und Sonnenkönig. Deshalb hat Trump zu Gold die umgekehrte Beziehung wie Superman zu Kryptonit: Trump büßt seine Kräfte ein, wenn er mehr als einen Meter von großen, glänzenden Objekten entfernt ist.

Donald Trumps persönliche Marke sieht ein bisschen anders aus, ist aber eng mit der kommerziellen Marke Trump verwandt. Seine Markenidentität besteht darin, der ultimative Boss zu sein, der Kerl, der so reich ist, dass er tun kann, was er will, wann er will und mit wem er will (einschließlich Frauen begrapschen, an jedem beliebigen Körperteil).

Das erklärt, warum ihm Symbole seines Reichtums so wichtig sind. Goldene Vorhänge und Fotos von seinen Privatjets dienen dazu, Trumps Marke unaufhörlich als die ultimative kapitalistische Erfolgsgeschichte, als Verkörperung von Macht und Reichtum darzustellen. Und deshalb hat er seinen persönlichen Reichtum (den er gern übertrieben darstellt) in den Mittelpunkt seines Wahlkampfs gestellt.

Und deshalb wird auch kein Skandal um Arbeitsbedingungen je an ihm hängenbleiben. In der Welt, die er geschaffen hat, verhält er sich einfach wie ein »Sieger«; wenn jemand unter die Räder kommt, dann ist er offensichtlich ein Verlierer. Und das lässt sich nicht nur auf Skandale um Arbeitsbedingungen anwenden; praktisch jeder herkömmliche politische Skandal perlt an Trump ab. Das liegt daran, dass Trump nicht nur als sogenannter Außenseiter in die Politik gegangen ist, als jemand, der sich nicht an die Spielregeln hält. Vielmehr hat er auf seinem Weg in die Politik nach ganz neuen Regeln gespielt – den Regeln der Markenpolitik.

Diesen Regeln zufolge muss man nicht in Wirklichkeit gut und anständig sein; man muss nur der Marke, die man geschaffen hat, treu bleiben. Deshalb sind Markenmanager so auf Disziplin und Wiederholung erpicht: Sobald man die eigene Kernmarke identifiziert hat, muss man nur noch diese Marke verkörpern, diese Marke projizieren und ihre Botschaft wiederholen. Wenn man diese Aufgabe konsequent erledigt, kann einem nicht mehr viel passieren.

Das ist ein Problem, wenn man es mit einem amtierenden US-Präsidenten zu tun hat, und zwar insbesondere weil Donald Trump über viele, viele Jahre und mit verblüffender Beharrlichkeit eine Marke geschaffen hat, die sich über jede Moral hinwegsetzt. Auf Wahlkampftour konnte Trump fast jede kritische Frage mit einem Schulterzucken abtun. Bei der Steuerhinterziehung ertappt? Das ist doch nur »schlau«. Er will seine Steuerbescheide nicht offenlegen? Wer soll ihn dazu zwingen? Es war nur halb im Scherz, dass er sagte: »Ich könnte mitten auf der Fifth Avenue jemanden erschießen, und es würde mich keine Wählerstimmen kosten.« In Trumps Welt ist Straflosigkeit, noch mehr als ein Haufen Gold, das ultimative Symbol für Erfolg.

Das versetzt jeder Hoffnung, diese Regierung daran zu hindern, sich als unverblümte Kleptokratie zu gebärden, einen schlimmen Dämpfer. Aber wie wir im nächsten Kapitel sehen werden, gibt es durchaus Mittel und Wege, um Trumps Markenblase anzupieksen. Man muss nur wissen, wo man die Nadel ansetzt.

Kapitel 2

Die erste Markenfamilie

Vielleicht hat Donald Trump nie geglaubt, er könne vielleicht eines Tages ins Weiße Haus einziehen – so wie die meisten Menschen. Doch als die Republikaner ihn zum Präsidentschaftskandidaten nominierten, wurde ihm zweifellos klar, dass für ihn ein optimales Werbemittel in unmittelbarer Reichweite lag: die US-Präsidentschaft. In jeder Minute als Präsident steigt der Wert seiner Marke und seiner Unternehmen, so dass er unmittelbar und in hohem Maße von seinem öffentlichen Amt profitiert – also genau das passiert, was die Vorschriften zur Vermeidung von Interessenkonflikten verhindern sollten.

Wir befinden uns also derzeit auf absolutem Neuland, da, seien wir ehrlich, menschliche Megamarken ein relativ neues Phänomen sind. Es gibt kein Regelwerk, das für diesen Fall Vorsorge getroffen hat. Ständig fragen Menschen: Wird er abstoßen? Wird er seine Firmen verkaufen? Wird Ivanka es tun? Dabei ist überhaupt nicht klar, was mit diesen Fragen gemeint ist, weil ihr Hauptgeschäft ihre Namen sind. Man kann den Menschen Trump nicht von der Marke Trump lösen, beide sind schon lange miteinander verschmolzen. Jedes Mal, wenn er, das Pressecorps des Weißen Hauses im Schlepptau, eine seiner Besitzungen betritt – einen Golfclub, ein Hotel, einen Beachclub –, erhöht er den Gesamtwert seiner Marke, wodurch es seinem Unternehmen möglich ist, mehr zahlende Mitglieder zu gewinnen, mehr Zimmer zu vermieten und Gebühren zu erhöhen.

Mit welcher Logik die Familie Trump das Verhältnis zwischen der Werbung für ihre Marke und dem politischen Amt betrachtet, trat in dem Prozess zutage, den Melania Trump kurz vor ihrem Antritt als First Lady angestrengt hatte. Sie verlangte 150 Millionen Dollar Schadenersatz von dem Unternehmen, in dessen Besitz sich die *Daily-Mail*-Website befindet, weil dort fälschlicherweise behauptet worden sei, sie habe früher als Escort-Girl gearbeitet. Und dafür auf Schadenersatz zu klagen, hat sie jedes Recht. Was aber war die Grundlage für die Behauptung, sie habe schwindelerregende 150 Millionen Dollar verloren, wo sie doch kaum über ein eigenes Unternehmen verfügt? Kern ihrer Klage war, dass sie als First Lady – in der Zukunft – eine wertvolle Marke »in vielfältigen Produktkategorien« aufgebaut hätte, von denen jede »über eine Zeit von mehreren Jahren hinweg Geschäftsverbindungen im Umfang von vielen Millionen Dollar [hätte] erlangen können, in einer Zeit, in der die Klägerin eine der meistfotografierten Frauen der Welt ist«. (Die *Daily Mail* lenkte ein, entschuldigte sich bei Trump und zahlte ihr eine nicht genannte Summe.)

Es ist nichts Neues, das First Ladys aus ihrem politischen Profil Kapital für eine Lifestyle-Marke schlagen. Samantha Cameron, die Frau von David Cameron, wartete gerade einmal fünf Monate, nachdem ihr Mann sein Amt als britischer Premierminister niedergelegt hatte, um ihre Modelinie für die »arbeitende Frau« anzukündigen. Was jedoch bei dem inzwischen beigelegten Rechtsstreit Melanias verblüfft, ist, dass sie erst gar nicht versuchte, ein ernstzunehmendes Label auf den Markt zu bringen, sondern gleich das Geld verlangte. Darüber hinaus verdeutlichen die Gerichtsdokumente, wie die Trumps ein öffentliches Amt betrachten: als kurzfristige Investition, um den Wert der eigenen Handelsmarke langfristig aufzublähen.

Man kann das auch bei Ivanka beobachten, mit deren Produkten bekanntermaßen öffentliche, vom Steuerzahler finanzierte Angestellte hausieren gehen können, unter anderem auch ihr Vater per Twitter und dessen Beraterin Kellyanne Conway, die im Staatsfernsehen auftrat und das vollbrachte, was sie als »Werbespot« bezeichnete, indem sie die Zuschauer aufforderte: »Kauft Ivankas Sachen!« Am 6. April 2017 schlug der Konflikt in eine Parodie um. An diesem Tag berichtete *Associated Press:* »Ivanka Trumps Unternehmen erhielt von der chinesischen Regierung die vorläufige Zulassung für drei neue Marken, die ihr das Monopol auf den Verkauf von Schmuck, Taschen und Wellness-Angebote der Marke Ivanka in der zweitgrößten Wirtschaft der Welt geben.« Aber das war noch nicht alles an diesem Tag. »Am Abend saßen die erste Tochter und ihr Mann Jared Kushner in Mar-a-Lago neben dem Präsidenten von China und seiner Frau bei einem Abendessen mit Steak und Seezunge.« Ein politisches Gipfeltreffen, das, man höre und staune, Jared Kushner arrangiert hatte. Auf die Frage nach dieser Art von Konflikten betont Ivanka stets, genauso wie sich ihr Vater aus dem Trump-Unternehmen zurückgezogen und es in die Hände seiner Söhne gegeben habe (während er nach wie vor die Profite kassiert), habe sie ihr Unternehmen in die Hände »unabhängiger Treuhänder« gegeben – dem Bruder und der Schwester ihres Mannes (während sie weiterhin die Gewinne einstreicht). Das geht über Vetternwirtschaft weit hinaus; wir haben es mit einer US-Regierung als gewinnorientiertem Familienunternehmen zu tun.

Dass Trumps Präsidentschaft den Wert der Markenfamilie gesteigert hat, wissen wir, weil Ivankas Unternehmen Rekordverkäufe meldete, nachdem Kellyanne Conway im Fernsehen dafür geworben hatte. Mar-a-Lago hat seine Mitgliedsgebühren bereits von 100000 auf 200000 Dollar pro Jahr erhöht. Warum auch nicht? Schließlich hat man für diese Summe die Chance, beim Dinner Zeuge eines Gesprächs über sensible Fragen der nationalen Sicherheit zu werden. Vielleicht haben Sie Gelegenheit, freundschaftlich mit einem Staatsoberhaupt zu verkehren, der zu Gast ist. Möglicherweise bekommen Sie sogar mit, wie Trump verkündet, er habe soeben einen Luftangriff auf ein anderes Land angeordnet. Und natürlich könnte es sein, dass Sie dem Präsidenten höchstselbst gegenüberstehen und die Chance haben, unter vorgehaltener Hand Einfluss auf ihn auszuüben. (Es wird nicht öffentlich darüber berichtet, wer im Club kommt und geht, wer also sollte es erfahren?) Jahrzehntelang hat Trump den Reiz der Nähe zu Reichtum und Macht verkauft, sie ist der eigentliche Inhalt seiner Marke. Jetzt aber kann er seinen zahlenden Kunden den echten Deal anbieten.

Dass Trump der Besitzer von Mar-a-Lago ist, spricht für sich. Zehn Jahre bevor er 1985 das Anwesen erwarb, hatte die damalige Inhaberin, die Salonlöwin Marjorie Merriweather Post, es dem Staat überschrieben in der Hoffnung, es werde als Freizeitsitz für den Präsidenten oder als »Winter White House« genutzt. Aber kein Präsident machte davon Gebrauch, und schließlich wurde es zurückgegeben. Lange vor der Wahl 2016 prahlte Trump gern damit, er wohne in einem Haus, das für Präsidenten gedacht gewesen sei. Im Rückblick könnte man tatsächlich den Eindruck gewinnen, er habe bereits drei Jahrzehnte Präsident gespielt.

Und nun ist diese Phantasie mit der Wahl 2016 Wirklichkeit geworden – oder hat Trumps Phantasie die Wirklichkeit verschluckt? Wie bei allem, was Trump betrifft, ist auch das schwer zu sagen. Trump mag sein Anwesen in Palm Beach »Winter White House« oder »Southern White House« nennen, aber das ist es natürlich nicht. Das Weiße Haus ist eine öffentliche Institution; Mar-a-Lago bleibt ein privater, gewinnorientierter Club, dessen Einnahmen direkt Trump und seiner Familie zufließen.

Jeder Präsident, der sich weigern würde, seine Firma abzustoßen, käme möglicherweise in Interessenkonflikte, da das Vorgehen der US-Regierung alles beeinflussen kann, von Börsenkursen bis – wie wir ein paar Kapitel weiter sehen werden – zum Ölpreis. Und die Interessenkonflikte sind nicht nur mit einer bestimmten Politik oder bestimmten politischen Maßnahmen verbunden. Vielmehr treten die Konflikte überall auf und halten an, einfach durch die Tatsache, dass Trump Präsident ist. Und zwar deshalb, weil der Wert von Lifestyle-Marken je nach dem Raum, den sie in der Kultur einnehmen, enorm schwankt. Daher trägt alles, was Donald Trumps Sichtbarkeit erhöht und ihn als allmächtig erscheinen lässt, zur Wertsteigerung der Marke Trump bei. Und damit steigt auch der Preis, den die Kunden zu zahlen bereit sind, um damit in Verbindung gebracht zu werden – etwa indem sie die Marke einem neuen Wohnbauprojekt aufklatschen oder, auf einer niedrigeren Ebene, auf seinen Golfplätzen spielen oder eine seiner Krawatten kaufen.

Nichts weist darauf hin, dass Trump darauf verzichten wird, diese Tatsache voll und ganz auszunutzen. Einem Bericht der *New York Times* vom April 2017 zufolge hat »das Unternehmen von Mr Trump, das gegenwärtig von seinen beiden erwachsenen Söhnen geführt wird, in 36 Ländern Anträge auf Zulassung von 157 Marken laufen«.

Was genau verkaufen die Trump-Söhne eigentlich?

Im Januar 2017 unternahm Donald Trumps Sohn Eric eine Reise nach Uruguay zu einem Treffen mit einem Bauherrn, der das Recht auf die Nutzung des Namens Trump für sein neues Hochhaus erwerben wollte. Zu dieser Zeit war die Summe, die US-Steuerzahler für den Geheimdienst und andere Regierungsmitarbeiter aufbrachten, die Eric bei dieser Reise begleiteten, zu einem öffentlichen Skandal geworden: ungefähr 100 000 Dollar an Hotelkosten – eine direkte öffentliche Beihilfe für Trumps private Geschäfte. Der schwerwiegendere Skandal aber besteht darin, was in Uruguay beworben wurde: die Marke Trump, die gerade eben durch die Tatsache an Wert gewonnen hatte, dass ihr Inhaber bald als US-Präsident vereidigt werden würde.

Und das sagt noch nichts über die Möglichkeiten der Korruption, die schwindelerregend sind. Angenommen, dass das, was die Trump-Söhne – Eric und Donald – verkaufen, etwas Flüchtiges ist (einen Namen), könnte ein Käufer 6 Millionen Dollar zahlen, ebenso gut aber auch 60 Millionen. Wer entscheidet, was ein redlicher Preis ist? Und, was noch besorgniserregender ist, wer bestimmt, welche Dienste ein Privatunternehmen eigentlich erwirbt, wenn es für Millionen Dollar die Marke Trump pachtet? Glaubt man wirklich, dass es den Wert des eigenen Hochhauses mit Eigentumswohnungen so sehr steigert, oder aber, dass man, indem man 5 Millionen beisteuert, bei anderen Geschäften, die eine gute Beziehung zum Weißen Haus verlangen, begünstigt wird? Diese Dinge sind nur schwer auseinanderzuhalten. Eine Marke ist so viel wert, wie die Käufer dafür zu zahlen bereit sind. Genau darin besteht seit jeher der Reiz, nach diesem Modell ein Geschäft aufzubauen – dass etwas so Ungreifbarem wie einem Namen so viel echter Geldwert verliehen werden könnte.

Das Unternehmen Trump hat verkündet, es werde keine neuen Immobilien im Ausland erwerben, um jeden Anschein von Unschicklichkeit zu vermeiden. Aber es geht nicht nur um Auslandsgeschäfte. Wenn eine Stadt in den USA oder die Regierung eines Bundesstaates Steuererleichterungen für ein Bauprojekt von Trump gewährt, dann wirklich deshalb, weil man glaubt, gerade dieses Projekt werde einer Kommune nützen – oder weil man etwas vom Weißen Haus will? Dieselbe Frage stellt sich bei allen Regierungen und Unternehmen – im Ausland wie im Inland –, die ein Trump-Gebäude für eine Veranstaltung nutzen wollen oder Mitarbeitern Wohnungen in einer Trump-Immobilie zur Verfügung stellen. Meinen sie wirklich, sie erhielten so die beste Qualität, oder wollen sie sich anbiedern?

Das Faszinierende an diesen ethischen Fragen ist, dass sie stark an die Skandale um die Clinton Foundation erinnern, die sicher zu Hillarys Wahlniederlage beigetragen haben. Es gab zahlreiche heikle Fragen, etwa, was ein Privatunternehmen oder eine ausländische Regierung eigentlich erwarteten, wenn sie der Clinton Foundation eine saftige Spende zukommen ließen. War es reiner Philanthropismus, angeregt durch die Plagen der Infektionskrankheiten und der Fettleibigkeit bei Kindern? Oder rechneten sie sich aus, dass ihre Spende sich einmal rentieren würde, weil Hillary Clinton Außenministerin war und mit einiger Wahrscheinlichkeit US-Präsidentin würde?

Das waren begründete Sorgen, und Trump zögerte nicht,

sie gegenüber seiner Rivalin anzusprechen. Mit dem Geld jedoch, das die Trump-Söhne aus der Vermietung des Namens ihres Vaters einsammeln, und den Gefälligkeiten, über die sie verhandeln, ist das Potential der Vorteilsgewährung von einer anderen Größenordnung: Jetzt fließt Geld an die Familie eines amtierenden Präsidenten, nicht an einen zukünftigen, und das ohne den Vorwand der Philanthropie, den die Clinton Foundation wenigstens hatte. Ich schreibe das nicht, um die Clintons zu entlasten – nichts liegt mir ferner. Die Jahrzehnte, in denen Bill und Hillary in ihrer Stiftung ethische Grenzen verwischten, haben neben anderen Faktoren den Boden für Trump bereitet, diese Grenzen völlig aufzuheben (mehr dazu in Kapitel 6).

Reagans Prophezeiung hat sich erfüllt

Wenige Monate nach seiner Amtseinführung war auf dem Titelblatt des *New Yorker* zu sehen, wie Trump im Weißen Haus Golfbälle schlägt und dabei ein Fenster nach dem anderen zerschmettert. Es ist ein frappierendes Bild, zum großen Teil, weil dem Betrachter langsam dämmert, dass sich die zerbrochenen Fensterscheiben nicht in Mar-a-Lago oder im Trump Tower befinden, sondern dem öffentlichen Gebäude, in dem zu wohnen Trumps eigene Familie geflissentlich vermieden hat.

Damit sind wir bei einer misslichen Wahrheit. Mit jedem mutmaßlichen Verstoß gegen die Moral, mit jeder dreisten Lüge, jedem wirren Tweet zerstört diese Regierung die öffentliche Sphäre ein Stück mehr und setzt sie herab. Selbst wenn Korruption (oder Verrat) Trump letztlich sein Amt kostet, wird er einen Trümmerhaufen hinterlassen – ein Zeugnis der grundlegenden Prämisse des politischen

Projekts von Trump: dass der Staat nicht nur ein Sumpf ist, sondern eine Last; dass nichts wert ist, geschützt zu werden; dass privat besser ist als öffentlich. Und wenn das alles zutrifft, warum nicht den Platz zerschlagen, bevor man abtritt – im übertragenen Sinne oder buchstäblich.

Es erinnert uns daran, dass Trump nicht hätte politisch Karriere machen können, ohne den ganzen Gedanken der öffentlichen Sphäre zu diskreditieren, die sich über Jahrzehnte entfaltet hat. Es hätte nicht dazu kommen können, hätte er nicht dem Gedanken gehuldigt, dass »der Staat nicht die Lösung ist, sondern das Problem«, wie Reagans berühmt gewordene Parole lautete. Und es wäre nicht eingetreten, wären dieser Botschaft nicht Jahrzehnte der Deregulierung gefolgt, mit der im Grunde Bestechung legalisiert wurde, indem unerhörte Summen aus Unternehmen in die Politik flossen.

Es besteht kein Zweifel daran, dass das System korrupt ist. Es *ist* ein Sumpf. Und die Menschen wissen das. Sie wissen, dass das Umschreiben der Regeln zugunsten einer kleinen Gruppe von Unternehmen und des einen Prozents ein überparteilicher Prozess war – dass Bill Clinton die Banken dereguliert und damit die Bühne für den Zusammenbruch von 2008 bereitet hat, dass Obama darauf verzichtete, die Banker strafrechtlich zu verfolgen, und die Kandidatin der Demokraten, die gegen Trump antrat, mit großer Sicherheit genauso gehandelt hätte.

Natürlich ist es grotesk, wenn sich ein Mann, der sich selbst als Milliardär bezeichnet und auf einem goldenen Thron sitzt, als Retter der Arbeiterklasse ausgibt. Aber ein so offensichtlich irrationaler Wahlkampfspruch wie »Vertraut mir, *weil* ich das System betrogen habe« konnte nur bei einem bedeutenden Teil der amerikanischen Öffentlichkeit ankommen, weil das, was in Washington lange vor Trump als »Business as usual« durchging, für die meisten anderen schon ziemlich nach Korruption aussah.

Darum haben so viele Menschen die Wahlpolitik mit Vergnügen als makabre Unterhaltungsshow betrachtet. Wenn sich die Politik schon in einem so desaströsen Zustand befindet, warum soll man dann noch versuchen, sie vor einem Grobian wie Trump zu bewahren? Es ist ohnehin nur eine Jauchegrube, also eröffnen wir die Spiele. Als Einwohnerin von Toronto kenne ich dieses Krankheitsbild bereits. Unser ehemaliger Bürgermeister Rob Ford war für Trump so etwas wie ein Probedurchlauf auf kommunaler Ebene. Ford, der 2016 starb, schuf durch seine Auftritte ein Bild von sich, über das man sich unmöglich empören konnte – weil seine Marke die Schamlosigkeit war. Selbst als Videoaufzeichnungen gefunden wurden, die zeigten, wie er Crack rauchte, brach ihm das nicht das Genick, weil auch das Teil der exzentrischen Rob-Ford-Show war, und seine Unterstützer waren seine halb spöttischen Zuschauer, die all das aufnahmen wie einen Sketch in der Comedy-Show *Saturday Night Live*. Doch wie bei Trump lenkten auch bei ihm das überspannte Auftreten und die Skandale um seine Person nur von seiner düsteren Agenda ab, von einer nur scheinbaren Volksnähe, die in Almosen für Unternehmen, einem Blankoscheck für die Polizei und maroden öffentlichen Einrichtungen für die Schwächsten zum Ausdruck kam.

Als ich vor etwa zwanzig Jahren über den Markenwahn geschrieben habe, hätte ich nicht gedacht, dass er so ausarten würde. Gleichzeitig überrascht es mich nicht. Damals war die Markenkultur für mich ein Kolonisierungsprozess: Sie ist bestrebt, immer mehr Raum und Land für sich zu beanspruchen und eine in sich geschlossene Blase zu bilden. Das Außergewöhnliche an Präsident Trumps Präsidentschaft ist, dass wir uns jetzt alle in der Welt der Marke Trump befinden, ob wir wollen oder nicht. Wir sind alle zu Statisten in seiner kommerziellen Reality-Show geworden, die im Begriff ist, sich den mächtigsten Staat der Welt einzuverleiben.

Können wir dem entkommen? Das grundsätzliche Amoralische der Marke Trump stellt ein nie dagewesenes Hindernis dar, diese Regierung zur Verantwortung zu ziehen. Und dennoch gibt es Hoffnung. Gerade das, was Trump antreibt – die Jagd nach Geld –, macht ihn möglicherweise verwundbarer, als es jeder Präsident vor ihm war.

Die Marke Trump jammen

Als ich damals *No Logo* veröffentlichte, nannten wir es »Culture Jamming«, und der Trick dabei war immer derselbe: Man nannte die große kühne Idee, die ein Unternehmen auf den Markt brachte, und enthüllte dann die schmutzige Wirklichkeit hinter der Fassade. Mehrmals wurde die Fähigkeit von Konsumenten und Aktivisten, auf das Verhalten einer kommerziellen Marke einzuwirken, unter Beweis gestellt, erst kürzlich mit der erfolgreichen Kampagne, Bill O'Reilly aus seiner Sendung bei *Fox News* zu schmeißen, nachdem enthüllt worden war, dass er und sein Arbeitgeber 13 Millionen Dollar gezahlt hatten, um den Vorwurf sexueller Belästigung abzuwehren (ohne Schuldeingeständnis).

Als klar wurde, dass die Marke O'Reilly nicht bloßgestellt wurde, fanden Color of Change, eine Organisation für Rassengleichheit, sowie mehrere Frauengruppen ein Hintertürchen: Sie knöpften sich die Anzeigenkunden der Show vor und teilten ihnen mit, sie gälten nunmehr als Komplizen in einer mutmaßlich langfristigen Strategie, sich das Schweigen von Frauen im Sender zu erkaufen. Dasselbe warfen tausende Hörer den Anzeigenkunden per Internet oder auf anderem Wege vor und verabschiedeten sich in Scharen von der Show. Weniger als drei Wochen nach den Enthüllungen über die Schweigegeldzahlungen in der *New York Times* und obwohl die Sendung die höchste Beliebtheitsrate unter allen US-Nachrichtensendern hatte, wurde O'Reilly gefeuert (wenn auch mit einem goldenen Händedruck im Wert von angeblich 25 Millionen Dollar).

Die Kampagne hat gezeigt, dass jede Marke angreifbar ist, auch eine, die so provokant amoralisch ist wie die Marke Trump – man muss nur ihre Schwachstellen kennen.

Da Trumps persönliche Marke »der Boss« ist, der macht, was er will, besteht eine Möglichkeit, sie zu attackieren, darin, ihn als Marionette erscheinen zu lassen. Es zählt nicht unbedingt, wer die Strippen zieht. Sobald sie einmal sichtbar sind, beginnt Trumps sorgfältig gepflegtes Image in sich zusammenzufallen. Diese Taktik funktioniert ohne Zweifel: Die anhaltenden Witzeleien unter dem Hashtag #PräsidentBannon brachten Trump derartig zur Weißglut, dass er auf Twitter erklärte, er selbst sei der Top-Entscheider. Der Stern seines zuvor allmächtigen Chefstrategen schien daraufhin rasch zu sinken.

Da es bei der Marke Trump einzig und allein darum geht, haufenweise Geld zu schaufeln, besteht eine weitere Möglichkeit darin, seinen Reichtum zu schmälern. Und wie bei der Strategie gegen O'Reilly ist die beste Methode, diese umzusetzen, sein Markenimperium in die Krise zu bringen. #GrabYourWallet, die Dokumentationsstelle für Boykotte von Trumps Marken, ist schon seit der Zeit vor

Trumps Wahl darauf aus und hat neben anderen erfolgreich Druck auf mehrere Ketten ausgeübt, verschiedene Trump-Marken aus ihrem Sortiment zu nehmen.

Im großen Plan von Trumps Markenimperium hinterlassen solche Dinge Beulen. Die Haupteinnahmequelle des Trump-Konzerns ist der Verkauf und die Vermietung von Büroeinheiten und Eigentumswohnungen und die Verpachtung seines Namens an Immobilienfirmen auf der ganzen Welt. Zweifellos ist Trump felsenfest davon überzeugt, dass seine Präsidentschaft die Preise in die Höhe schnellen lässt. Aber was ist, wenn sich das als Irrtum erweist? Was, wenn er Kunden aus der Wirtschaft verliert, weil sie durch ihre Verbindung mit seiner Marke unter Druck geraten (Boykottkampagnen dieser Art sind bereits im Gange)? Und was, wenn Bauträger öffentlich angeprangert werden, bis sie zu dem Schluss kommen, dass Trumps Name auf ihrer Fassade ihre Gewinne schmälert? In New York haben Mieter im Trump Place schon verlangt, dass der Gebäudeverwalter den Namen Trump entfernen lässt. So sagte eine Bewohnerin, sie habe es satt, jedes Mal »Abscheu« zu empfinden, wenn sie auf ihr Haus zuging. Der Verwalter willigte ein, und Trumps Name wurde entfernt.

Und als die Trump-Söhne nach Vancouver reisten, um die Eröffnung des neuesten Trump-Tempels zu feiern, wurden sie mit Protesten und Boykotten lokaler Politiker konfrontiert. Wenn sich diese Art des Widerstands verbreitet, könnten noch weitere Bauträger beschließen, auf Distanz zu Trump zu gehen. Und höchstwahrscheinlich würde es Trump nicht so leicht wegstecken, wenn sein vergoldeter Name von den riesigen phallischen Symbolen zwischen Vancouver und Manila verschwände, ebenso wenig seine Söhne, die angeblich jetzt schon beunruhigt sind, weil

Topberater wie Steve Bannon dem Familiennamen Schaden zugefügt haben könnten.

Als das Weiße Haus im Januar 2017 die Leitung des Bürgertelefons kappte, forderte die Gruppe whitehouseinc.org Wähler auf, in Hotels und Freizeitanlagen von Trump anzurufen und ihre Verärgerung über die Pläne des Präsidenten zum Ausdruck zu bringen, ihnen ihre Krankenversicherung zu nehmen, oder andere Sorgen hinsichtlich der Politik mitzuteilen, die sie beschäftigten. Das war ziemlich clever. Berichten zufolge riefen Zehntausende an, und einen Monat später öffnete das Weiße Haus die Leitung wieder.

Wem irgendetwas von alledem unfair erscheint, der möge Folgendes bedenken: Der einzige Grund, warum wir von Politikern erwarten, dass sie sich von ihren kommerziellen Unternehmen trennen, ist der, dass der Besitz eines operativ tätigen Unternehmens für den Inhaber eines öffentlichen Amts die Gefahr von Interessenkonflikten und Möglichkeiten der Einflussnahme durch die Hintertür in sich birgt. Trump hat sich entschieden, sich nicht von seinem Unternehmen zu trennen. Seine Tochter und Beraterin hat sich genauso entschieden. Darum ist es absolut legitim, wenn man versucht, diese Entscheidungen so zu nutzen, dass man selbst ordentlich mit ihnen Einfluss ausübt.

Wenn die Einnahmen seines Markenimperiums genügend sinken und sein persönliches Image als Boss entsprechend angeschlagen ist, nimmt Trump womöglich einen Teil seiner provokanten Maßnahmen zurück. Wenn man seinen zentralen Wahlkampfslogan – »vertraut mir, ich bin ein erfolgreicher Milliardär« – angreift, dann wird man zumindest seinen Chancen bei der Wahl 2020 schaden.

Bevor wir allerdings so weit sind, werden wir alle noch viel mehr Aspekten der Trump-Show ausgesetzt sein.

Kapitel 3

Die Tribute von Mar-a-Lago

Ronald Reagan wurde einmal gefragt, wie er sich als Präsident fühle, nachdem er Schauspieler gewesen sei, und er soll geantwortet haben: »Wie kann man Präsident und dabei kein Schauspieler sein?« Es ist gut vorstellbar, dass Trump genauso als ehemaliger Star einer Reality-Show denkt.

Trumps Beherrschung dieses Genres war ein zentraler Faktor beim Aufbau seines Markenimperiums und entscheidend bei seiner erfolgreichen Kandidatur für das Präsidentenamt. Und jetzt nutzt er eben dieses Können, das er sich bei der Reality-Show *The Apprentice* (dt. Der Lehrling) erworben hat – in dem Glauben, dass er die Realität schneiden, bearbeiten und umformen kann, bis sie einem vorgegebenen Drehbuch der reinen Selbstverherrlichung entspricht –, um nicht nur das Weiße Haus umzukrempeln, sondern die halbe Welt.

König der Live-Action mit Trickle-down-Effekt

Die Eroberung der Fernsehanstalten durch das Reality-TV um die Jahrtausendwende vollzog sich in einer Geschwindigkeit, die nur wenige vorausahnen konnten. Plötzlich sahen die Nordamerikaner in den Unterhaltungsprogrammen der Fernsehsender nicht mehr Serien nach einem Drehbuch mit denselben, Woche für Woche, Staffel für Staffel immer wieder auftretenden Figuren und Dramen, sondern scheinbar Shows ohne Drehbuch, in denen sich die Handlung aus der Bereitschaft der Teilnehmer entwickelte, einander aus der Simulation einer beliebigen Wirklichkeit hinauszuwerfen. Zig Millionen klebten an den Bildschirmen, während die Akteure in *Survivor* von der Insel weggewählt, in *The Bachelor* aus dem Haus getrieben – und am Ende von Donald Trump gefeuert wurden.

Der Zeitpunkt ist kein Zufall. Die erste Staffel von *Survivor* – die Show war so ungeheuer erfolgreich, dass sie eine ganze Armee von Nachahmern fand – wurde im Jahr 2000 ausgestrahlt. Das war zwei Jahrzehnte, nachdem Ronald Reagan und Margaret Thatcher die »Marktrevolution« auf Hochtouren gebracht und Gier, Individualismus und Konkurrenz zu beherrschenden Prinzipien der Gesellschaft gemacht hatten. Damit war es möglich geworden, die Beobachtung von Menschen, die für ein Preisgeld aufeinander eindreschen, als Massenunterhaltung zu verkaufen.

Das ganze Genre – charakterisiert durch Bündnisse, Verrat, den einen Teilnehmer, der am Ende übrig bleibt – war immer schon eine Art kapitalistischer Parodie. Vor *The Apprentice* wurde es zumindest mit dem Vorwand versehen, es gehe um etwas anderes, nämlich darum, wie man in der Wildnis überleben kann, wie man sich einen Mann angelt, wie man sich als Mitbewohner verhält. Mit Donald Trump aber verschwand der schöne Schein. Bei *The Apprentice* steht explizit der Wettkampf ums Überleben im mörderischen »Dschungel« des Spätkapitalismus im Zentrum.

Zu Beginn der ersten Episode richtet sich die Kamera auf einen Obdachlosen, der unter freiem Himmel auf der Straße schläft – mit anderen Worten, einen Versager. Es folgt ein Schnitt, man sieht, wie Trump in seiner Limousine den amerikanischen Traum lebt – der absolute Gewinner. Die Botschaft war unmissverständlich: Du kannst der Obdachlose oder aber Trump sein. Und das war auch schon die ganze sadistische Aussage der Show – spiel deine Karten richtig aus, und du bist der eine glückliche Gewinner, andernfalls erfährst du die schreckliche Demütigung, vom Boss beschimpft und gefeuert zu werden. Es war eine enorme kulturelle Meisterleistung: Nach Jahrzehnten der Massenentlassungen und des sinkenden Lebensstandards, in denen extreme prekäre Arbeitsverhältnisse normal wurden, versetzten Mark Burnett und Donald Trump den Betroffenen nun den letzten Stoß: Sie machten die Entlassung von Menschen zur Massenunterhaltung.

Das Leben ist eine Hure

Jede Woche lieferte *The Apprentice* zwei Millionen Zuschauern das zentrale Verkaufsargument für die Theorie des freien Markts und führte ihnen vor Augen, wie heldenhaft es sei, die eigene selbstsüchtige und rücksichtslose Seite hervorzukehren, weil man auf diese Weise Arbeitsplätze schaffe und zum wirtschaftlichen Wachstum beitrage. Sei nicht nett, sei ein Killer. So tust du etwas für die Wirtschaft und – noch wichtiger – hilfst dir selbst.

In späteren Staffeln wurde die unterschwellige Grausamkeit der Show noch sadistischer. Das Gewinnerteam wohnte in einer luxuriösen Villa – man trank Champagner in aufblasbaren Poolliegen und brauste in Limousinen zu Treffen mit Prominenten. Das Verliererteam wurde in ein Zeltcamp im Hof mit dem Spitznamen »Trump-Trailer-Park« verfrachtet.

Die Campbewohner, von Trump hämisch als »Habenichtse« bezeichnet, hatten keinen Strom, aßen von Papptellern und schliefen beim Lärm heulender Hunde. Ab und zu spähten sie durch Lücken in der Hecke, um zu sehen, welche dekadenten Wunder die »Betuchten« genossen. Mit anderen Worten, Trump und Burnett schufen gezielt einen Mikrokosmos der sehr realen und immer größer werdenden Ungleichheit draußen, außerhalb der Show, das heißt der Ungerechtigkeiten, die viele Trump-Wähler empörten, aber diese Ungleichheit wurde zum Spaß vorgeführt und in einen Zuschauersport verwandelt. (Das Ganze hatte etwas von den *Tributen von Panem*, wenn auch gemäßigt durch Einschränkungen für den Sender, nichtsimulierte Gewalt zu zeigen.) In einer Folge erklärte Trump dem Campteam: »Das Leben ist eine Hure«, deshalb täten sie besser daran, alles Erdenkliche zu tun, um die Loser hinter sich zu lassen und ein Sieger wie er zu werden.

Das Interessante an diesem 2007 gesendeten Klassenkampf im Fernsehen ist, dass hier der Vorwand, der noch der vorhergehenden Generation verkauft wurde – der Kapitalismus werde die beste aller möglichen Welten schaffen – völlig fehlt. Nein: Dieses System bringt ein paar wenige große Gewinner hervor und Horden von Losern, also sieh unbedingt zu, dass du zum Siegerteam gehörst.

Das alles spiegelt die Tatsache wider, dass sich die ideologische und intellektuelle Seite des neoliberalen Projekts nun schon seit über zehn Jahren in einer schweren Krise befindet. Im Jahr 2016 schätzte Credit Suisse, dass der gesamte Reichtum auf der Welt etwa 256 Billionen Dollar betrug – bei erschreckend ungleicher Verteilung: »Während die untere Hälfte zusammen weniger als ein Prozent des gesamten Reichtums besitzt, verfügen die wohlhabendsten zehn Prozent über 89 Prozent aller Vermögen weltweit«, heißt es im Credit-Suisse-Bericht. Verständlich, dass einfach nicht mehr viele ernstzunehmende Menschen ohne eine Miene zu verziehen zu behaupten wagen, der beste Weg, den Armen zu helfen, bestehe darin, den Reichen noch mehr zu geben. Und Trumps Argument war schon immer ein anderes. Es lautete von Anfang an: Ich mache euch zu Gewinnern – und gemeinsam können wir die Loser vernichten.

In einer albtraumhaften realen Welt verkaufen sich Träume gut

Es lohnt, daran zu erinnern, dass Trumps Durchbruch zum Status eines landesweiten Prominenten nicht durch ein besonderes Immobiliengeschäft zustande kam, sondern durch ein Buch darüber, wie man mit Immobilien Geschäfte macht. *The Art of the Deal*, das mit dem Versprechen beworben wurde, es lüfte die Geheimnisse sagenhaften finanziellen Reichtums, erschien 1987 – also zum Höhepunkt der Reagan-Ära. Im Lauf der Jahre folgten noch haarsträubendere Varianten zum selben Thema: *Think Like a Billionaire*, *Think Big and Kick Ass in Business and Life* (dt. *Nicht kleckern, klotzen. Der Wegweiser zum Erfolg – aus der Feder eines Milliardärs*), *Trump 101*, *The Way to Success* und *How to Get Rich* (dt. *Wie man reich wird*).

Die Behauptung, er habe ein Ticket zur Welt des obersten einen Prozents der Großverdiener, verbreitete Trump gerade zu jenem Zeitpunkt, als viele Leitern, die die soziale Mobilität zwischen den Klassen ermöglichten – etwa kostenlose gute öffentliche Bildung – weggekickt und das soziale Netz zerfetzt wurde. All das aber hieß, dass die Menschen den Kampf darum, plötzlich auf magische Weise reich zu werden, das große Los zu ziehen und es in die

sichere ökonomische Sphäre zu schaffen, immer verzwei-
felter führten.

Trump, der reich geboren wurde, machte sich diese Ver-
zweiflung auf vielen Bühnen zunutze, wobei die Trump
University die berüchtigtste war. In einer Anzeige für die
skandalgeplagte und inzwischen nicht mehr existierende
»Universität« (in Wirklichkeit eine Reihe zwielichtiger
Seminare in Tagungsräumen von Hotels) erklärte Trump:
»Ich kann jeden zu einem erfolgreichen Immobilieninves-
tor machen, auch Sie.«

Und dann waren da noch die Casinos, ein großer Zweig
von Trumps amerikanischem Immobilien-Portfolio. Die
Verheißung, die das Herz der Casino-Ökonomie bildet, unterscheidet sich kaum vom käuflichen Traum an der Trump
University oder in *Wie man reich wird*: Heute stehst du
vielleicht am Rand des persönlichen Bankrotts, aber wenn
du (buchstäblich) deine Karten richtig ausspielst, könntest
du am nächsten Morgen schon auf großem Fuß leben.

Das ist der Kern dessen, wie Trump seine Marke aufbau-
te und seinen Reichtum anhäufte – indem er das Versprechen verkaufte, »auch du könntest Donald Trump sein« –,
und zwar in einer Zeit, als das Leben für alle, die nicht zum
reichsten einen Prozent gehörten, zunehmend prekär wurde. Und dann vollzog er eine Wende und übertrug genau
denselben Spruch auf die Wähler – dass er Amerika wieder
zu einem Land der Gewinner machen werde –, indem er
jene tiefsitzenden ökonomischen Ängste ausnutzte und
all die Kenntnisse der Wirklichkeitssimulation anwandte,
die er in Jahren als Macher einer hochbewerteten TV-Show
gesammelt hatte. Nachdem er über Jahrzehnte Ratgeber
zum Reichwerden verhökert hat, weiß Donald Trump
genau, dass hinter dem Versprechen – sei es die Neuaus-

handlung von Handelsabkommen oder die Rückholung der Fertigungsindustrie – nicht viel stecken muss, wenn nur die Verzweiflung groß genug ist.

Auf dem Weg ins Weiße Haus – Schwelgen im Fake

Weit vor Trumps Aufstieg war die Berichterstattung über Wahlen auf den Nachrichtensendern bereits zum Infotainment mutiert, das von Einschaltquoten bestimmt wurde. Trump hat diesen Infotainment-Faktor exponentiell erhöht und damit die Einschaltquoten. Als Veteran dieses Formats war ihm klar: Wenn die Wahlen eine Art Reality-Show würden, würde der beste Wettbewerber (was nicht dasselbe ist wie der beste Kandidat) gewinnen. Vielleicht würde er nicht die endgültige Abstimmung für sich entscheiden, wohl aber eine umfassende Berichterstattung bekommen, was unter dem Aspekt der Markenstärkung auch schon ein Sieg ist. So erklärte Trump, als er eine Kandidatur für 2000 in Erwägung zog (er entschied sich dagegen): »Es ist sehr gut möglich, dass ich der erste Präsidentschaftskandidat bin, der in den Ring steigt und damit Geld macht.«

Seit seiner Wahl gab es ein paar Reuebekundungen von Medienvertretern, die einräumten, zu Trumps Erfolgen im Wahlkampf beigetragen zu haben, indem sie ihm einen viel zu großen Anteil an ihrer Berichterstattung zugestanden hätten. Das stimmt, sie haben ihm enorm geholfen, aber ihr Bedauern müsste viel weiter gehen. Sie tragen nämlich auch deshalb Schuld, weil das größte Geschenk an Trump nicht nur die Sendezeit, sondern das ganze Infotainment-Modell der Berichterstattung über den Wahlkampf war, bei dem ständig die persönlichen Auseinandersetzungen zwischen den Kandidaten thematisiert wurden, während die traditionelle journalistische Aufgabe der Vertiefung in die Hintergründe politischer Fragestellungen ebenso vernachlässigt wurde wie die Aufklärung darüber, welche Konsequenzen die Positionen der einzelnen Kandidaten zu Themen wie Gesundheitsfürsorge und Bürokratieabbau für die Wähler haben würden.

Im Tyndall-Bericht wurde festgestellt, dass die drei großen abendlichen Nachrichtensendungen zusammen gerade einmal 32 Minuten über Sachthemen berichteten – im Gegensatz zu bereits spärlichen 220 Minuten im Wahlkampf 2008. Den Rest der Sendezeit beanspruchte die Reality-Show, in der es darum ging, wer was über wen sagte und wer bei welcher Umfrage wo vorn lag. Für Millionen Zuschauer war all das ausgesprochen unterhaltsam. (Wahrscheinlich ein Grund, warum die französischen Medien bei der Berichterstattung über den richtungsweisenden Wahlkampf 2017 einem auffällig ähnlichen Rezept folgten.)

Ich möchte es noch einmal betonen: Trump hat das Problem nicht geschaffen, er hat es für sich genutzt. Und da er mehr als jeder andere mit den Gepflogenheiten bei der Vortäuschung von Wirklichkeit vertraut war, spielte er das Spiel in einer ganz neuen Dimension.

Gefakte Kämpfe, echte Einsätze

Trump brachte nicht nur seine Expertise in Sachen Reality-TV in den Wahlkampf ein – er vermischte ihn auch noch mit einem anderen Hit des Unterhaltungsgenres, das ebenso auf einer karikaturartigen Darstellung der Wirklichkeit beruht: dem Profi-Wrestling. Trumps Faszination für diese Sportart lässt sich kaum übertreiben. Er trat als er selbst (der ultrareiche Boss) mindestens acht Mal bei einer

Sendung des börsennotierten Medienunternehmens World Wrestling Entertainment (WWE) auf, genug, um einen Platz in der WWE Hall of Fame zu erringen. In einer »Battle of the Billionaires« (Schlacht der Milliardäre) tat er (beide ließen den Kampf durch Stellvertreter ausführen), als habe er den Vorsitzenden von WWE, Vince McMahon, höchstpersönlich geschlagen, und rasierte ihm vor der jubelnden Menge den Kopf. Außerdem warf er tausende Dollar in die Reihen der kreischenden Fans. Inzwischen hat er die ehemalige Vorsitzende von WWE, Linda McMahon (Ehefrau von Vince), als Leiterin der Small Business Administration (zuständig für kleine bis mittlere Unternehmen) in sein Kabinett berufen, ein Detail, das in der täglichen Nachrichtenflut weitgehend untergegangen ist.

Wie mit *The Apprentice* verschaffte sich Trump mit seinem Nebenjob beim professionellen Wrestling ein riesiges Publikum und machte sich bei ihm beliebt – die Shows fanden in Stadien, im Fernsehen und online statt. Für die meisten liberalen Wähler ist die Sportart als Bestandteil der amerikanischen Kultur kaum sichtbar, aber WWE generiert annähernd eine Milliarde Dollar Einnahmen pro Jahr. Und Trump sammelte mit diesen Auftritten nicht nur Wählerstimmen – er sammelte auch neue Erfahrungen.

So wies Matt Taibbi im *Rolling Stone* darauf hin, dass Trumps gesamter Wahlkampf erkennbar Züge von WWE trage. Seine sorgfältig angeheizten Fehden mit anderen Kandidaten waren reines professionelles Wrestling, vor allem indem er ihnen beleidigende Spitznamen gab (»Little Marco« [Klein Marco], »Lyin' Ted« [Lügen-Ted]). Am Wrestlinghaftesten aber war, wie Trump bei seinen Wahlveranstaltungen den Zirkusdirektor gab, überspannte Beleidigungen skandierte (»Sperrt sie ein!« und »Killary«) und den Zorn der Menge auf die auserkorenen Bösewichter in der Veranstaltungshalle lenkte: Journalisten und Demonstranten. Außenstehende verließen solche Veranstaltungen erschüttert und fragten sich, was eigentlich gerade passiert war. Die Antwort: Sie waren soeben Zeugen einer bizarren Kreuzung zwischen einem professionellen Wrestling-Kampf und dem Wahlkampf eines weißen Rassisten geworden.

Reality-Fernsehen und professionelles Wrestling gemeinsam ist die Tatsache, dass es sich bei beidem um Formen der Massenunterhaltung handelt, die in der amerikanischen Kultur relativ neu sind. Und beide gehen eine seltsame Beziehung zur Wirklichkeit ein – eine, die sowohl Fake als auch gleichzeitig irgendwie echt ist.

Bei WWE ist jeder Kampf inszeniert, jeder weiß, dass alles vorher einstudiert wurde. Das aber tut dem Vergnügen daran in keiner Weise Abbruch. Dass alle Bescheid wissen, dass die Anfeuerungs- und Buh-Rufe Teil der Show sind, erhöht nur den Spaß. Das Gestellte ist kein Nachteil – genau darum geht es.

Wrestling und Reality-Fernsehen sind aufgrund der Zurschaustellung extremer Emotionen von Konflikt und Leiden so erfolgreich. Bei beiden schreien sich die Leute an und reißen einander die Haare aus. Beim Wrestling kommt noch hinzu, dass sie sich die Seele aus dem Leib prügeln. Doch während man zuschaut, weiß man, dass es nicht real ist und man sich keine Sorgen machen muss; man nimmt an dem Schauspiel teil, ohne dass man Mitgefühl empfinden muss. Niemand weint, wenn ein Wrestler niedergeknüppelt und gedemütigt wird, ebenso wenig wie wir um die Wettbewerber bei *The Apprentice* weinen sollten, wenn Trump sie rausschmiss oder erniedrigte. Hier konnte man gefahrlos über die Qualen anderer lachen. Und all das gehörte zu den Elementen, die den Boden bereiteten für den Tausendsassa in allem, was Fake ist, Donald Trump: Falsche Körperteile, getürktes Wrestling, vorgetäuschtes Reality-TV, Fake News und sein ganzes aufgeblähtes Geschäftsmodell.

Und nun hat Trump dieselbe krumme Beziehung zur Realität auf seine ganze Regierung übertragen. Er verkündete, dass Obama ihn abgehört habe, wie ein Wrestler erklärt, dass er seinen Gegner vernichtet und demütigt. Ob das nun wahr ist oder nicht, spielt keine Rolle. Es ist Teil des Anheizens des Publikums, Teil des Theaters. *The Apprentice* mag nicht mehr ausgestrahlt werden und Trump sich aus seiner WWE-Karriere zur Ruhe gesetzt haben, aber die Show geht weiter. Sie hört tatsächlich nie auf.

Newt Gingrich, ein ziemlich überzeugter Cheerleader Donald Trumps, wurde kurz vor dessen Amtseinführung gefragt, was er von der Entscheidung des designierten Präsidenten halte, seinen Posten als Produktionschef von *Celebrity Apprentice* zu behalten. Seine Antwort war äußerst aufschlussreich. Trump, so meinte er, begehe damit einen Fehler, weil er »der Produktionschef einer Sache sein wird, die sich amerikanische Regierung nennt. Er wird eine gigantische Fernseh-Show namens ›Die Führung der Welt‹ bekommen.«

Und genau das ist eingetreten. Die Trump-Show wird jetzt live vom Oval Office ausgestrahlt. Und von Mar-a-Lago, wo die Auftritte noch mehr einer Fernsehshow gleichen, weil die betuchten Mitglieder ein eingebautes Live-Studiopublikum bilden. Und es besteht kein Zweifel, dass Trump auch seine Präsidentschaft so sieht – als der Produktionschef einer Regierung, der stets die Einschaltquoten im Blick hat. Auf die öffentlich geäußerte Vermutung reagierend, er werde seine Entgleisungsmaschine in Gestalt des Pressesekretärs feuern, sagte er Berichten zufolge: »Ich werfe Sean Spicer nicht raus. Der Junge hat großartige Beliebtheitswerte. Jeder schaltet wegen ihm ein.«

Mit derselben schnoddrigen Selbstdarstellung umschifft Trump jetzt die Versprechen – oder gerade nicht –, er werde die vergangene Zeit boomender Fabriken und Arbeiterjobs mit mittleren Einkommen wiederherstellen und eine Politik nach dem Motto »Kauf amerikanisch, stell Amerikaner ein« verfolgen (auch wenn sein eigenes Imperium auf der Ausgliederung und Ausbeutung der Arbeitskräfte beruht).

Diese Haltung ist genauso authentisch wie die Gewalt, die er ausübte, als er sich auf einen WWE-Wrestler im Ring stürzte oder seine Auswahl unter den Wettbewerbern in *Celebrity Apprentice* traf. Wie jeder andere weiß auch Trump, dass der Gedanke, amerikanische Unternehmen würden zur Produktion im Stil der 1970er zurückkehren, ein grausamer Scherz ist. Er weiß es deshalb, weil sich der Großteil der US-Firmen, wie seine eigenen Geschäftspraktiken bestätigen, überhaupt nicht mehr mit der Fertigung abgibt, sondern ihre eigenen Produkte aus einem Netz billiger Fremdfirmen bezieht. Vielleicht gelingt es ihm, ein paar neue Fabriken zu errichten oder es auch nur zu behaupten, aber die Zahl wird im Verhältnis zum Bedarf minimal sein. (Es gibt eine reale Möglichkeit, viele gutbezahlte Arbeitsplätze zu schaffen – aber die sieht ganz anders aus als das, was Trump betreibt. Dazu ist ein Blick in die Zukunft, nicht in die Vergangenheit, erforderlich, wie wir im letzten Kapitel sehen werden.)

Trumps Schlachtplan, den er bereits umsetzt, besteht darin, Arbeitslosigkeit und Unterbeschäftigung mit derselben Methode anzugehen wie alles andere auch – indem er die Krise in ein Spektakel verwandelt. Er wird sich die Schaffung relativ weniger Arbeitsplätze – die zum größten Teil ohnehin entstanden wären – als Verdienst anrechnen und dann die angeblichen Erfolgsgeschichten gnadenlos vermarkten. Er wird die Realität bearbeiten, bis sie seinem Narrativ entspricht – wie er es bei *The Apprentice* gelernt und es am ersten Tag seiner Präsidentschaft bereits praktiziert hat, indem er gegen alle objektiven Beweise darauf bestand, bei der Inauguration habe die Zahl der Zuschauer einen historischen Rekord erreicht.

So geht Trump vor, so ist er immer vorgegangen. Als sich 1992 sein Imperium aufgrund von falschen Investitionsentscheidungen am Rand des Bankrotts befand, bewältigte er die Situation nicht damit, dass er seine Finanzen in Ordnung brachte, sondern er schmiss im Trump Taj Mahal in Atlantic City eine aufwendige »Comeback-Party« für seine Investoren und Finanziers, bei deren Höhepunkt er selbst – in Boxershorts aus Satin und mit roten Boxhandschuhen – unter den Klängen des Titelsongs von *Rocky* eine Papierwand durchschlug. Dieser Mann meint, dass er jedes Problem mit dem entsprechenden inszenierten Auftritt lösen kann, und bis jetzt hat sich oft gezeigt, dass er recht hatte. Deshalb ist er überzeugt, dass er die Wirtschaft des Landes genauso wieder auf Vordermann zu bringen vermag, wie er sich aus dem Bankrott herausgesponnen und -geschauspielert hat.

Fake News, alternative Fakten und die Große Lüge

Wenn eins sicher ist, dann, dass harte Tatsachen in der Welt Donald Trumps nicht zählen. Bei Trump haben wir es weniger mit der einen großen Lüge zu tun als vielmehr mit ständigen Lügen. Ja, es sind große Lügen, wie etwa die, Ted Cruz' Vater habe bei der Ermordung John F. Kennedys eine Rolle gespielt, oder die Lügen über Barack Obamas Geburtsort, die er jahrelang verbreitete. Doch am schwindelerregendsten ist der ständige Strom von Lügen – notorisch dargeboten als »alternative Fakten«. Laut Recherchen der Tageszeitung *Politico* geschieht dies ganz bewusst: »Die Mitarbeiter des Weißen Hauses betreiben den Großteil ihrer Lügerei zum Scherz und nicht um irgendeine größere Agenda voranzubringen« und wetteiferten sogar darum, wem es gelänge, »die dicksten Lügen in die Medien einzuschleusen«. Diese Behauptungen beruhen zwar auf anonymen Quellen und sind vielleicht selbst Lügen, passen aber zu dem, was wir über Trump wissen: Was nützt es, den Gipfel der Macht zu erklimmen, wenn man die Realität nicht nach eigenem Willen zurechtbiegen kann? In Trumps Welt und ganz im Sinne der inneren Logik seiner Marke gehören die unverschämtesten Lügen zur Rolle als der große Boss. Sich an feststehende, langweilige Fakten zu halten, ist etwas für Loser.

Und bis jetzt scheint das zu funktionieren, zumindest bei seiner Basis. Einige Liberale haben diese offensichtliche Toleranz für »alternative Fakten« aufgegriffen, um seine Wähler aus der Arbeiterschicht als »Trottel« zu verunglimpfen. Dabei sollte man nicht vergessen, dass ein großer Anteil von Barack Obamas Anhängerschaft die sorgfältig fabrizierten Symbole seiner Regierung begrüßte – die Illuminierung des Weißen Hauses in Regenbogenfarben zur Feier der Schwulenehe; der Gebrauch einer zivilisierten, gebildeten Sprache; das Schauspiel einer unglaublich reizenden Familie im Weißen Haus, die acht Jahre lang ohne Skandale blieb. All das war gut. Aber allzu oft sahen Obamas Anhänger auch weg, wenn es um den Drohnenkrieg ging, bei dem zahllose Zivilisten ums Leben kamen, oder um die Abschiebung von etwa 2,5 Millionen Einwanderern ohne Dokumente in seiner Amtszeit, oder sein gebrochenes Versprechen, Guantánamo zu schließen und die von George W. Bush aufgebaute Massenüberwachung zu beenden. Obama positionierte sich als Klimaheld, prahlte aber einmal damit, dass seine Regierung »so viel neue Öl- und Gasleitungen gelegt hätte, dass man damit die Erde umfassen könnte und noch mehr«.

In Kanada legen viele Liberale dieselbe selektive Blindheit an den Tag. Geblendet von den progressiven Botschaften unseres attraktiven Premierministers lassen sie zu, dass er an einem Großteil der verheerenden Politik seines Vorgängers festhält, von der unbegrenzten Haft vieler Einwanderer bis zum Durchpeitschen der Genehmigung der Pipelines für das Teersandöl (mehr darüber später). Politisch betrachtet unterscheidet sich Justin Trudeau sehr von Donald Trump, aber auf seine getreuesten Anhänger – die sich häufig wie Fans verhalten – hat sein Ansehen eine ähnlich verzerrende Wirkung. Die neue »Trudeaumania« zeigt uns wieder einmal, dass Konservative nicht die Einzigen sind, die bürgerliches Engagement mit Markentreue verwechseln.

Natürlich wird Trumps erfolgreicher Versuch, seinen Wählern aus der weißen Arbeiterklasse den Traum von einem Comeback der Fertigungsindustrie zu verkaufen, am Ende krachend auf dem Boden der Tatsachen zerschmettern. Am besorgniserregendsten aber ist, was Trump dann tun wird, dann, wenn er nicht mehr verbergen kann, dass die Jobs im Kohlebergbau nicht zurückkehren werden und auch nicht die Fabrikarbeitsplätze, die den Arbeitern genügend Lohn einbrachten, um ihren Familien ein Leben zu ermöglichen, wie es die Mittelschicht führt. Aller Wahrscheinlichkeit nach wird Trump dann auf das einzig andere Instrument zurückgreifen, das er besitzt: Er wird doppelte Anstrengungen unternehmen, die weiße Arbeiterschaft gegen eingewanderte Arbeitskräfte auszuspielen, die Angst vor schwarzer Kriminalität noch weiter schüren, die absurde Aufregung um den Zugang Transsexueller zu öffentlichen Toiletten anheizen und noch wütendere Angriffe auf die Selbstbestimmungsrechte von Frauen und die Presse führen.

Und dann gibt es ja auch immer noch den Krieg.

Die Apokalypse-Show

Die Erkenntnis, dass Trumps Präsidentschaft wie eine Reality-Show produziert wird, vermindert keineswegs die Gefahr, die sie darstellt – ganz im Gegenteil. In dieser Show sind bereits Menschen gestorben – im Jemen, in Afghanistan, in Syrien, in den Vereinigten Staaten –, und viele weitere wird dasselbe Schicksal treffen, bevor die Show aus dem Programm verschwindet. Eine in Großbritannien ansässige Beobachtungsgruppe meldete allein für März 2017 1500 Fälle, in denen der von den USA geführten Koalition vorgeworfen wurde, Zivilisten im Irak und in Syrien bei Luftangriffen getötet zu haben – mehr als je unter Obama belegt ist.

Das heißt jedoch nicht, dass es nicht gleichzeitig Teil der Show ist. Echtes Blutvergießen im Reality-TV ist schließlich ein gängiges Science-Fiction-Element. Man denke nur an die *Tribute von Panem*, wo in einer Reality-TV-Show alle Spieler sterben bis auf einen. Oder an *The Running Man*, einen weiteren Film über einen im Fernsehen übertragenen realen Kampf auf Leben und Tod. (Wilbur Ross, Trumps Wirtschaftsminister, bezeichnete die Bombenangriffe auf Syrien als »Unterhaltung nach dem Abendessen« in Mar-a-Lago.)

Das Gruseligste ist, dass Trump, während ich dies schreibe, gerade begonnen hat, seine Version der *Tribute von Mar-a-Lago* mit dem ganzen Arsenal der amerikanischen Militärmacht als Requisiten zu spielen – und noch dazu enorm ermutigt wird, den Einsatz noch weiter zu erhöhen. Als er Tomahawk-Raketen auf Syrien niedergehen ließ, fand der Moderator des Nachrichtensenders MSNBC die Bilder »schön«. Nur eine Woche später entschloss sich Trump zu einem noch größeren Spektakel und ließ die stärkste nichtnukleare Waffe im US-Arsenal über einem Höhlenkomplex in Afghanistan abwerfen, ein derartig wahlloser und unverhältnismäßiger Akt der Gewalt, dass sich Beobachter schwertaten, eine Begründung zu finden, die den Anschein einer schlüssigen Militärstrategie erwecken könnte – schlicht und einfach, weil keine Strategie dahintersteckte: Die Megatonnage der Bombe war die Botschaft. Massenkommunikation durch Bomben.

Angesichts dessen, dass Trump die Anwendung einer Waffe anordnete, die noch nie im Kampf angewendet worden war, und in Anbetracht dessen, dass er zu diesem Zeitpunkt gerade einmal zwölf Wochen im Amt war und es keinen Anlass dafür gab, besteht kaum ein Grund, zu hoffen, dass er der Versuchung widerstehen wird, die Shows aller Shows aufzuführen – die Apokalypse eines ausgewachsenen Krieges, vom Fernsehen übertragen mit garantierten Rekord-Einschaltquoten. Schon lange vor Trump hatten wir Kriege, die im Unterhaltungsformat im Fernsehen geführt wurden. Der Golfkrieg von 1990 war für manche der erste Krieg als Videospiel – übertragen von CNN mit eigenem Logo und eigener Titelmusik. Doch das war nichts im Vergleich zu der Show über die Invasion des Irak 2003, die auf der militärischen Strategie namens »Shock and Awe« (Schrecken und Furcht) beruhte. Die Angriffe waren als Schauspiel für die Konsumenten von Nachrichtensendungen gedacht, aber auch als Mittel, um das Gefühl der Ohnmacht bei den Irakern zu verstärken, ihnen »eine Lektion zu erteilen«. Nun befindet sich diese furchtbare Technik in der Hand des ersten Reality-Show-Präsidenten. Wir müssen uns darauf vorbereiten, ein Thema, auf das ich in Kapitel 9 zurückkommen werde.

Hollow Man – Unsichtbare Gefahr

Wenn es einen echten Aspekt am Festival der gefakten Fakten gibt, das die Präsidentschaft Trumps darstellt, dann den Hunger als seinem Herzstück. Die reine Unersättlichkeit. Trump erklärt der Welt immer wieder gern, er brauche nicht mehr Geld, er habe schließlich mehr als genug. Dennoch verkauft er wie zwanghaft seine Produkte bei jeder sich bietenden Gelegenheit und nutzt jede Chance. Es ist, als litte er unter einer diffusen modernen Krankheit – nennen wir sie eine Störung der Markenpersönlichkeit –, die ihn veranlasst, geradezu unwillkürlich in die Werbung für seine Marke zu rutschen. So kommt es vor, dass er eine politische Rede hält und plötzlich darüber spricht, wie schön und teuer der Marmor in einem Trump-Hotel ist, oder er erklärt bei einem Interview über die von ihm angeordnete todbringende Bombardierung Syriens ungefragt, der Schokoladenkuchen im Mar-a-Lago sei »der schönste … den man je gesehen hat«.

Dieser unstillbare Hunger, diese Hohlheit im innersten Kern, entspricht etwas Realem – einer Leere im Herzen genau der Kultur, die diesen Präsidenten hervorgebracht hat. Und diese Hohlheit ist engstens verbunden mit dem Aufkommen der Lifestyle-Marken, einem Wandel, der Trump eine unendlich erweiterbare Plattform verschaffte. Der Aufstieg der hohlen Marken – alles verkaufen, obwohl das, was man zu bieten hat, gleich null ist – vollzog sich über Jahrzehnte, in denen sich die wichtigsten Institutionen, die dem Einzelnen ein Gefühl der Gemeinschaft und der gemeinsamen Identität vermittelten, in rasantem Niedergang befanden: engverknüpfte Nachbarschaften, wo die Menschen aufeinander aufpassten; große Arbeitsstätten, die einen Job auf Lebenszeit verhießen; Raum und Zeit für die normalen Menschen, um selbst künstlerisch tätig zu sein, nicht nur Kunst zu konsumieren; organisierte Religion; politische Bewegungen und Gewerkschaften, die in persönlichen Beziehungen wurzelten; dem öffentlichen Interesse verpflichtete Medien, die sich bemühten, Länder miteinander ins Gespräch zu bringen.

All diese Institutionen und Traditionen waren und sind – nicht selten zutiefst – unvollkommen. Sie ließen viele Menschen außen vor und verstärkten eine krankhafte Konformität. Dennoch boten sie etwas, was wir Menschen für unser Wohl benötigen und nach dem wir uns stets sehnen: Gemeinschaft, Verbundensein, eine Aufgabe, die größer ist als unsere unmittelbaren partikularen Wünsche. Diese beiden Entwicklungen – der Niedergang gemeinschaftlicher Institutionen und die zunehmende Bedeutung von Unternehmensmarken in unserer Kultur – standen über Jahrzehnte in einem umgekehrt proportionalen Verhältnis zueinander: Mit dem nachlassenden Einfluss jener Institutionen, die uns das unerlässliche Gefühl der Zugehörigkeit gaben, nahm die Macht der kommerziellen Marken zu.

Es ist aber eine Schaukeldynamik, und das hat mich stets getröstet. Das heißt, unsere Markenwelt kann das unbefriedigte Bedürfnis, Teil von etwas zu sein, das größer ist als wir selbst, zwar ausnutzen, aber sie kann es nicht nachhaltig befriedigen: Man kauft etwas, um Teil einer Gruppe zu sein, einer großen Idee, einer Revolution, und das gibt einem für einen Augenblick ein gutes Gefühl, aber die Befriedigung lässt bereits nach, bevor man die Verpackung weggeworfen hat. Dann muss man die Leere erneut füllen. Es ist das ideale Rezept für endlosen Konsum und anhaltende Selbstkommerzialisierung durch soziale Medien, und es ist gleichzeitig eine Katastrophe für den Planeten, der einem Konsum in diesen Dimensionen nicht standhalten kann.

Dennoch sollte man nie vergessen, dass im Kern dieses Zyklus eine sehr starke Kraft wirksam ist: die Sehnsucht des Menschen nach Gemeinschaft und Verbundenheit, die einfach nicht unterzukriegen ist. Deshalb besteht immer noch Hoffnung: Wenn wir unsere Gemeinschaften wieder aufbauen und aus ihnen mehr Sinn und ein Gefühl für das gute Leben beziehen, werden viele von uns weniger empfänglich für den Sirenengesang des stumpfsinnigen Konsumismus sein (und dabei verwenden wir vielleicht sogar weniger Zeit auf die Produktion und Bearbeitung unserer persönlichen Marke in den sozialen Medien).

Wie wir in Teil IV sehen werden, arbeiten bereits viele Bewegungen und Theoretiker auf einen solchen Kultur- und Wertewandel hin. Doch zuvor müssen wir noch ein paar wichtigen Spuren nachgehen, um zu begreifen, wie wir in diese Situation hineingeraten sind.

TEIL II

WO STEHEN WIR JETZT: KLIMA DER UNGLEICHHEIT

»Dass sich Menschen so verbissen an ihren Hass klammern, ist nicht zuletzt darauf zurückzuführen, dass sie spüren, wenn der Hass vergangen ist, müssen sie sich mit dem Schmerz auseinandersetzen.«

James Baldwin

Kapitel 4

Die Klima-Uhr schlägt Mitternacht

Gehen wir ein wenig zurück – in die Woche von Trumps Wahlsieg. Damals war ich erschüttert angesichts nicht einer, sondern zweier Katastrophen. Und ich glaube nicht, dass wir die wahre Gefahr des Trump-Desasters begreifen, wenn wir uns nicht mit beiden auseinandersetzen.

Wie gesagt war ich berufsbedingt in Australien, aber ich war mir durchaus bewusst, dass ich wegen der CO_2-Verschmutzung, die eine solche Reise verursacht, das Land wohl für lange Zeit nicht wieder besuchen würde. Also beschloss ich, mir zum ersten Mal in meinem Leben das Great-Barrier-Riff vor der Küste von Queensland anzusehen, Weltnaturerbe und das größte Gebilde der Erde, das aus lebendigen Wesen besteht. Es war gleichzeitig das Schönste und das Erschreckendste, was ich je erlebt habe.

Als Kind habe ich viel Zeit unter Wasser verbracht. Mein Vater hat mir das Schnorcheln beigebracht, als ich sechs oder sieben war, und ich verbinde damit einige meiner schönsten Kindheitserinnerungen. Die Intimität des Kontakts mit dem Leben im Ozean hat mich schon immer verblüfft. Wenn man auf ein Riff zuschwimmt, flüchten die Fische erst einmal. Hält man sich dort aber ein paar Minuten auf, halten sie einen nicht mehr für einen Eindringling, sondern für einen Teil der Unterwasserlandschaft – sie schwimmen bis an die Tauchermaske heran oder knabbern am Arm des Tauchers herum. Als ängstliches Kind fand ich diese Erlebnisse wunderbar traumhaft und friedlich.

Als die Australienreise näherrückte, wurde mir klar, dass meine Überlegung, das Riff zu besuchen, eng verknüpft war mit der Tatsache, dass ich einen vierjährigen Sohn habe. Als Eltern machen wir manchmal den Fehler, Kinder zu früh mit den Bedrohungen und Gefahren zu konfrontieren, denen die Welt der Natur ausgesetzt ist. Das erste Buch über die Natur, das viele amerikanische Kinder lesen, ist *Der Lorax* von Dr. Seuss, was vor allem von Umweltverschmutzung handelt und zeigt, wie schöne Orte zerstört werden und all die Tiere sterben und verschwinden und nach Luft ringen. Es ist wirklich unheimlich. Ich habe es Toma, meinem Sohn, vorgelesen, als er zwei war, und konnte beobachten, wie sich das Entsetzen auf seinem Gesicht spiegelte. Und ich dachte: »Nein, das ist ganz falsch.« Jetzt lesen wir Geschichten über schnell sprechende Eichhörnchen und Bücher, die die Wunder der Natur feiern. Auch wenn ich weiß, dass diese Bücher von Arten handeln, die von der Ausrottung bedroht sind, muss sich Toma darüber jetzt noch keine Gedanken machen. Ich meine, es ist meine Aufgabe, ihm so viele positive Erlebnisse wie möglich zu verschaffen, die seine Liebe zur Natur fördern. Man muss sein Herz an etwas hängen, bevor man es schützen und verteidigen kann.

Außerdem wollte ich das Riff als Journalistin erkunden. In den vergangenen zwei Jahren war etwas in der Menschheitsgeschichte noch nie Dagewesenes passiert. Wegen Rekordtemperaturen setzte in über 90 Prozent des Great-Barrier-Riffs eine sogenannte Massenkorallenbleiche ein. Wie verheerend die Bleiche sich auswirkt, ist schwer zu beschreiben. Wenn Korallen bleichen, verwandeln sich diese schönen, farbenprächtigen Geschöpfe – ein Ökosystem so reich und vielfältig wie der Regenwald des Amazonas – in gespenstische knochenfahle Gerippe. Gebleichte Korallen können sich erholen, wenn die Temperaturen rasch wieder auf ein normales Niveau sinken. Diesmal hatten sie das nicht getan – und so starb fast ein Viertel des Riffs.

Es muss betont werden, wie gering der Temperaturanstieg ist, der eine so radikale Veränderung auslöst. Die Ozeantemperaturen liegen nur um ein Grad Celsius höher als die Werte, an die diese unglaublichen Spezies angepasst sind, und das hat für ein Massensterben gereicht. Anders als viele andere durch den Klimawandel bedingte Ereignisse war das kein Unwetter oder Flächenbrand – nur ein stiller, nasser Tod.

Als wir beim Riff ankamen, wirkte alles noch irgendwie irreal: Die Touristenboote, die von Port Douglas starteten, waren vollbesetzt, die Meeresoberfläche blau und schön, ganze Abschnitte schimmerten in einem atemberaubenden Türkis. Aber der Ozean versteht sich darauf, die schlimmsten Geheimnisse der Menschheit zu verbergen, das habe ich gelernt, als ich über die von BP verursachte Deepwater-Horizon-Katastrophe berichtete und sah, wie schnell die Ölpest aus den Schlagzeilen verschwand, sobald das Öl absank, obwohl das Unglück unter Wasser weiter seinen Lauf nahm.

Zum Riff hinaus fuhren wir mit einigen außerordentlich engagierten Meeresbiologen (die von den Vorgängen, die sie dokumentierten, tieferschüttert waren) und einem Kamerateam des *Guardian*. Zunächst filmten wir die Teile des Riffs, die noch leben, und wir ließen Toma ein wenig schnorcheln. Ehrlich gesagt, war ich unsicher, ob ich mich überhaupt auf die Korallen würde konzentrieren können;

er hatte gerade schwimmen gelernt und trug Schwimmflügel. Aber die Wissenschaftler waren unglaublich geduldig mit ihm, und immerhin fünf Minuten lang klappte es und er bekam einen Eindruck von den Wundern der Unterwasserwelt – er »sah Nemo«, er sah eine Seegurke. Ich glaube, er sah sogar eine Schildkröte. Die Teile des Riffs, die weder gebleicht noch tot sind, stellen nur einen Bruchteil des ganzen dar, aber sie sind umwerfend – eine Orgie des Lebens aus leuchtend bunten Korallen und Fischen, unter denen sich Meeresschildkröten und Haie tummeln.

Als wir die toten und die gebleichten Teile des Riffs filmten, nahmen wir Toma nicht mit. Sie glichen einem Friedhof. Es war, als wäre ein kosmischer Schalter umgelegt worden und einer der schönsten Orte der Erde hätte sich in eine Kulisse des Grauens verwandelt. Die Skelette der Korallen waren mit einem Glibber vermodernden Lebens bedeckt – einem braunen Glibber. Man wollte nur noch weg. Unsere Taucheranzüge stanken nach Tod.

Wir entschieden uns, das Riff in diesem Zustand zu filmen, weil viele Menschen das Gefühl haben, die Krise des Klimawandels werde sich erst in ferner Zukunft zuspitzen und wir könnten noch ein bisschen Zeit schinden, ehe wir ernsthafte Maßnahmen ergreifen. Wir wollten zeigen, dass heute – und nicht irgendwann in Zukunft – radikale Veränderungen auf unserem Planeten stattfinden, und zwar auch in Gebieten, die als Hort des Lebens gelten. Und die Folgen sind unüberschaubar, einschließlich der Tatsache, dass rund eine Milliarde Menschen weltweit von Fisch, der in Korallenriffen heranwächst, als Lebensmittel und Einkommensquelle abhängig sind.

Auch wollte ich versuchen, die Katastrophe aus Tomas Blickwinkel zu zeigen. Durch den Klimawandel geschieht viel Unrecht, mit die größte Ungerechtigkeit ist aber, dass unser Handeln als Erwachsene in der Gegenwart die schlimmsten Folgen für das Leben der künftigen Generationen haben wird und für das Leben der heutigen Kinder, die noch keinen Einfluss auf die Politik ausüben können – Kinder wie Toma und seine Freunde und ihre Generation auf der ganzen Welt. Diese Kinder haben zur Entstehung dieser Krise nichts beigetragen, sie sind es aber, die mit den übelsten Extremwetterereignissen zurechtkommen müssen – den Stürmen und den Dürren, den Waldbränden und den steigenden Meeresspiegeln – und all den sozialen und wirtschaftlichen Belastungen, die damit einhergehen. Sie wachsen auf in einer Welt des Massenaussterbens und sehen sich der Schönheit und des Gefühls der Zusammengehörigkeit beraubt, das entsteht, wenn man von anderen Lebewesen umgeben ist.

Das ist eine Form des Diebstahls, der Gewalt – die der Autor und Theoretiker Rob Nixon als »schleichende Gewalt« bezeichnet. Ein sauberer, lebensprühender Planet ist das Geburtsrecht eines jeden Lebewesens. Aus diesem Grund wurde das Great-Barrier-Riff als Weltnaturerbe eingestuft. Es gehört der Welt, und es stirbt vor unseren Augen. Mir wurde klar, dass die Geschichte, die ich erzählen will, von Diebstahl an künftigen Generationen und von Generationengerechtigkeit handelt. Aus diesem Grund habe ich beschlossen, Toma das erste Mal vor die Kamera zu stellen; ich tat es nicht gern, aber ohne ihn konnte ich diese Geschichte nicht erzählen.

Am Ende des Tages waren wir alle vollkommen erschöpft. Wir hatten so viel Tod gesehen, so viel Verlust, dennoch hatte mein Sohn sein ganz besonderes Erlebnis gehabt. Als ich ihn abends in unserem Motelzimmer in

Port Douglas ins Bett brachte, sagte ich: »Toma, heute ist der Tag, an dem du entdeckt hast, dass es im Meer eine geheime Unterwasserwelt gibt.« Und er hat mich glückstrahlend angeschaut und erwidert: »Ich habe es gesehen.« Ich brach in Tränen aus, teils vor Freude, teils weil es mir das Herz brach, dass die Schönheit, der Zauber dieser Welt, den er zum ersten Mal wahrnimmt, der Zerstörung preisgegeben wird.

Außerdem war ich wütend, das muss ich zugeben. Den ganzen Tag hatte ich nicht aufhören können, an ExxonMobil zu denken – an die Tatsache, dass dieses Unternehmen, wie inzwischen belegt ist, bereits in den 1970er Jahren über den Klimawandel Bescheid wusste. Wie die bahnbrechenden Recherchen von *InsideClimate News* (nominiert für den Pulitzer-Preis) aufdeckten, betrieb Exxon selbst Spitzenforschung, nahm CO_2-Proben von den eigenen Öltankschiffen und erstellte hochmoderne Klimamodelle, die künftige Veränderungen wie etwa den Anstieg der Meeresspiegel vorhersagten. Auch erhielten die Manager Warnungen von den eigenen leitenden Wissenschaftlern, darunter James Black, der in seinen Berichten an seinen Arbeitgeber kategorisch feststellte, es herrsche »in der Wissenschaft allgemeine Einigkeit darüber, dass die Menschheit das Klima mit größter Wahrscheinlichkeit durch den Kohlendioxidausstoß aus der Verbrennung fossiler Brennstoffe beeinflusst«. Auch schrieb er, dass »der Mensch ein Zeitfenster von fünf bis zehn Jahren hat, ehe harte Entscheidungen hinsichtlich veränderter Energiestrategien anstehen«. Das war im Jahr 1978.

Als Rex Tillerson Geschäftsführer der Produktionsabteilung von Exxon USA wurde, waren diese Tatsachen dem Unternehmen längst bekannt, darunter die unbequeme

Nachricht, wie wenig Zeit noch blieb. Trotzdem hat ExxonMobil seither Thinktanks, die über die Presse systematisch Zweifel an der Klimawissenschaft ausstreuen, mit über 30 Millionen Dollar bedacht. Mobil platzierte (vor der Fusion mit Exxon) sogar ganzseitige Anzeigen in der *New York Times*, die Zweifel an den wissenschaftlichen Fakten säten. Derzeit wird von den Generalstaatsanwälten der Bundesstaaten Kalifornien, Massachusetts und New York wegen dieser Täuschungsmanöver gegen ExxonMobil ermittelt. Aufgrund dieser Desinformationskampagne, gefördert von der gesamten Fossilbranche, hat die Menschheit entscheidende Jahrzehnte verloren, in denen wir die nötigen Maßnahmen hätten ergreifen können, um eine saubere Wirtschaft aufzubauen – Jahrzehnte, in denen ExxonMobil und andere ihr Geschäft mit Öl und Gas vehement ausgebaut haben. Hätten wir diese Zeit nicht verloren, könnte das Great-Barrier-Riff heute noch gesund sein.

Aber nach meiner Zeit am Great-Barrier-Riff fühlte ich mich nicht völlig hilflos. Weil Gemeinschaften hartnäckig Widerstand leisten und weil wachsende Bewegungen in aller Welt entschlossen sind, ihre Regierungen aufzurütteln und dafür zu sorgen, dass weder neue Öl- und Gasfelder erschlossen noch neue Kohleminen genehmigt werden. Wir machten den Film in Windeseile fertig, um ihn noch vor der US-Wahl herauszubringen, denn wir hofften, er könnte wenigstens ein paar Leute motivieren, zur Wahl zu gehen. Und danach wollten wir mit dem Film Hillary Clinton unter Druck setzen, mehr für den Klimaschutz zu tun. Und wir schafften es – wir posteten unsere Aufnahmen am 7. November.

Am folgenden Tag gewann Trump. Und dann wurde der ExxonMobil-Chef zum Außenminister berufen.

Die Stunde der Wahrheit

Bei den Präsidentschaftswahlen von 2016 stand aus vielen Gründen eine ganze Menge auf dem Spiel, von den Millionen Menschen, die womöglich ihre Krankenversicherung verlieren würden, bis hin zu jenen, die Ziel von rassistischen Angriffen wurden, weil Trump das Feuer eines wachsenden weißen Nationalismus schürte; von den Familien, die befürchten mussten, von einer unbarmherzigen Einwanderungspolitik auseinandergerissen zu werden, bis zu den Frauen, denen das Recht abgesprochen werden sollte, selbst zu entscheiden, ob sie Mutter werden wollen, und zu der Tatsache, dass sexuelle Übergriffe auf den höchsten Ebenen der Macht zur Normalität erklärt und heruntergespielt wurden. Wenn so viele Existenzen auf dem Spiel stehen, bringt es nichts, die Probleme nach Dringlichkeit zu ordnen und darum zu konkurrieren, wessen Krise am schlimmsten ist. Wenn Sie betroffen sind, wenn Ihre Familie auseinandergerissen wird, wenn Sie von der Polizei drangsaliert werden, wenn Ihre Großmutter eine lebensrettende Behandlung nicht bezahlen kann oder wenn Ihr Trinkwasser mit Blei verseucht ist – dann ist der schlimmstmögliche Fall schon eingetreten.

Der Klimawandel ist nicht wichtiger als irgendeines der anderen Probleme, aber er hat ein anderes Verhältnis zur Zeit. Wenn die Politik im Klimaschutz versagt – und im Augenblick versagt sie komplett –, bekommen wir in vier Jahren keine neue Chance. Denn in vier Jahren wird sich die Erde durch alle unterdessen ausgestoßenen Treibhausgase radikal verändert haben, und unsere Chancen, eine unumkehrbare Katastrophe abzuwenden, werden geringer sein als heute.

Das mag alarmistisch klingen, aber ich habe die weltweit führenden Wissenschaftler zu dieser Frage interviewt, und ihre Forschungsergebnisse zeigen, dass dies nur eine nüchterne Beschreibung der Wirklichkeit ist. Das Zeitfenster schließt sich schnell, in dem die Emissionen noch hinreichend gedrosselt werden können, um eine wahrhaft katastrophale Erwärmung zu vermeiden. Viele soziale Bewegungen haben sich fröhlich Samuel Becketts berühmte Worte »Wieder versuchen. Wieder scheitern. Besser scheitern« auf die Fahnen geschrieben. Diese Einstellung hat mir immer gefallen; wir müssen nicht perfekt sein, wir werden nicht immer gewinnen, aber wir bemühen uns, es besser zu machen. Das Problem ist, beim Klima funktioniert Becketts Rat nicht – nicht in diesem Stadium der Entwicklung. Wenn es uns nicht gelingt, die Emissionen zu drosseln, wenn es uns nicht gelingt, eine Energiewende einzuleiten, die diesen Namen verdient, und eine Wirtschaft aufzubauen, die auf erneuerbaren Energien beruht, wenn wir uns um die Frage des sinnlosen Konsums und des Wirtschaftswachstums um jeden Preis herumdrücken, dann werden wir keine Chance mehr bekommen, besser zu scheitern.

Fast alles schreitet schneller voran, als von den Klimamodellen vorhergesagt, darunter der Schwund des Meereises in der Arktis, das Abschmelzen der Eisschilde, die Erwärmung der Ozeane, der Anstieg der Meeresspiegel und die Korallenbleiche. Das nächste Mal, wenn die Wähler in den Ländern der Erde zu den Urnen gehen, wird mehr Meereis geschmolzen, werden mehr Küstengebiete verloren, mehr Tier- und Pflanzenarten für immer ausgerottet sein. Die Chance, die Temperaturen auf einem Niveau zu halten, das Inselnationen wie etwa Tuvalu oder die Malediven vor dem Untergang retten könnte, wird entsprechend geringer ausfallen. Dies sind unumkehrbare Veränderungen – ein untergegangenes Land kann man nicht wieder zurückholen.

Die neuesten begutachteten wissenschaftlichen Studien besagen, wenn wir die Küstenstädte – darunter Metropolen wie New York City und Mumbai – zu Lebzeiten meines Sohnes vor dem Untergang bewahren wollen, dann müssen wir uns mit übermenschlicher Geschwindigkeit von den fossilen Brennstoffen verabschieden. Ein Beitrag der Universität Oxford, der während des US-Wahlkampfs in der Zeitschrift *Applied Energy* erschien, kam zu dem Schluss, wenn die Menschheit die in Paris Ende 2015 gesteckten Klimaziele mit einer Chance von 50 Prozent erreichen wolle, dürften ab 2018 nur noch Kraftwerke neu ans Netz gehen, die keine Kohlenstoffemissionen ausstoßen. Das ist das zweite Jahr von Donald Trumps Amtszeit.

Für viele – auch für mich – ist diese Information schwer zu verdauen, denn man hat uns von klein auf erzählt, Fortschritt sei unvermeidlich. Martin Luther King hat einmal gesagt: »Der Bogen des moralischen Universums ist weit, aber er neigt sich gen Gerechtigkeit.« Auch diese starke Idee versagt angesichts der Klimakrise. Die reichen Regierungen der Welt haben das Problem verschleppt und es so sehr verschlimmert, dass sich der Bogen nun schnellstens neigen muss – oder die Aussicht auf Gerechtigkeit ist für immer dahin. Auf der Klima-Uhr ist es kurz vor zwölf.

Nicht nur eine weitere Wahlperiode –
ein sagenhaft schlechtes Timing

Im Wahlkampf um die Nominierung zur demokratischen Präsidentschaftskandidatin ging eine junge Frau auf Hillary Clinton zu und fragte sie, ob sie sich – angesichts der Dimensionen der Klimakrise – verpflichten würde, kein Geld mehr von der Fossilindustrie anzunehmen, die für den Klimawandel verantwortlich sei. Bis zu diesem Zeitpunkt hatte das Clinton-Wahlkampfteam hohe Summen von Mitarbeitern und registrierten Lobbyisten der Fossilkonzerne erhalten – laut Greenpeace-Recherchen rund 1,7 Millionen Dollar. Clinton verzog empört das Gesicht und erklärte, sie habe »es so satt«, auf dieses Thema angesprochen zu werden. Ein paar Tage später sagte Clinton in einem Interview, die jungen Leute sollten »selbst recherchieren«. Die Fragestellerin, Eva Resnick-Day, arbeitete als Campaignerin für Greenpeace. Sie hatte recherchiert, »und deshalb haben wir solche Angst um die Zukunft«, erklärte sie. »Was in den nächsten vier bis acht Jahren geschieht, kann über die Zukunft unseres Planeten und der menschlichen Spezies entscheiden.«

Ihr Auftritt hat mich beeindruckt, und ihre Worte bringen auf den Punkt, warum es sich hier nicht einfach um die nächste Wahlperiode handelt. Warum es nicht nur berechtigt, sondern unumgänglich war, Hillary Clintons Verstrickung mit den Konzernen zu hinterfragen. Resnick-Days Kommentare beleuchten einen der Gründe, warum Trumps Präsidentschaft Grauen erweckt: Der mächtigste Mann der Welt behauptet, die globale Erwärmung sei eine Erfindung der Chinesen, und drischt wie im Fieber auf die (ohnehin unzureichenden) Vorschriften ein, die sein Land erlassen hat, um die Nutzung fossiler Brennstoffe zu begrenzen. Zudem ermuntert er andere Regierungen, genauso vorzugehen. Und das geschieht zum dafür ungünstigsten Zeitpunkt in der Menschheitsgeschichte.

Bisher haben wir den Planeten nur um ein Grad Celsius aufgeheizt, und welche dramatischen Folgen das hat, lässt sich bereits beobachten: Das Massensterben der Korallen, das milde Wetter in der Arktis, das zu schweren Meereisverlusten führt, das Abbrechen der Eisschilde in der Antarktis. Wenn wir die Atmosphäre weiter in diesem Tempo verschmutzen, steuern wir auf eine Erwärmung des Planeten um 4 bis 6 Grad Celsius zu. Der Klimawissenschaftler und Emissionsexperte Kevin Anderson sagt, dass eine Erwärmung um 4 Grad »unvereinbar ist mit jedweder vernünftigen Vorstellung von einer organisierten, fairen und zivilisierten globalen Gemeinschaft«. Aus diesem Grund sind die Regierungen in Paris zusammengekommen und haben vertraglich vereinbart, große Anstrengungen zu unternehmen, um von diesem gefährlichen Kurs abzukommen; auch soll der Versuch unternommen werden, die Erwärmung »deutlich unter« 2 Grad zu halten und eine Begrenzung auf unter 1,5 Grad anzustreben. Ein Anstieg von 2 Grad steht für das Doppelte der Erwärmung, die wir bereits erleben, ist also keineswegs ungefährlich.

Und deshalb müssen wir uns größte Mühe geben, im unteren Bereich des Ziels zu bleiben. Das ist nicht leicht. Einer Studie der in Washington angesiedelten Denkfabrik Oil Change International vom September 2016 zufolge müssen sämtliche neuen, noch unerschlossenen Erdöl-, Erdgas- und Kohlereserven im Boden bleiben, wenn Regierungen eine echte Chance haben wollen, die globale Erwärmung auf 2 Grad zu begrenzen. Das Problem ist, dass schon vor Trumps Erscheinen keine große Volkswirtschaft das Nötige getan hat. Die Regierungen versuchten, es allen recht zu machen – sie führten ein paar solide Klimaschutzmaßnahmen ein, erlaubten aber dann wieder den vermehrten Abbau fossiler Brennstoffe und den Bau neuer Pipelines. Als würde man jeden Tag Salat und dazu Unmengen an Junkfood essen in der Hoffnung, dabei abzunehmen.

In den Vereinigten Staaten führte Präsident Obama den Clean Power Plan ein, der die Abschaltung der alten Kohlekraftwerke im Land beschleunigen sollte; für neue Anlagen wurden Maßnahmen zur Kohlendioxidabscheidung vorgeschrieben; während seiner Amtszeit boomte aber auch der Abbau von Schieferöl und -gas durch Fracking in der nordamerikanischen Bakken-Formation, die 520000 Quadratkilometer umfasst. In Kanada legte die Regierung einen Preis für Kohlenstoffemissionen fest und beschloss den Ausstieg aus der Kohle, erlaubte aber gleichzeitig eine Ausweitung des Teersandabbaus, den Bau zweier neuer Teersand-Pipelines und eines großen Exportterminals für Flüssiggas – was garantieren dürfte, dass sie ihre in Paris gesteckten Klimaziele verfehlt.

Dennoch, die Tatsache, dass so viele Regierungen das Pariser Abkommen mit großem Trara unterschrieben haben und sich wenigstens mit einem Lippenbekenntnis zu der Notwendigkeit bekannt haben, diese ambitionierten Klimaziele zu erreichen, hat der Klimabewegung ein Druckmittel in die Hand gegeben, mit dem wir eine sinnvolle Klimapolitik einfordern können. In Paris haben wir versucht, sie beim Wort zu nehmen, und wir waren im Begriff, Fortschritte zu machen.

Aber jetzt sagt Trump: Das ganze Geld im Boden lassen? Seid ihr bescheuert?!

Eine ziemlich ölige Regierung

Auf Wahlkampftour hakte Trump in seiner Standardrede gerne Punkte ab, die seinem Publikum Freude machten: baut die Mauer, holt die Jobs zurück, Recht und Ordnung, Hillarys Betrügereien. Die Leugnung des Klimawandels stand nicht auf der Liste (obwohl Trump lieferte, wenn er gefragt wurde). Aber wenn es den Anschein hatte, das Thema habe im Wahlkampf keine Rolle gespielt, änderte sich das schlagartig, als Trump begann, Regierungsposten zu besetzen. Und seit seinem Amtsantritt zeichnet sich seine Regierung vor allem dadurch aus, dass sie sämtliche Klimaschutzvorschriften ins Visier nimmt. Wie in einem Wettlauf mit der Zeit schickten sich er und seine Regierungsmannschaft an, systematisch jeden einzelnen Punkt auf der Wunschliste der Fossilindustrie abzuhaken. Seine Besetzung von Spitzenposten, seine Pläne zu einschneidenden Haushaltskürzungen und zur Abschaffung von Umweltvorschriften, seine konspirative Leugnung des Klimawandels und selbst seine Verstrickungen mit Russland – all dies deutet in dieselbe Richtung: eine tiefe, eiserne Entschlossenheit, die Verbrennung von Kohle, Öl und Gas fieberhaft und erbarmungslos voranzutreiben. In Washington gedeihen Intrigen zuhauf, Wellen schlagen vor allem die Gerüchte, Trumps Team habe mit den Russen zusammengearbeitet, um das Wahlergebnis von 2016 zu beeinflussen – diese Vorwürfe werden völlig zu Recht untersucht. Aber lassen Sie sich nicht täuschen: Trumps Komplizenschaft mit der Fossilindustrie ist die offenkundige Verschwörung, vor der alle die Augen verschließen.

Wenige Tage nach seinem Amtsantritt erteilte Trump gegen den entschiedenen Widerstand der Standing Rock

Sioux die Genehmigung für die Dakota-Access-Pipeline und setzte die laufende Umweltprüfung aus. Er ebnete den Weg für die Genehmigung der Keystone-XL-Pipeline aus der kanadischen Provinz Alberta, ein Projekt, das Obama auch wegen dessen Klimafolgen gestoppt hatte. Mit einem Präsidialdekret hob Trump Obamas Moratorium für neue Kohleminen auf staatseigenem Land auf, und er verkündete Pläne für weitere Ölbohrungen im Golf von Mexiko. Auch Obamas Clean Power Plan will er einstampfen. Die US-Regierung segnet nicht nur neue Kohle-, Öl- und Gasprojekte ab, sie setzt auch verschiedenste Umweltvorschriften außer Kraft, die für Firmen wie ExxonMobil die Gewinne aus Förderung und Verarbeitung der fossilen Brennstoffe beschnitten. Die Folge ist, dass diese Projekte, die schon allein aus Klimagründen verheerend sind, auch noch Industrieunfälle wie die Deepwater-Horizon-Katastrophe begünstigen – denn so etwas passiert, wenn der Gesetzgeber versagt.

Ob sich die Vereinigten Staaten aus dem Pariser Klimaabkommen zurückziehen, ist noch nicht klar; offenbar gibt es zu dieser Frage innerhalb der Regierung Unstimmigkeiten. Aber ob das Land nun bleibt oder nicht, fest steht, dass die Regierung Trump die mit dem Vertrag verbundenen Verpflichtungen mit Füßen tritt.

Neben Rex Tillerson hat Trump noch weitere Manager der Fossilindustrie und Politiker mit weitreichenden Bindungen an die Branche auf wichtige Positionen gesetzt – und einige von ihnen stehen den Aufgaben der Behörden, die sie nun leiten, feindselig oder bestenfalls gleichgültig gegenüber. Scott Pruitt wurde von Trump zum Chef der Environmental Protection Agency (EPA) ernannt – obwohl er als Generalstaatsanwalt von Oklahoma mehrfach gegen die Umweltschutzbehörde prozessiert hat und, was kein Zufall sein dürfte, mehrere zehntausend Dollar von Unternehmen der Fossilindustrie in seine Tasche geflossen sind. Zum Energieminister machte Trump Rick Perry, der unzählige Verbindungen zur Erdölindustrie pflegt; unter anderem sitzt er im Verwaltungsrat von zwei Unternehmen, die den Bau der umstrittenen Dakota-Access-Pipeline vorantreiben. Noch im Jahr 2011, als Perry sich selbst um die Nominierung als Präsidentschaftskandidat bemühte, hatte er das Energieministerium abschaffen wollen.

Nicht fragen, nichts sagen

Gemeinsam bedienen diese Männer an mehreren Fronten die Interessen der Öl-, Gas- und Kohleunternehmen. Zum Beispiel hat Trump ein neues Programm blockiert, das von Öl- und Gasunternehmen Berichte darüber fordert, wie viel Methan – ein hochwirksames Treibhausgas – bei ihrer Tätigkeit, unter anderem durch Leckagen, entweicht. Die Industrie verabscheute das Programm, das in den letzten Wochen von Obamas Amtszeit eingeführt wurde, nicht zuletzt deshalb, weil es geeignet war, die Behauptung zu widerlegen, Erdgas sei eine Lösung für den Klimawandel. Trump macht der Industrie ein Riesengeschenk, indem er erklärt: Sagt uns nichts, was wir nicht wissen wollen. Von nun an kann die Welt nur noch raten, in welchem Ausmaß die Vereinigten Staaten zum Klimaabtrünnigen werden, weil ein wesentlicher Teil der Daten gar nicht erst erhoben wird.

Die weitaus größte Bedrohung für die Branche ist die Forderung nach einer echten Klimaschutzpolitik, wie sie von Menschen in aller Welt erhoben wird, und der wachsende Konsens, dass sämtliche neuen Öl-, Gas- und Kohle-projekte gestoppt werden müssen, wenn wir die Klima-krise ernst nehmen. Diese Aussicht macht den Managern der Fossilindustrie und den Regierungen von Petro-Staaten wie Russland eine Heidenangst, weil es heißt, dass bekannte Reserven im Wert von Billionen Dollar – deren Existenz derzeit die Aktienpreise stützt – über Nacht wertlos werden können. Dies wird manchmal als »Kohlenstoffblase« bezeichnet, und im Jahr 2016 ging dieser Blase bereits die Luft aus. Stellen Sie sich Trump als den Kerl vor, der mit einer Luftpumpe zu Hilfe eilt und der Industrie signalisiert, dass er ihre Blase noch auf einige Jahre mit giftigen Gasen füllen wird. Wie das geht? Ganz einfach. Indem man den Klimawandel verschwinden lässt.

Das alles vollzieht sich mit geradezu absurder Klarheit vor unseren Augen. Schon am ersten Tag wurden auf der Website des Weißen Hauses Hinweise auf den Klimawandel getilgt. Geplant ist, dem NASA-Programm die Mittel zu streichen, das mit Hilfe von Satelliten Grunddaten über die Veränderungen auf der Erde sammelt – einschließlich dem Schwund von Gletschern und dem Ansteigen der Meeresspiegel. Mick Mulvaney, Chef des Haushaltsbüros, sagte dazu unverblümt: »Was die Frage des Klimawandels betrifft, hat sich der Präsident, denke ich, ganz klar geäußert – dafür geben wir kein Geld mehr aus. Wir halten es für Geldverschwendung, sich damit zu beschäftigen.«

Diese Leute sind so felsenfest entschlossen, die Realität des Klimawandels zu vertuschen, dass sie sogar vorhaben, Programme einzustellen, die Kommunen helfen, mit den Folgen fertigzuwerden. So schlägt Trump vor, ein Programm der National Oceanic and Atmospheric Association (NOAA, Nationale Ozean- und Atmosphärenbehörde) zu streichen, das Kommunen beim Küstenschutz unterstützt. Außerdem wollte er die Mittel der Federal Emergency Management Agency (FEMA, Bundesagentur für Katastrophenschutz) kürzen, die dafür zuständig ist, bei großen Naturkatastrophen Hilfe zu leisten; auch hatte er vor, dessen zentrales Programm ersatzlos zu streichen, das Kommunen helfen soll, sich für künftige Krisen zu rüsten. Sein Plan, das Budget der Umweltschutzbehörde EPA um mehr als 30 Prozent zu beschneiden, würde Tausende arbeitslos machen und das Umweltgerechtigkeitsprogramm vollständig aushebeln. Die Mittel des Programms ermöglichen einkommensschwachen Kommunen – in denen vor allem Afroamerikaner, Latinos und Ureinwohner leben und die für die Umwelt gefährlichsten Branchen angesiedelt sind – den Zugang zu Gerichten in Umweltangelegenheiten. Auffällig ist auch, dass viele dieser Kürzungen – die auch Maßnahmen gegen Bleivergiftung durch Wasserleitungen zusammenstreichen – Kinder aus Randgruppen unverhältnismäßig hart treffen. Haushaltsabsprachen im Kongress haben dafür gesorgt, dass die gravierendsten Kürzungen bei der Finanzierung der Umweltschutzbehörde auf 2018 verschoben wurden.

Trumps Rettungsplan für den Öl-, Gas- und Kohlesektor ist also breit angelegt: Man verberge die Hinweise darauf, dass sich der Klimawandel vollzieht, durch Beendigung der Forschung und Knebelung der Behörden; man streiche die Programme, die helfen sollen, mit den realen Folgen der Störungen des Klimasystems fertigzuwerden; man beseitige jegliches Hindernis für all jene Aktivitäten, die die Krise anheizen – neue Öl- und Gasbohrungen, Abbau und Verbrennen von immer mehr Kohle.

Etwas abgemildert wird der Rückfall durch mutiges

Handeln großer Bundesstaaten wie Kalifornien und New York, die sich – ungeachtet Trumps fossilfreundlicher Politik – verpflichtet haben, auf die erneuerbaren Energien zu setzen. Aber es gibt noch einen anderen entscheidenden Faktor, der darüber entscheiden kann, ob es der ExxonMobil-Tochter, auch als Regierung Trump bekannt, gelingen wird, eine unumkehrbare Katastrophe zu entfesseln.

Der Preis ist alles

Vor allem ein Faktor hindert derzeit die Unternehmen der Fossilindustrie, große neue Projekte anzugehen, und es ist kein von Obama erlassenes Gesetz, das Trump aufheben könnte. Was sie bremst, ist der Öl- und Gaspreis. Heute, im Jahr 2017, liegt der Preis viel niedriger als bei Obamas Amtsantritt, weil es ein Überangebot gibt – es ist mehr Öl und Gas auf dem Markt, als benötigt wird.

Der Preis ist für neue Projekte deshalb ein Problem, weil die billigen, leicht zugänglichen fossilen Brennstoffe allmählich ausgehen, und zwar vor allem in den Vereinigten Staaten. Was bleibt da noch? Zeug, dessen Förderung schwierig und kostspielig ist. Es kostet eine Menge Geld, in der Arktis oder in der Tiefsee zu bohren oder das zähe Erdöl der kanadischen Provinz Alberta auszugraben und zu raffinieren. Während der Ölpreis noch im Jahr 2014 Höhenflüge erlebte, investierten die Fossilkonzerne mehrere Milliarden Dollar, um diese teuren Lagerstätten zu erschließen. Solange für Erdöl noch 100 Dollar pro Barrel bezahlt wurde, konnten sie trotz hoher Förderkosten noch satte Gewinne einstreichen. Und die Entwicklung auf diesem Sektor heizte das Wirtschaftswachstum an und schuf eine Menge Arbeitsplätze. Aber die Kosten für die Umwelt waren enorm: Die Deepwater-Horizon-Katastrophe im Golf von Mexiko war eng mit der Tatsache verknüpft, dass diese Firmen tiefer bohrten als je zuvor. Und der Teersand in Alberta sorgt auch deshalb für Kontroversen, weil Land und Wasserwege der Ureinwohner durch den Abbau des schweren Rohöls massiv kontaminiert wurden.

Unter Rex Tillersons Leitung kaufte ExxonMobil wie im Rausch Lagerstätten mit schwerem Rohöl auf; es wurde der Punkt erreicht, an dem ein Drittel der gesamten Reserven des Unternehmens in kanadischem Teersand angelegt waren. Als der Ölpreis einbrach, war das Entsetzen groß. Alles geriet ins Wanken, als der Preis für ein Barrel Brent – die wichtigste Rohölsorte auf dem Markt – innerhalb von nur sechs Monaten von 100 Dollar auf 50 Dollar abstürzte, ein Vorgang, der 2014 einsetzte; seither schwankt der Preis um die 55 Dollar. Die Folge war, dass sich viele Firmen aus aufwendigen Energieprojekten zurückgezogen haben. Der Öl- und Gas-Fracking-Boom in den Vereinigten Staaten flaut ab, mit bösen Folgen für die Beschäftigten: 170 000 Arbeitnehmer in der Öl- und Gasbranche wurden nach dem Preiseinbruch von 2014 entlassen. Investitionen in kanadischen Teersand sind um schätzungsweise 37 Prozent zurückgegangen und befinden sich weiter im freien Fall. Shell hat sich aus der Arktis zurückgezogen und den Großteil seiner Teersandreserven abgestoßen und der französische Konzern Total ebenfalls. Sogar ExxonMobil war gezwungen, annähernd 3,5 Millionen Barrel Öl aus Teersand abzuschreiben, weil der Markt diese Reserven zu derzeitigen Preisen nicht für abbauwürdig hielt. Auch Bohrungen in der Tiefsee stocken.

Für die großen Erdölkonzerne – vor allem jene, die auf einen anhaltend hohen Ölpreis gesetzt haben – war diese

Entwicklung ein Desaster. Und kein Konzern hat stärker gelitten als ExxonMobil. Solange die Preise hoch waren und Tillerson das Unternehmen lenkte, fuhr ExxonMobil die höchsten Gewinne ein, die je in den Vereinigten Staaten gemeldet wurden: 45 Milliarden Dollar für das Jahr 2012. Im Vergleich dazu waren 2016 die Profite auf unter 8 Milliarden Dollar gefallen. Das ist ein Rückgang von mehr als 80 Prozent innerhalb von nur vier Jahren.

Was hat das alles zu bedeuten? Es heißt, dass Ölgiganten wie ExxonMobil und die Banken, die deren Fehlinvestitionen finanziert haben, nichts sehnlicher wünschen, als dass der Ölpreis wieder steigen möge – damit sie abermals Supergewinne verbuchen und das Ölfieber erneut einsetzt. Die große Frage lautet also: Was wird die Regierung Trump – alias Team ExxonMobil – unternehmen, um das zu erreichen?

Wir beobachten bereits Maßnahmen, die offenbar darauf zugeschnitten sind, den Ölpreis in die Höhe zu treiben. Zum Beispiel hat Trump die unter Obama erlassene Vorschrift zur Senkung des Kraftstoffverbrauchs von Fahrzeugen aufgehoben – die Autofahrer sollen wieder öfter volltanken. Trumps Haushaltsplanung sieht unterdessen vor, die staatlichen Finanzhilfen für den öffentlichen Personennahverkehr sowie die Finanzierung von Fernzugverbindungen komplett zu streichen.

Bisher reagiert der Markt kaum. Der Ölpreis erhielt nach Trumps Wahl ein bisschen Auftrieb, ist aber seither ziemlich stabil geblieben. Aus der Klimaperspektive sind das gute Nachrichten: Billiges Benzin mag kurzfristig den Konsum ankurbeln, aber es sorgt dafür, dass langfristige Investitionen unterbleiben, die uns eine katastrophale Zukunft bescheren würden. Die Sorge aber, dass Trump und

Co. noch tiefer in die Trickkisten greifen könnten, um den Ölpreis und die Ölfieberkurve steigen zu lassen, ist leider berechtigt.

Diese Dynamik im Auge zu behalten ist deshalb so wichtig, weil nichts so geeignet ist, den Ölpreis in die Höhe zu treiben, wie ein Krieg und andere größere Schocks auf dem Weltmarkt – ein Szenario, mit dem wir uns in Kapitel 9 näher beschäftigen.

Was Konservative über den Klimawandel wissen – und Linke nicht begreifen

Viele Jahre lang habe ich mich gefragt, warum manche Leute mit solcher Entschlossenheit den Klimawandel leugnen. Auf den ersten Blick erscheint das merkwürdig. Warum legt sich jemand so ins Zeug, um wissenschaftliche Fakten zu leugnen, über die sich 97 Prozent der Klimawissenschaftler einig sind – Tatsachen, deren Auswirkungen wir in unserer näheren Umgebung ebenso erkennen können wie in den Nachrichten, die wir täglich konsumieren? Dieser Frage bin ich für mein Buch *Die Entscheidung: Kapitalismus vs. Klima* nachgegangen – und dabei bin ich auf Dinge gestoßen, die erklären können, warum der Klimavandalismus für die Regierung Trump so zentral ist.

Bei meinen Nachforschungen habe ich Folgendes entdeckt: Wenn hartgesottene Konservative den Klimawandel leugnen, dann schützen sie nicht nur Vermögenswerte im Billionenbereich, die durch den Klimaschutz in Gefahr geraten. Sie verteidigen etwas, das ihnen noch wertvoller ist: ein ganzes ideologisches Gebäude – den Neoliberalismus – der besagt, der Markt habe immer recht, Regulierung sei immer falsch, alles Private sei gut und der Staat böse, und

Steuern zur Finanzierung öffentlicher Dienstleistungen seien das größte Übel überhaupt.

Um den Begriff »Neoliberalismus« und die Frage, wer neoliberal ist, herrscht große Verwirrung. Das ist durchaus verständlich. Neoliberalismus ist eine Extremform des Kapitalismus, die in den 1980er Jahren unter Ronald Reagan und Margaret Thatcher die Oberhand gewann, seit den 1990er Jahren aber zur herrschenden Ideologie der Eliten der Welt wurde, ganz gleich, welcher Partei sie nahestehen. Ihre hartleibigsten und strenggläubigsten Anhänger hat sie jedoch dort, wo die Bewegung angefangen: in der US-amerikanischen Rechten.

Der Neoliberalismus steht für ein wirtschaftspolitisches Projekt, das die öffentliche Sphäre und alles Übrige verteufelt, das weder den Marktmechanismen noch der Entscheidung einzelner Konsumenten entspringt. Am besten bringt es immer noch Reagans berühmter Ausspruch auf den Punkt: »Die zehn furchterregendsten Wörter der englischen Sprache sind: ›Ich bin von der Regierung und komme, um Ihnen zu helfen!‹« Aus Sicht der Neoliberalen besteht die Existenzberechtigung einer Regierung allein darin, die optimalen Bedingungen zu schaffen, damit Privatakteure ihre Profite und ihren Wohlstand maximieren können, basierend auf der Theorie, dass Gewinne und Wirtschaftswachstum dank einem Trickle-down-Effekt von oben nach unten durchsickern und jeder etwas davon hat – irgendwann einmal. Wenn das nicht funktioniert und die Ungleichheit sich hartnäckig hält oder vertieft (was unausweichlich geschieht), dann muss das dieser Weltsicht zufolge am persönlichen Versagen der Menschen und der Gemeinschaften liegen, die am meisten zu leiden haben. Bestimmt haben sie »eine Kultur des Verbrechens«, oder es fehlt ihnen an »Arbeitsmoral«, oder vielleicht sind es die abwesenden Väter oder irgendein rassistisch angehauchter Vorwand dafür, warum die Regierungspolitik und öffentliche Mittel niemals dazu verwendet werden sollten, um Ungleichheit zu vermindern, ein besseres Leben zu ermöglichen oder strukturelle Krisen zu beheben.

Die zentralen Werkzeuge dieses Projekts sind wohlbekannt: Privatisierung des öffentlichen Raums, Deregulierung auf Unternehmensebene und Steuersenkungen, finanziert durch Einschnitte bei den öffentlichen Dienstleistungen, und das alles festgeklopft mittels konzernfreundlicher Handelsabkommen. Überall ist es das gleiche Rezept, unabhängig von Kontext, Geschichte oder den Hoffnungen und Träumen der Menschen, die dort leben. Larry Summers fasste diese Gesinnung als Chefökonom der Weltbank 1991 folgendermaßen zusammen: »Verbreiten Sie die Wahrheit – die Gesetze der Wirtschaftswissenschaften gleichen den Gesetzen der Technik. Dieselben Gesetze funktionieren überall.« (Deshalb bezeichne ich den Neoliberalismus manchmal als »McGovernment«.)

Der Fall der Berliner Mauer 1989 wurde als Signal gewertet, die Kampagne auf die ganze Welt auszudehnen. Mit dem Niedergang des Sozialismus schien es nicht mehr nötig, die Ecken und Kanten des Kapitalismus ein wenig abzuschleifen. Wie Thatcher es ausdrückte: »Es gibt keine Alternative.« (Man kann es auch so sehen, dass der Neoliberalismus ein Kapitalismus ohne Konkurrenz ist oder ein Kapitalismus, der im Unterhemd auf der Couch liegt und sagt: »Was hast du vor, willst du mich etwa verlassen?«)

Der Neoliberalismus ist ein ziemlich gewinnträchtiges Ideenkonstrukt, weshalb ich ihn auch nicht gern als Ideologie bezeichne. Im Kern ist er nur eine Begründung für

Gier. Das hat der amerikanische Milliardär Warren Buffet gemeint, der vor einigen Jahren Schlagzeilen machte, als er dem Nachrichtensender CNN erklärte, »seit zwanzig Jahren herrscht Klassenkampf, und meine Klasse hat gewonnen ... die reiche Klasse«. Das war als Hinweis auf die enormen Steuersenkungen gemeint, deren sich die Reichen in diesem Zeitraum erfreuen konnten, aber man kann es auch auf das ganze neoliberale Maßnahmenpaket beziehen.

Was hat das alles nun mit der verbreiteten Meinung der Rechten zu tun, der Klimawandel finde nicht statt, ein Irrglaube, der in der Regierung Trump zahlreiche Anhänger hat? Eine ganze Menge. Denn der Klimawandel kann, zumal zu diesem späten Zeitpunkt, *nur* durch gemeinsames Vorgehen abgemildert werden, das den Spielraum von Konzernen wie ExxonMobil und Goldman Sachs stark einschränkt. Benötigt werden Investitionen im öffentlichen Raum – in neue Stromnetze, den öffentlichen Nahverkehr und S-Bahnen sowie Energieeffizienz – und zwar in einer Größenordnung, wie sie seit dem Zweiten Weltkrieg nicht mehr getätigt wurden. Und das ist nur möglich, wenn man die Steuern für reiche Leute und Konzerne erhöht, also eben jene, die Trump unbedingt mit den großzügigsten Steuererleichterungen, mit Schlupflöchern und dem Abbau von Vorschriften verhätscheln will. Klimapolitik bedeutet auch, dass Städte und Kommunen die Freiheit erhalten, ökologisch arbeitende Firmen vor Ort bei der Auftragsvergabe zu bevorzugen – was häufig im direkten Konflikt mit den Freihandelsabkommen steht, die ein Herzstück des Neoliberalismus darstellen und die solche Regelungen als protektionistisch verbieten. (Trump hat im Wahlkampf diese Aspekte des Freihandels angegriffen, aber, wie wir in Kapitel 6 sehen werden, beabsichtigt er keineswegs, die entsprechenden Paragraphen aufzuheben.)

Kurz gesagt, der Klimawandel bringt das ideologische Gerüst zum Einsturz, auf dem der Konservatismus von heute ruht. Einzuräumen, dass der Klimawandel real ist, wäre gleichbedeutend mit dem Eingeständnis, dass das neoliberale Projekt am Ende ist. Aus diesem Grund rebelliert die Rechte gegen die Gesetze der Natur, gegen die Wissenschaft (was hunderttausende Wissenschaftler veranlasst hat, im April 2017 in einem March for Science auf die Straße zu gehen, um gemeinsam einen Grundsatz zu verteidigen, der eigentlich selbstverständlich sein sollte: dass es gut ist, so viel wie möglich über unsere Welt zu wissen). Aber es hat seine Gründe, warum die Wissenschaft zum Kampfgebiet wurde – weil sie ein ums andere Mal aufdeckt, dass ein Weiter-so nach dem Regeln des Neoliberalismus in eine die Menschheit bedrohende Katastrophe führt.

Gemäßigtere Vertreter des Neoliberalismus behaupten hingegen seit Jahrzehnten, wir müssten nur das bestehende System hie und da ein wenig feinjustieren, und alles wäre in Ordnung. Man könne doch den Goldmann-Sachs-Kapitalismus mit Solarzellen kombinieren. Aber das Problem hat viel tiefere Dimensionen. Wir müssen das neoliberale Regelwerk über Bord werfen und hinterfragen, ob der ungehemmte Konsum maßgebend dafür sein muss, wie wir wirtschaftlichen Fortschritt messen. In diesem Sinne haben die Mitglieder von Trumps Kabinett – mit ihrem verzweifelten Bemühen, die Realität der globalen Erwärmung zu leugnen oder deren Folgen zu verharmlosen – etwas ganz Fundamentales begriffen: Um das Klimachaos abzuwenden, müssen wir die kapitalistische Ideologie in Frage stellen, die seit den 1980er Jahren die Welt erobert.

Wenn Sie Nutzen aus dieser Ideologie ziehen, dann werden Sie sich kaum für dieses Vorhaben begeistern. Das ist verständlich. Der Klimawandel hat radikal progressive Implikationen. Wenn er real ist – und das ist er offenkundig –, dann dürfen die Oligarchen nicht weiterhin ohne alle Regeln randalieren. Sie in die Schranken zu weisen ist heute eine Frage des Überlebens der Menschheit.

Wenn wir scheitern, dann wird sich der Tod, den ich am Great-Barrier-Riff mit angesehen habe, in einer Weise auf alle Winkel unserer gemeinsamen Heimat ausbreiten, die jede Vorstellung überschreitet.

Kapitel 5

Der Obergrapscher –
die personifizierte Rücksichtslosigkeit

Seit Trumps Amtsantritt ist viel die Rede davon, dass wir aufhören sollten, die Wahl von 2016 nachträglich unter die Lupe zu nehmen, denn sei an der Zeit, statt zurück nach vorne zu blicken.

Auch ich habe, ehrlich gesagt, keine Lust mehr, zurückzublicken, denn die Spannungen während des Wahlkampfs, insbesondere während des Vorwahlkampfs der Demokraten, waren fast unerträglich. Lange Zeit ertrug ich es nicht, die Seiten von sozialen Netzwerken zu besuchen, weil sich dort Menschen, die sich früher gemocht hatten, gegenseitig als »Bernie Bros« oder »Hillary Bots« beschimpften.

Ich habe mich, genau wie andere Menschen aus beiden politischen Lagern, mit Freunden zerstritten, die mich und meinesgleichen für Hillarys Niederlage verantwortlich gemacht haben, weil wir sie nicht öffentlich unterstützt haben oder weil wir sie während des Vorwahlkampfs wegen ihrer Verbindungen zu großen Wirtschaftsunternehmen scharf kritisiert haben. Und es fällt mir schwer, Menschen wie dem liberalen Ökonomen Paul Krugman zu verzeihen, der im Laufe der Jahre sehr viele sehr wichtige Texte über wirtschaftliche Ungleichheit und Bankenbetrug geschrieben hat, und dennoch seine publizistische Plattform bei der *New York Times* dazu benutzte, Bernie Sanders wiederholt zu attackieren, den einzigen Kandidaten, der ernsthaft vorhatte, die Einkommensungleichheit zu bekämpfen und sich die Banken vorzuknöpfen. Ich verstehe vollkommen, dass die Menschen diese hässlichen Auseinandersetzungen nicht wieder aufwärmen wollen – sie waren wirklich übel.

Wir Menschen gehen mit Angst und Ungewissheit unterschiedlich um. Sehr viele Konservative reagieren auf ihre Ängste angesichts einer Welt, die von Veränderungen und Destabilisierung geprägt ist, mit dem Versuch, die Uhr zurückzudrehen. Aber während es eine Spezialität der Rechten ist, zurückzuschauen, ist es die Spezialität der Linken, nach innen zu schauen und sich gegenseitig mit Schuldzuweisungen zu bombardieren.

Dennoch erfüllt es mich mit Misstrauen, wie rasch wir aufgefordert wurden, die Vergangenheit abzuhaken. Denn es ist zwar nötig, überall eine möglichst breite Koalition gegen Trump und Leute wie ihn zu schmieden, aber wir dürfen auch nicht die Fehler wiederholen, die den Aufstieg des Trumpismus und vergleichbarer Bewegungen in anderen Ländern erst ermöglichten. Und leider gibt es Hinweise darauf, dass die einzige Lehre, die die Funktionäre der Demokraten gezogen haben, lautet: Wir müssen verhindern, dass die Russen jemals wieder unsere Mail-Accounts hacken.

Daher schlage ich vor, dass wir tief durchatmen und einen, wenn auch kurzen, Blick zurück wagen – nicht um alte Wunden wieder aufzureißen, sondern um festzustellen, was wir aus den Ereignissen lernen können. Denn wir werden es nicht schaffen, den gegenwärtigen Weg zu verlassen, wenn wir nicht ehrlich die Gründe benennen, warum wir hier gelandet sind.

Missmut auf dem Vormarsch

Wenn es eine allgemeingültige Erkenntnis gibt, die wir daraus ziehen können, dass der Missmut unter den Menschen weltweit zunimmt, dürfte es folgende sein: Wir sollten niemals die Macht des Hasses unterschätzen. Niemals den Reiz unterschätzen, den es hat, Macht über »die anderen« auszuüben, seien es nun Migranten, Muslime, Schwarze, Mexikaner, Frauen oder irgendeine andere Gruppe. Dies gilt vor allem in Zeiten wirtschaftlicher Probleme, wenn viele Menschen aus gutem Grund befürchten müssen, dass die Jobs, die einen ordentlichen Lebensstandard gewährleisten, für immer verschwinden.

Trump griff diese Wirtschafts-Panik ebenso auf wie den Widerwillen, den viele Weiße in den USA angesichts des sich verändernden Antlitzes ihres Landes und angesichts der wachsenden Zahl einfluss- und erfolgreicher Menschen empfanden, die nicht wie sie selbst aussehen. Die Intensität und Irrationalität der Wut auf Barack Obama, die Trump und seine besonders radikalen Unterstützer schürten, indem sie sich jahrelang hartnäckig zu beweisen bemühten, dass er in Wahrheit gar kein Amerikaner, sondern Kenianer sei und somit zu »den anderen« zähle, kann nur durch Rassenhass erklärt werden. In diesem Zusammenhang ist auch der sogenannte whitelash zu sehen, von dem der CNN-Kommentator Van Jones in der Wahlnacht sprach. Der Wunsch »zurückzuschlagen«, war sicher für zahllose frustrierte Weiße ein wichtiger Grund, Trump zu wählen.

Ein Großteil der Wut, die während des Wahlkampfs gegen Hillary gerichtet wurde, war vergleichbaren Ursprungs. Hillary war nicht einfach eine weibliche Kandidatin, sondern gemäß ihres Selbstverständnisses sowohl Teil als auch Produkt der Frauenbewegung, und sie verhüllte ihr Machtstreben nicht mit Niedlichkeit oder verschämtem Getue. Das war, wie das frenetische »Sperrt sie ein« belegte, für viele Amerikaner schlicht und einfach unerträglich.

Von vielen politischen Ansichten Hillarys bin ich nicht begeistert. Aber der überschäumende Hass, dem sie begegnete, lag nicht an ihren politischen Ansichten – er hatte tiefer sitzende Ursachen. Es ist durchaus von Bedeutung, glaube ich, dass eine der ersten heftigen Kontroversen des Trump-Wahlkampfs von einer Bemerkung über die damalige Fox-News-Moderatorin Megyn Kelly ausgelöst wurde. Nachdem sie es gewagt hatte, ihm eine kritische Frage über frühere sexistische Kommentare zu stellen, meinte er: »Blut lief aus ihrer Dingsda.« Dieser extrem primitive Vorwurf, der an die Vorstellung aus grauer Vorzeit erinnerte, dass menstruierende Frauen nicht in der Lage seien, ein öffentliches Amt zu bekleiden, war ein früher Hinweis darauf, dass der blinde Hass auf Frauen, die aus ihren angestammten Rollen ausbrachen, eine wichtige Triebfeder von Trumps Wahlkampagne sein würde. Es war zudem ein Hinweis auf den Klebstoff, der den stolzen Playboy Donald Trump mit dem prüden Frömmler Mike Pence verbindet (der sich angeblich weigert, allein mit einer Mitarbeiterin eine Mahlzeit einzunehmen): der gemeinsame Glaube, dass es Zweck des weiblichen Körpers sei, dem Manne zu dienen – sei es als Sexualobjekt oder als Gebärmaschine. Und es war ein Vorgeschmack darauf, dass schon bald Gruppen weißer Männer folgenschwere Entscheidungen über die Gesundheit und die reproduktiven Freiheiten von Frauen fällen würden.

Wertvorstellungen

Während des Präsidentschaftswahlkampfs des Jahres 2016 hörten wir das Gebrüll von Männern, die glauben, sie und nur sie hätten das Recht zu herrschen – im öffentlichen Leben und privat hinter verschlossenen Türen. Es ist erschreckend, wie viele der Männer, die zu seinen engsten Beratern zählen oder ihn besonders lautstark in den Medien unterstützen, in der Vergangenheit beschuldigt wurden, Frauen geschlagen, belästigt oder sexuell missbraucht zu haben. Dazu zählen Steve Bannon (dessen Ex-Frau bei der Polizei ausgesagt hat, er habe sie körperlich misshandelt und sei ihr gegenüber ausfallend gewesen – allerdings wies das Gericht die Klage ab, da die Frau der Staatsanwaltschaft nicht als Zeugin zur Verfügung stand), Andrew Puzder, Trumps ursprünglicher Kandidat für das Amt des Arbeitsministers (dessen Ex-Frau ihn laut Gerichtsunterlagen bezichtigt hat, ihr dauerhafte körperliche Schäden zugefügt zu haben, indem er ihr »vollkommen grundlose brutale Schläge gegen das Gesicht, die Brust, den Rücken, die Schultern und den Hals« versetzte – sie zog jedoch später ihre Aussage zurück), natürlich Bill O'Reilly, einer von Trumps einflussreichsten Fürsprechern in den Medien (der inzwischen wegen Schweigegeldzahlungen an Frauen, die ihn der sexuellen Belästigung beschuldigt hatten, entlassen wurde), und Roger Ailes (der als Berater von Trumps Wahlkampfteam fungierte, nachdem er seinen Posten bei *Fox News* hatte aufgeben müssen, da ihn mehr als zwei Dutzend Frauen, darunter etliche Angestellte des von ihm geleiteten Senders, beschuldigt hatten, sie sexuell belästigt zu haben, und der genau wie Bill O'Reilly diese Anschuldigung bestritt). Und die Liste wäre unvollständig ohne Trump selbst, der von zahlreichen Frauen, zum Teil in Form juristischer Klagen, beschuldigt wurde, sie sexuell belästigt oder missbraucht zu haben (er bestreitet alle Vorwürfe), und dessen erste Frau Ivana unter Eid geschworen haben soll, ihr Ehemann habe sie 1989 vergewaltigt (genau wie Andrew Puzders Ex-Frau zog sie ihre Aussage zurück).

Es gibt genügend Fälle von fortschrittlich gesinnten Menschen, die sexuelle Verfehlungen begehen, aber die schiere Menge an Beschuldigungen, Anklagen und Schweigegeldzahlungen im Zusammenhang mit Trump und seinen engsten Beratern übersteigt alles bisher Dagewesene. Sämtliche Anschuldigungen prallen gegen eine Mauer des Leugnens und führen dazu, dass mächtige Männer für andere mächtige Männer bürgen und die Botschaft aussenden, Frauen seien unglaubwürdig. Das sollte angesichts Trumps Markenbotschaft vielleicht nicht überraschen: Er ist der Boss, der tut was ihm gefällt – er nimmt sich nach Belieben, was und wen er will. Begrapscht, verhöhnt und demütigt nach Belieben. Das ist das Image, das der Obergrapscher verkauft. Und es gibt dafür offenbar einen ziemlich großen Absatzmarkt.

Das Problem mit den »Job-Wählern«

Eine Menge Trump-Wähler sind nicht primär rassistische Weiße oder frauenfeindliche Männer. Viele von ihnen haben erklärt, dass sie für ihn gestimmt haben, weil ihnen gefiel, was er über Handelsbeziehungen und Arbeitsplätze sagte, oder weil sie die Nase voll von dem Washingtoner Politik-Sumpf hatten.

Aber bei diesen Aussagen gibt es ein Problem: Man kann nicht für jemand stimmen, der unverblümt Hass gegen andere Menschen wegen ihrer Rasse, ihres Geschlechts oder ihres körperliches Zustand schürt, wenn man nicht bis zu einem gewissen Grad glaubt, dass dieses Verhalten keine Rolle spielt. Dass das Leben der Menschen, die durch diese Hetze (und der Politik, die sich daraus ergibt) echter Gefährdung ausgesetzt wird, weniger wert ist als das eigene Leben und das Leben der Menschen, die einem selbst relativ ähnlich sind. Das ist schlicht und einfach indiskutabel, es sei denn, man ist willens, jene anderen Gruppen von Menschen dem eigenen (erhofften) Vorteil zu opfern. Rundheraus gesagt: Eine Stimme für Trump zeugt nicht unbedingt von aktivem Hass, aber zumindest von einer besorgniserregenden Gleichgültigkeit gegenüber anderen.

Die Ressentiments aufgrund der Hautfarbe oder des Geschlechts, die viel zu Trumps Wahlsieg beigetragen haben, sind nicht neu. Sie waren im Laufe der Geschichte stets präsent, manchmal stärker, manchmal schwächer. Es gibt allerdings bedeutende, strukturelle Gründe, warum Trumps Variante einer sehr alten Taktik, jetzt, zu diesem Zeitpunkt, so große Resonanz findet. Einige haben mit den erwähnten Veränderungen des Status männlicher Weißer zu tun, aber sie allein waren nicht entscheidend. Trump verdankte seinen Sieg in erster Linie dem Umstand, dass der Verlust an sozialem Status zu einem bereits erlittenen Verlust sozialer Absicherung hinzukam.

Bei den Menschen, die von den Folgen neoliberaler Politik wie der Kürzung von Sozialleistungen und der Deregulierung des Bankwesen am härtesten getroffen wurden, handelt es sich keineswegs um Trumps weiße Wähler. Diese Politik hat der finanziellen Situation von Schwarzen und Latinos wesentlich mehr geschadet, und es waren die Gemeinden, die überwiegend von Farbigen bewohnt werden, in denen die Einschnitte im sozialen Sektor besonders tief waren.

Eine weitere Folge der neoliberalen Wirtschaftspolitik, die ganze Bevölkerungsschichten aus der regulären Wirtschaft verbannt hat, war die explosionsartige Vergrößerung jenes Teils des Staatsapparats, der für Kontrolle und Bestrafung zuständig ist: militarisierte Polizei, Grenzbefestigungen, Internierung von Immigranten und massenhafte Inhaftierung. In den vierzig Jahren seit Beginn der neoliberalen Revolution ist in den USA die Zahl der Menschen hinter Gittern um etwa 500 Prozent gestiegen – ein Phänomen, das Menschen schwarzer und brauner Hautfarbe ebenfalls überproportional betrifft, auch wenn Weiße sicher ebenfalls zu den Leidtragenden zählen.

Wichtig ist auch der Hinweis, dass die Mehrheit von Trumps Wähler keineswegs arm waren; sie zählten zur soliden Mittelschicht, und die meisten verdienten zwischen 50000 und 200000 Dollar pro Jahr (wobei sich besonders viele am unteren Ende dieses Spektrums befanden). Da derart viele Trump-Wähler keine finanzielle Not litten, vertreten manche Experten die Ansicht, ihre Wahlentscheidung sei nicht von wirtschaftlichen Problemen bestimmt.

Aber dabei wird ein wichtiger Aspekt übersehen. Eine CNN-Analyse von Nachwahlbefragungen hat ergeben, dass Trump von 77 Prozent derjenigen gewählt wurde, die ihre finanzielle Situation für schlechter als vier Jahre zuvor hielten. Das heißt, es mag ihnen im November 2016 besser gegangen sein als dem Durchschnitt der Bevölkerung, aber viele befanden sich auf dem absteigenden Ast. Und zwar schon seit längerem.

Unsicher in jeder Hinsicht

In den letzten drei Jahrzehnten und verstärkt seit der Finanzkrise im Jahr 2008 sind in den USA die Arbeitsplätze in etlichen Bereichen unsicherer und die ohnehin schon dürftigen sozialen Sicherungssysteme noch löchriger geworden. Das bedeutet für Millionen von Menschen, dass der Verlust des Arbeitsplatzes eine größere Auswirkung darauf hat, ob sie weiterhin in der Lage sind, ihre Krankenversicherung und ihre Hypothekenzinsen zu bezahlen. Das schmerzt Trumps männliche weiße Wähler aus der Arbeiterschicht genauso wie viele andere Menschen. Aber weil es etlichen von ihnen bis vor nicht allzu langer Zeit deutlich besser ging – es standen ihnen ordentlich bezahlte Fabrik-Arbeitsplätze zur Verfügung, die einen Mittelklasse-Lebensstil ermöglichten –, nehmen diese negativen Entwicklungen sie besonders mit.

Dies spiegelt sich in einem spürbaren Anstieg der Todesfälle unter weißen Amerikanern mittleren Alters ohne College-Abschluss wider. Ursachen sind dabei vor allem Selbstmord, Medikamentenmissbrauch und Alkoholismus. Und das gilt ausschließlich für Weiße: Die Sterblichkeitsrate bei Schwarzen und Hispano-Amerikanern in vergleichbaren demographischen Gruppen sinkt beständig. Die Wirtschaftswissenschaftler Anne Case und Angus Deaton von der Universität Princeton, die die erste bedeutende Studie über dieses Phänomen, das sie »Tod aus Verzweiflung« nannten, durchführten, stellten fest, dass diese Entwicklung 1999 einsetzte, und sie erklären die Diskrepanz bei der Mortalität mit Unterschieden bei den Erwartungen an das Leben und den bisher gemachten Erfahrungen beziehungsweise dem »Scheitern eines vermeintlich sicheren Lebensentwurfs«. Man kann es auch so sehen: Wenn ein Gebäude einstürzt, ist die Fallhöhe für Menschen in den oberen Stockwerken größer – das ist ein simples Gesetz der Physik.

Zu diesen Problemen kommt noch die massive Unsicherheit hinzu, die man ertragen muss, wenn man in einem sich verändernden Land lebt, in dem die ethnische Vielfalt der Bevölkerung in großem Tempo zunimmt und immer mehr Frauen in Machtpositionen gelangen. Das ist Ergebnis eines langen harten Kampfs um Gleichberechtigung, doch es bedeutet zugleich, dass männliche Weiße nicht mehr im bisherigen Maße finanzielle Sicherheit (die jedem Menschen zusteht) und ein Gefühl der Überlegenheit (das ihnen noch nie zustand) genießen. Bei aller Bereitwilligkeit, den letztgenannten Anspruch zu verurteilen, sollten wir etwas Wichtiges nicht außer Acht lassen: Ansprüche sind nicht immer illegitim. Jeder Mensch hat den Anspruch auf ein Leben in Würde. Es zeugt nicht von Gier oder dem Verlangen nach ungerechtfertigten Sonderrechten, wenn die Bürger eines reichen Landes erwarten, dass ihnen, wenn sie jahrzehntelang hart gearbeitet haben, ein Mindestmaß an Arbeitsplatzsicherheit zusteht, dass sie im Alter gut versorgt werden, dass eine Erkrankung sie nicht finanziell ruiniert und dass ihre Kinder die Chance bekommen, erfolgreich zu sein. In einer von Anstand geprägten Gesellschaft sollten die Bürger den Anspruch auf all das haben. Es sollte zu den Grundrechten zählen. Und dennoch ist diese Art von Ansprüchen seit vier Jahrzehnten erbarmungslosen Angriffen der Rechten ausgesetzt, was zur Folge hat, dass in Washington oft der abfällige Begriff »Anspruchsdenken« verwendet wird, wenn es um die Forderung nach angemessenen Renten oder einer bezahlbaren Krankenversicherung geht.

In dieser vielfältigen Gemengelage stellte Trump sich hin und sagte: Ich werde für die geplagten Arbeiter kämpfen. Ich werde dafür sorgen, dass die Industriejobs zurückkehren. Ich werde die Freihandelsabkommen kündigen. Ich gebe euch eure Macht zurück. Ich mache wieder echte Männer aus euch. Männer, die Frauen angrapschen dürfen, ohne vorher irgendwelche lästigen Fragen zu stellen. Ach ja, und der wirkungsvollste Teil von Trumps Versprechen an seine Fans lautete: Ich werde euch die Konkurrenz durch Menschen brauner und schwarzer Hautfarbe vom Hals schaffen, denn die einen werde ich ausweisen oder gar nicht erst ins Land lassen, und die anderen einsperren, falls sie für ihre Rechte kämpfen sollten. Er würde also dafür sorgen, dass die weißen Männer wieder unangefochten herrschen.

Dieses machtvolle Versprechen ist einer der Gründe, warum Trumps Wahlsieg wie Batmans Lichtsignal auf rechte Hetzer aller Art wirkte. Das Southern Poverty Law Center verzeichnete allein im Jahr 2016 eine Verdreifachung der Zahl radikal antimuslimischer Gruppen. In den Monaten nach Trumps Wahlsieg wurden über tausend Anzeigen wegen rassistisch motivierter Verbrechen gegen farbige Personen erstattet. Der zweiunddreißigjährige, aus Indien stammende Ingenieur Srinivas Kuchibhotla wurde in einer Bar in Olathe, Kansas, von einem Weißen erschossen, der »verschwinde aus meinem Land« gebrüllt haben soll, ehe er zur Waffe griff. In den ersten beiden Monaten des Jahres 2017 wurden sieben Transgender ermordet, woraufhin Forderungen laut wurden, das FBI solle Ermittlungen wegen des Verdachts auf Hassverbrechen aufnehmen.

In einem erschreckenden Ausmaß bestimmten Hautfarbe und Genderkonformität, wer darauf vertrauen kann,

dass der Staat seine körperliche Unversehrtheit gewähr-
leistet, wer ein potentielles Opfer rechter Gewalt ist, wer
seine Meinung sagen kann, ohne ständig bedroht zu werden, wer ohne Todesangst eine Landesgrenze überqueren
kann und wer unbesorgt seine Religion ausüben kann.

Ist die Identität schuld?

Darum ist es kurzsichtig, wenn nicht sogar gefährlich, die
Anhänger von fortschrittlichen und linken Ideen aufzufor-
dern, sich nicht länger auf »Identitätspolitik« zu konzentrieren, sondern sich Wirtschafts- und Klassen-Fragen zu
widmen – als ob man diese Themen irgendwie voneinander
trennen könnte.

Tiraden gegen die sogenannte Identitätspolitik und
gegen politische Korrektheit ist man von *Fox News* und
Breitbart News gewöhnt, aber auch aus anderen Quellen
kommt Kritik daran, und sie ist seit der Wahl lauter geworden. Anscheinend haben viele fortschrittliche Demokraten aus Hillary Clintons Niederlage die Lehre gezogen,
dass ihr Werben um die Stimmen von Frauen und Minderheiten weißen Männern aus der Arbeiterklasse das Gefühl
gab, vernachlässigt zu werden, und sie deshalb in die Arme
von Trump trieb.

Mark Lilla von der Columbia University hat dies besonders deutlich in einem Artikel für die *New York Times*
zum Ausdruck gebracht, der kurz nach der Wahl erschien
und auf Deutsch in der *Neuen Zürcher Zeitung* abgedruckt
worden ist. Er schrieb: »Sie begnügte sich mit den Floskeln
des Identitätsdiskurses und dem Appell an Afroamerikaner
und Latinos, Frauen und sexuelle Minderheiten. Das war
ein strategischer Fehler.« Das Augenmerk auf Wählergrup-

pen zu legen, die traditionell vernachlässigt wurden, und das Verfallen in »eine Art moralischer Panik« bezüglich »ethnischer, geschlechtlicher und sexueller Identität« habe die »Botschaft [des Linksliberalismus] verzerrt und ihm damit die Möglichkeit verbaut ..., zu einer einigenden, regierungsfähigen Kraft zu werden«. Das Streben nach Einheit erfordert offenbar, dass all diese lautstarken Minderheiten (die übrigens zusammen eine überwältigende Mehrheit ergeben) sich mit ihren jeweiligen Anliegen zurückhalten, damit die Demokraten ungestört das alte Mantra »Auf die Wirtschaft kommt's an, du Idiot« anstimmen können, das Bill Clinton 1992 die Präsidentschaft eingebracht hat.

Nur wäre das genau der falsche Schluss aus dem Ergebnis der Wahl des Jahres 2016. Der Grund für Clintons Niederlage war nicht ihre Botschaft, sondern ihre politische Leistungsbilanz. Vor allem die idiotische neoliberale Wirtschaftspolitik, die von ihr, ihrem Gatten und dem Partei-Establishment vorbehaltlos vertreten wurde, war schuld daran, dass Clinton ein glaubwürdiges Angebot an die weißen Arbeiter fehlte, die (zweimal) für Obama gestimmt hatten und nun erwogen, Trump zu wählen. Klar, Trumps Pläne waren auch nicht glaubwürdig, aber wenigstens waren sie kein alter Hut.

Ein vergleichbares Problem gab es bei ihrem Schwerpunkt auf Gender, Sexualität und ethnischer Identität, denn Clintons Pläne für ihre Identitätspolitik stellten nicht das System in Frage, das diese Ungleichheiten erzeugt und vertieft hat, vielmehr zielte er nur darauf ab, es »integrativer« zu machen. Also ja zur Homoehe und zum Recht auf Abtreibung und Transgender-Toiletten, überhaupt nicht in Frage kamen jedoch das Recht auf bezahlbaren Wohnraum, das Recht auf einen Lohn, mit dem man eine Familie ernähren kann (Clinton widersetzte sich den Forderungen nach einem Mindestlohn von 15 Dollar), das allgemeine Recht auf kostenlose Gesundheitsversorgung und überhaupt alles, was eine bedeutende finanzielle Umverteilung von oben nach unten bedeutet hätte und daher ein Verstoß gegen die neoliberalen Prinzipien gewesen wäre. Im Wahlkampf hat sich Clinton über die »trumpeske Trickle-down-Wirtschaftspolitik« mokiert, doch ihre eigenen Pläne könnte man durchaus als »Trickle-down-Identitätspolitik« bezeichnen: Am System sollen gerade eben genug Änderungen vorgenommen werden, dass von den Leuten an der Spitze einige ein anderes Geschlecht, eine andere Hautfarbe oder eine andere sexuelle Orientierung als bisher haben, und dann soll man schön warten, bis die Gerechtigkeit hinunter zu allen anderen rieselt. Nur leider funktioniert das Trickle-down-Prinzip auf dem Gebiet der Identitätspolitik etwa so gut wie auf dem der Wirtschaftspolitik.

Wir wissen das, weil es ausprobiert wurde. Es hat in der jüngeren Vergangenheit historische Siege im Kampf um größere Diversität gegeben – eine afroamerikanische Präsidentenfamilie, ein schwarzer Justizminister und eine schwarze Justizministerin, den erfolgreichen Druck auf Hollywood, schwarze Regisseure und Schauspieler angemessen zu würdigen, offen homosexuelle Nachrichtenmoderatoren und Top-Firmenchefs, erfolgreiche Fernsehserien mit Transgender-Rollen, mehr Frauen in Leitungspositionen – um nur einige zu nennen. Diese Siege sind wichtig, denn sie verändern das Leben von Menschen und verschaffen Standpunkten Gehör, die sonst verborgen geblieben wären. Es war ungeheuer wichtig, dass eine Generation von Kindern mit den Bildern von Obama als mächtigstem Mann der Welt aufgewachsen ist. Doch diese Top-down-Methode der Veränderung wird nicht einmal ansatzweise zu echter Gleichheit führen, so lange sie nicht von Bottom-up-Maßnahmen flankiert wird, die auf die Lösung systemimmanenter Probleme, wie miserable Schulen und zu hohe Wohnungsmieten, abzielen.

In den USA haben sich die spürbaren Fortschritte der letzten Jahre beim Streben nach größerer Diversität und sozialer Inklusion an der Spitze in einer Zeit ereignet, in der Immigranten in großer Zahl abgeschoben wurden und in der die Vermögensschere zwischen schwarzen und weißen Amerikanern noch weiter auseinandergegangen ist. Dem Urban Institute zufolge sank das durchschnittliche Vermögen weißer Familien zwischen 2007 und 2010 um 11 Prozent (ein enormer Betrag), aber bei schwarzen Familien waren es sogar 31 Prozent. Das bedeutet, dass die Ungleichheit zwischen Schwarzen und Weißen in einer Zeit signifikanter symbolischer Fortschritte größer statt kleiner wurde. Einer der Gründe war, dass schwarze Familien überproportional oft Empfänger von Subprime-Krediten waren und daher am härtesten getroffen wurden, als der Markt für dieses Finanzprodukt 2008 zusammenbrach.

Zugleich wurde weiterhin Jahr für Jahr eine geradezu groteske Zahl junger männlicher Schwarzer von der Polizei erschossen (unter männlichen Weißen derselben Altersgruppe ist die Quote fünfmal geringer, wie eine Recherche des *Guardian* ergeben hat). Da diese Morde oft gefilmt wurden, haben sich Videoaufnahmen davon in den Köpfen vieler junger, seelisch noch ungefestigter Menschen festgesetzt. Vor diesem Hintergrund verwundert es nicht, dass sich Black Lives Matter zur Bürgerrechtsbewegung dieser Generation entwickelt hat. Keeanga-Yamahtta Taylor, Autorin des Buchs »From #BlackLivesMatter to Black Liberation«, schreibt: »Das schwarze politische Establishment, angeführt von Präsident Obama, hat sich ein ums andere Mal als unfähig erwiesen, die grundlegendste aller Aufgaben zu erfüllen: für das Überleben schwarzer Kinder zu sorgen. Die jungen Menschen mussten das selbst tun.« Vergleichbar damit ist, dass es zwar viele Frauen in Machtpositionen gibt – nicht genug, aber deutlich mehr als vor einer Generation –, aber Frauen mit geringem Einkommen länger als früher arbeiten müssen, um ihre laufenden Kosten zu decken, und dazu oft auf mehrere prekäre Jobs angewiesen sind (zwei Drittel der Personen in den USA, die nur den Mindestlohn erhalten, sind Frauen). In der Rangliste des jährlich vom Weltwirtschaftsforum erstellten Berichts über die ökonomische Kluft zwischen den Geschlechtern sind die USA vom 28. Platz im Jahr 2015 auf den 45. Platz im Jahr 2016 gefallen.

Während die weißen Trump-Wähler mit Wut auf ihre materiell unsicherere Lage reagierten, scheinen sich viele fortschrittlich gesinnte Amerikaner ausgeklinkt zu haben. Hillary Clinton wandte sich bei jeder Veranstaltung direkt an die einzelnen Gruppen, für die sie sich »starkmachen« werde, doch dieses Versprechen war zu lahm, um eine Welle der Begeisterung zu erzeugen. Während Trump mit dem Versprechen einer weißen Identitätspolitik punktete, erwies sich die Ankündigung einer Trickle-down-Identitätspolitik für seine Widersacherin als Flop. In entscheidenden Bundesstaaten wie Iowa, Ohio und Wisconsin bekam Clinton 15 bis 20 Prozent weniger Stimmen von Anhängern der Demokraten als Barack Obama im Jahr 2012. Der geringere Zuspruch fortschrittlich gesinnter Bürger ist ein wichtiger Grund, warum Trump es schaffte, sich die Mehrheit der

Wahlmänner-Stimmen zu sichern (obwohl er insgesamt weniger Stimmen bekam).

Daher sollte man vielleicht noch eine andere Lehre aus dem Jahr 2016 ziehen: Im Gegensatz zur Angst vor »den anderen«, die eine wichtige Triebfeder vieler Sympathisanten rechtsextremer Parteien ist, besitzt die Aussicht auf »Inklusion« in ein ungerechtes System zu wenig Zugkraft. Jedenfalls hat diese Aussicht 2016 nicht ausgereicht, um die demoralisierte Basis der Demokraten zu begeistern oder den Brexit zu verhindern, und es gibt keinen Anlass für die Vermutung, dass sich dieser Trend in absehbarer Zeit ändern wird.

Unsere zukünftige Hauptaufgabe muss darin bestehen, unsere verschiedenen Anliegen nicht gegeneinander in Stellung zu bringen – Identitätspolitik gegen Wirtschaftspolitik, Gleichberechtigung der Rassen gegen Gleichstellung der Frau –, damit sich am Ende eines davon in einer Art Ausscheidungskampf gegen alle anderen durchsetzt. Wir müssen tief im Innern begreifen, dass die verschiedenen Formen gesellschaftlicher Unterdrückung einander ergänzen und verstärken, um zu verhindern, dass es jemals wieder einem kleptokratischen, unverfrorenen Frauengrapscher gelingt, sich das Amt des mächtigsten Menschen der Welt unter den Nagel zu reißen.

Rassen-Kapitalismus

An dieser Stelle drängt es sich auf, daran zu erinnern, dass die Errichtung künstlicher Hierarchien auf Basis von Rasse oder Geschlecht zum Zwecke der Durchsetzung eines brutalen Klassensystems eine sehr lange Tradition hat. Die kapitalistische Wirtschaftsordnung Nordamerikas konnte nur entstehen, weil ihre Gründer über zweierlei verfügten: geraubtes Land indigener Völker und geraubte Menschen aus Afrika. Beides erforderte die Formulierung intellektueller Theorien, die dem Leben und der Arbeitskraft verschiedener Gruppen von Menschen einen unterschiedlichen Wert zumaß und Männer weißer Hautfarbe an die Spitze der Rangliste stellte. Diese von Kirche und Staat abgesegneten Theorien weißer (und christlicher) Überlegenheit erlaubten es den europäischen Einwanderern, die indigenen Völker absichtlich zu »übersehen« – man nahm sie zwar optisch wahr, ignorierte aber ihre angestammten Ansprüche auf das Land – und riesige, bevölkerte Gebiete per Gesetz als unbewohnt zu erklären und für die Inbesitznahme durch die Europäer eine absurde Regel nach dem Motto »Wer zuerst kommt ...« einzuführen.

Mit demselben Prinzip der unterschiedlichen Werte von Menschen wurde gerechtfertigt, dass man massenhaft Menschen entführte, ankettete und folterte, um sie zu zwingen, auf jenem gestohlenen Land zu arbeiten – was den kürzlich verstorbenen Politikwissenschaftler Cedric Robinson veranlasste, die Marktwirtschaft, ohne die es die USA nicht gäbe, nicht bloß als Kapitalismus zu bezeichnen, sondern als »Rassen-Kapitalismus«, denn die Baumwolle und die Zuckerrohre, die versklavte Afrikaner ernteten, fungierten als Treibstoff der industriellen Revolution. Der Glaube, dass man das Recht habe, Menschen mit dunklerer Hautfarbe einen geringeren Wert als sich selbst zuzumessen und sich ihres Landes und ihrer Arbeitskraft zu bemächtigen, war von fundamentaler Bedeutung und wäre nicht möglich gewesen ohne jene Theorien von der Überlegenheit der weißen Rasse, die dem gesamten, moralisch verwerflichen System den Anstrich der Legitimität gaben. Wirtschaftspolitik konnte daher bei kolonisierten Ländern wie den USA noch nie von »Identitätspolitik« getrennt werden – warum sollte das also heutzutage plötzlich anders sein?

Wie die Bürgerrechtsanwältin Michelle Alexander in ihrem Buch »The new Jim Crow« dargelegt hat, waren die Prinzipien der Rassenhierarchie seit Entstehen der Marktwirtschaft vor mehreren Jahrhunderten deren ständige Komplizen. Die Eliten in den USA haben das Thema Rasse immer wieder instrumentalisiert, schreibt sie, um »eine multirassische Allianz der Armen zu verhindern« – zuerst anlässlich der Sklavenaufstände, die von weißen Arbeitern unterstützt wurden, dann mit den Jim-Crow-Gesetzen und später bei dem sogenannten Krieg gegen Drogen. Jedes Mal, wenn diese multiethnischen Allianzen zu einer Gefahr für die Macht der Kapitalisten wurde, überzeugte man die weiße Arbeiterschaft, dass ihre wahren Feinde Menschen mit dunklerer Hautfarbe waren, da sie ihnen angeblich die Jobs wegnahmen oder eine Bedrohung für ihre Wohnviertel waren. Und der erfolgreichste Weg, weißen Wählern Kürzungen in den Etats für Schulbildung, öffentlichen Nahverkehr und Sozialleistungen schmackhaft zu machen, ist von jeher die (in der Regel falsche) Behauptung, dass von den Geldern dieser Etats primär farbige Menschen, darunter viele illegale Einwanderer, profitierten, deren Absicht es sei, Wohltaten zu erschleichen. In Europa haben Angstkampagnen, deren Botschaft war, dass Migranten anderen Menschen Jobs wegnehmen, nur wegen der Sozialleistungen ins Land gekommen seien und die kulturellen Werte ihrer neuen Heimat aushöhlen, eine ähnliche, teilweise erfolgreiche Rolle gespielt.

Ronald Reagan hat sich in dieser Hinsicht besonders negativ hervorgetan, indem er den Mythos schuf, dass ein beträchtlicher Teil der Essensmarken den Welfare Queens zugutekamen – kriminellen Frauen mit Pelzmantel und Cadillac. Und Trump war beim Schüren von Hysterie in vorderster Front. Als 1989 vier afroamerikanische und ein hispano-amerikanischer Teenager beschuldigt wurden, eine weiße Frau im New Yorker Central Park vergewaltigt zu haben, schaltete er ganzseitige Anzeigen in Tageszeitungen, in denen er die Wiedereinführung der Todesstrafe forderte. Als später die Unschuld der verurteilten Central Park Five, wie sie genannt wurden, bewiesen wurde, weigerte sich Trump, sich bei ihnen zu entschuldigen oder seine Forderung zurückzuziehen. Daher verwundert es nicht, dass sein Justizminister Jeff Sessions die Ansicht vertritt, Städte wie New York und Chicago wären kurz davor, »unter der Last der illegalen Einwanderung und der hohen Verbrechensquote« zusammenzubrechen – was ihm den angenehmen Vorwand liefert, nicht über die jahrelange neoliberale Vernachlässigung zu sprechen, sondern nur über die angebliche Notwendigkeit, Verbrechen zu bekämpfen und diesen Städten zu verbieten, dass sie Immigranten Schutz bieten.

Teile und herrsche

Tatsächlich war nichts hilfreicher bei der Erschaffung unser gegenwärtigen kapitalistischen Dystopie als das systematische Ausspielen weißer Arbeiter gegen Schwarze, Einheimischer gegen Migranten und Männer gegen Frauen. Rassismus, Frauenfeindlichkeit, Homophobie, Transphobie sind die wirkungsvollsten Waffen der Eliten gegen das Entstehen einer echten Demokratie. Eine Teile-und-terrorisiere-Strategie stellt, zusammen mit immer ausgefeilteren

Methoden, Minderheiten die Stimmabgabe bei Wahlen zu erschweren, die einzige erfolgversprechende Methode zur Umsetzung politischer und ökonomischer Ziele dar, von denen nur ein winziger Teil der Bevölkerung profitiert.

Auch wissen wir aus der Geschichte, dass es rassistischen und faschistischen Bewegungen besonders in Zeiten wirtschaftlicher und anderer Krisen gelingt, einen politischen Flächenbrand zu entfachen – auch wenn sie nur im Hintergrund zündeln. Das beste Beispiel dafür ist die Weimarer Republik. Die demütigenden wirtschaftlichen Sanktionen, unter denen Deutschland nach Ende des verlorenen Krieges litt, waren ein wichtiger Grund, warum es den Nationalsozialisten gelang, die Macht zu ergreifen. Die Lehren daraus sollten uns eine ewige Warnung sein.

Nach dem Holocaust bemühte sich die Weltgemeinschaft, Bedingungen zu schaffen, die verhindern sollten, dass je wieder irgendwo eine menschenverachtende Weltanschauung Fuß fasste. Diese Bemühungen bildeten zusammen mit Druck aus der Bevölkerung die Grundlage für den Sozialstaat, der in vielen Ländern Europas entstand. Die westlichen Regierungen vertraten die Haltung, dass die Marktwirtschaft den Bürgern ein Leben in Würde garantieren musste, damit sie sich nicht aus Unzufriedenheit Sündenböcke suchen oder extremen Parteien anschlossen.

Aber all dies gilt nicht mehr, und wir lassen zu, dass vielerorts eine Situation entsteht, die der Lage in den 1930er Jahren auf gespenstische Weise ähnelt. Seit der Finanzkrise des Jahres 2008 haben der IWF, die EZB und die Europäische Kommission, die gemeinsam die sogenannte Troika bilden, einem Land nach dem anderen als Gegenleistung für dringend benötigte Hilfsgelder Reformen im Stile einer Schocktherapie aufgezwungen. Ländern wie Griechenland, Italien, Portugal und sogar Frankreich sagte die Troika: »Okay, wir helfen dir aus deiner finanziellen Notlage, aber nur zum Preis deiner kompletten Demütigung. Nur, wenn du uns die Kontrolle über deine Wirtschaftspolitik gewährst, nur wenn du uns alle wichtigen Entscheidungen überlässt, nur wenn du große Teile deiner Wirtschaft privatisierst, darunter solche, die zentrale Bedeutung für dein Land haben wie zum Beispiel die Ausbeutung von Bodenschätzen. Nur wenn du Einschnitte bei Gehältern, Renten und der medizinischen Versorgung akzeptierst.« Die bittere Ironie dabei ist, dass der IWF nach dem Zweiten Weltkrieg ausdrücklich mit der Absicht gegründet wurde, die Art von wirtschaftlichen Bestrafungen zu verhindern, die in Deutschland nach dem Ersten Weltkrieg eine enorme Feindseligkeit bewirkt hat. Und dennoch hat sich der IWF aktiv an den Maßnahmen beteiligt, die Neonazi-Parteien in Griechenland, Belgien, Frankreich, Ungarn, der Slowakei und anderen Ländern Zulauf beschert haben. Unser gegenwärtiges Finanzsystem sorgt überall auf der Welt für ökonomische Demütigungen – und das hat exakt die Folgen, die der Wirtschaftswissenschaftler und Diplomat John Maynard Keynes vor einem knappen Jahrhundert prophezeite, als er davor warnte, dass im Fall von harten wirtschaftlichen Sanktionen gegen Deutschland »die Rache nicht auf sich warten lassen« werde.

Ich verstehe das Verlangen, für Trumps Wahlsieg nur ein oder zwei Gründe verantwortlich zu machen. Dass man sagt, es habe in den USA stets eine Vielzahl von Menschen mit ekelhaften Ansichten gegeben, und es habe nur eines rücksichtslosen Demagogen bedurft, um dem Land gewissermaßen die Maske herunterzureißen. Oder dass man sagt, es gehe nur um die Rassenfrage, um die blinde Wut der Weißen angesichts ihres Machtverlusts. Oder dass man sagt, es sei nur um Frauenfeindlichkeit gegangen, denn Hillary Clintons Niederlage gegen eine so bösartige, ignorante Gestalt wie Trump ist für sehr viele Frauen eine Wunde, die partout nicht heilen will.

Aber die Reduzierung der gegenwärtigen Krise auf nur eine oder zwei Ursachen, ohne all die anderen mit einzubeziehen, wird uns nicht in die Lage versetzen, zu begreifen, wie wir unsere Gegner jetzt oder in naher Zukunft besiegen können. Ohne etwas größere Neugier gegenüber dem Zusammenspiel all jener Faktoren – Rasse, Geschlecht, Klasse, Wirtschaft, Geschichte, Kultur –, das zur gegenwärtigen Krise geführt hat, werden wir bestenfalls dort verharren, wo wir vor Trumps Sieg waren. Und das ist nicht erstrebenswert.

Denn wir lebten bereits vor Trump in einem System, das Menschen und unseren Planeten abscheulich behandelt. Das Arbeiter jahrzehntelang schuften lässt und sie dann unbarmherzig abserviert. Das Millionen von Menschen die Chance auf eine erfolgreiche Zukunft verweigert und sie bei der erstbesten Gelegenheit wegsperrt. Das zulässt, dass sich die Regierung dem Profitstreben Einzelner beugt. Das zulässt, dass Land, Wasser und Luft, ohne die es kein Leben gäbe, kaum besser als eine Kloake behandelt werden.

Lieblosigkeit als politisches Prinzip

Der Autor und Intellektuelle Cornel West hat einmal gesagt, »Gerechtigkeit ist die Form, in der sich Liebe in der Öffentlichkeit äußert«. Ich denke oft, dass Neoliberalismus die Form ist, in der sich Lieblosigkeit als politisches Prinzip äußert. Sie äußert sich in den Generationen von

Kindern, zumeist schwarzer oder brauner Hautfarbe, die in einer unwirtlichen Umgebung aufwachsen. Sie äußert sich in der Rattenplage, unter der Detroiter Schulen leiden. Sie äußert sich in dem bleihaltigen Wasser, das in Flint die Menschen vergiftet. Sie äußert sich in den zwangsgeräumten Häusern, die nie wirklich solide waren. Sie äußert sich in den schlecht ausgestatteten Krankenhäusern, die Gefängnissen ähneln – und überfüllten Gefängnissen, die unserer Vorstellung der Hölle sehr nahekommen. Sie äußert sich in der Zerstörung der Schönheiten unseres Planeten, der behandelt wird, als wäre er völlig wertlos. Sie ist, ganz ähnlich wie Trump selbst, ein Musterbeispiel für Gier und Rücksichtslosigkeit.

Die große Mehrheit der Weltbevölkerung profitiert kaum von unserem globalen Wirtschaftssystem, doch manche profitieren noch weniger als andere. Den Hass, den Trump und seine Leute gegen die Schwächsten in der Gesellschaft zu schüren helfen, kann man nicht getrennt von ihrem Raubzug zugunsten der Superreichen und der Firmenprofite betrachten – Ersteres ermöglicht Letzteres. Trumps widerliche Meinungen zu den Themen Rasse und Geschlecht dienen bestimmten sehr lukrativen Zielen, so wie es immer beim Hass auf Grundlage von Identität der Fall war.

Glücklicherweise beschränken sich die am schnellsten anwachsenden politischen Graswurzel-Bewegungen unserer Zeit – von der Bewegung zur Bekämpfung der Gewalt gegen Frauen bis zu The Movement for Black Lives, von Arbeitern, die angemessene Bezahlung fordern bis hin zu den Organisationen, die sich für indigene Völker und Umweltschutz einsetzen – nicht darauf, nur für ihr spezielles Anliegen zu kämpfen. Sie haben sich die Grundsätze der »Intersektionalität« zu eigen gemacht, die von der Feministin und Bürgerrechtsanwältin Kimberlé Williams Crenshaw formuliert wurden und besagen, dass ein Mensch im Laufe seines Lebens mit verschiedenen Diskriminierungsformen – wegen Hautfarbe, Geschlecht, sozialem Status, sexueller Orientierung, physischer Fähigkeiten, Aufenthaltsstatus, Sprachkenntnissen – oder auch mit mehreren zugleich konfrontiert sein kann.

Die Trump-Regierung entscheidet sich nicht, ob sie die Sicherheitsgesetze verschärfen oder lieber die Reproduktionsrechte von Frauen einschränken oder außenpolitische Konflikte verschärfen oder Einwanderer zu Sündenböcken erklären oder einen Run auf fossile Brennstoffe auslösen und durch allgemeine Deregulierung der Wirtschaft den Interessen der Superreichen dienen will. Sie geht alles gleichzeitig an, denn für sie sind es Bestandteile eines einzigen Projekts: »Make America great again.«

Darum muss jede oppositionelle Bewegung, die vorhat, Trump oder vergleichbare rechte Kräfte in anderen Ländern ernsthaft zu bekämpfen, sich der Aufgabe widmen, die Umstände, die uns in diese bedrohliche Situation gebracht haben, neu zu bewerten. Eine Bewertung, die verdeutlicht, welche Rolle die Politik der Spaltung gespielt hat, deren Ziel es war, Menschen verschiedener Hautfarben, Klassen, Geschlechter und Nationalitäten gegeneinander in Stellung zu bringen. Und einen falschen Antagonismus zwischen Mensch und Natur zu schaffen.

Nur wenn wir diese Aufgabe meistern, haben wir die Möglichkeit, gemeinsam eine Welt nach unseren Vorstellungen zu schaffen.

Kapitel 6

Nichts verabscheut die Politik mehr als das Vakuum

In der noch kurzen Präsidentschaft Trumps gab es bereits eine Menge Tiefpunkte, von vertraulichen, sicherheitsrelevanten Gipfeltreffen zum Problem der nordkoreanischen Raketenversuche, die im Privatclub Mar-a-Lago bei Kerzenschein abgehalten wurden, bis hin zu ungefilterten, zornigen Tweets über Kaufhäuser, die die Produkte seiner Tochter Ivanka aus ihrem Sortiment verbannt hatten. Doch das Tief, das auf der Seite des Widerstands an Trumps erstem Amtstag, dem Montag nach seiner Inauguration, erreicht wurde, lässt sich wohl kaum toppen: Eine Gruppe lächelnder Gewerkschaftsführer schlenderte aus dem Weißen Haus zu einer Reihe wartender Kameras und erklärte ihre Loyalität gegenüber Donald Trump.

Sean McGarvey, Präsident von North America's Building Trades Unions, der nordamerikanischen Baugewerkschaften, berichtete, bei einer Führung durch das Oval Office, zu dem Trump eingeladen hatte, habe der neue Präsident eine Hochachtung vor der Delegation aus gut einem halben Dutzend Gewerkschaftsvertretern an den Tag gelegt, die »einfach unglaublich war«. Weiteres Lob kam von Doug McCarron, dem Präsidenten der Gewerkschaft United Brotherhood of Carpenters. Er bezeichnete Trumps Antrittsrede – von den meisten als kriegslüsterner verbaler Tweet eingeschätzt – »als einen großen Augenblick für unsere arbeitenden Männer und Frauen«.

Es war schier unerträglich. Trump führte zu diesem Zeitpunkt bereits Krieg gegen die schwächsten Teile der Arbeiterschaft, und es kursierten Gerüchte über drakonische Einschnitte im Haushalt, die Massenentlassungen im öffentlichen Sektor, etwa bei den Busfahrern, nach sich ziehen würden. Warum also verstießen diese Arbeiterführer, die etwa ein Viertel aller gewerkschaftlich organisierten Beschäftigten in den Vereinigten Staaten vertraten, gegen das heiligste Prinzip der Gewerkschaftsbewegung, die Solidarität mit anderen Arbeitern? Jahrzehntelang waren die meisten Gewerkschaften, deren Anführer durch das Weiße Haus geführt wurden, loyal gegenüber den Demokraten gewesen. Warum überschüttete die Delegation gerade in diesem Augenblick, wo so viele Kollegen hart zu kämpfen hatten, Donald Trump mit Lob?

Die Gewerkschaftsvertreter erklärten, ihr Pakt mit dem Teufel habe zum Teil mit Trumps Energieplänen zu tun – mit den großen Pipelines. Zu einem anderen Teil spielte Trumps Schwur eine Rolle, in die Infrastruktur zu investieren (es fiel kein Wort darüber, dass sie vielleicht wegen der 21 Milliarden Dollar so optimistisch waren, die Trump angeblich für die Mauer an der Grenze zu Mexiko ausgeben wollte). Das schlagendste Argument war jedoch, wie die Gewerkschaftschefs deutlich machten, dass hier endlich einmal ein Präsident war, der in Sachen Freihandel auf ihrer Seite stand.

Tatsächlich verschwendete Trump an dieser Front keine Zeit. Gerade an diesem Tag, kurz vor dem Treffen mit der Gewerkschaftsdelegation, hatte er ein Präsidialdekret erlassen, wonach sich die Vereinigten Staaten aus der Transpazifischen Partnerschaft (TPP) zurückziehen würden, von jenem Handelsabkommen mit den elf Ländern Australien,

Brunei, Chile, Japan, Kanada, Malaysia, Mexiko, Neusee-
land, Peru, Singapur und Vietnam, gegen das er schon während seiner Wahlkampftour zu Felde gezogen war und das
er als »Vergewaltigung unseres Landes« diffamiert hatte.
Bei der feierlichen Unterzeichnung, durch die die USA offi-
ziell aus der TPP ausschieden, verkündete Trump: »Das ist
eine große Sache für den amerikanischen Arbeiter.«

Daraufhin schrieben mir mehrere Leute und fragten
mich, ob dies nicht die positive Seite an Trumps Präsidentschaft wäre. Sei es nicht eine gute Sache, wenn seit Jahrzehnten von den Progressiven kritisierte Handelsabkommen nun endlich auf dem Scheiterhaufen landeten oder,
wie beispielsweise das Nordamerikanische Freihandelsabkommen (NAFTA), neu- oder nachverhandelt werden sollten, um »wieder Jobs zu schaffen«? Ich habe Verständnis
für den Wunsch, Lichtpunkte in dem täglichen Chaos zu
finden, das sich im Weißen Haus ausbreitet. Aber Trumps
Handelspläne gehören nicht dazu.

Das Ganze erinnert mich an all die liberalen Falken, die
George W. Bushs Invasion im Irak befürworteten, weil der
Krieg ihrem Wunsch entsprach, das irakische Volk von
Saddam Hussein zu befreien – das Argument der »huma-
nitären Intervention«. Weder in der Erfolgsbilanz noch in
den Ansichten von Bush und Cheney ließ sich auch nur
der Hauch demokratischer oder humanitärer Absichten
bei ihrer Invasion und Besetzung des Irak erkennen – und
zweifellos wurde das Land rasch zum Schlachtfeld und
zur Folterstätte des US-Militärs und seiner privaten Auftragnehmer wie auch zu einem Ort unkontrollierter Geschäftemacherei. Was also in Trumps bisheriger Bilanz, in
der Behandlung der Arbeitnehmer im eigenen Land, bei
der Benennung seiner Mitarbeiter, in den unternehmer-

freundlichen Maßnahmen, die er bereits durchgedrückt hat, könnte jemanden zu dem Glauben veranlassen, die Neuverhandlung von Handelsabkommen oder die »Wiederankurbelung der Wirtschaft« werde in irgendeiner Weise den Arbeitnehmern oder der Umwelt dienen?

Statt darauf zu hoffen, dass sich Trump auf magische Weise in einen Bernie Sanders verwandelt und gerade auf diesem Schauplatz ein echter Anwalt für irgendwen sein werde, der nicht mit ihm verwandt ist, täten wir weitaus besser daran, uns ehrlich zu fragen, wie es einer Bande dreister Plutokraten mit unverhohlener Verachtung für demokratische Werte überhaupt gelingen konnte, ein Thema wie den Freihandel für Unternehmen an sich zu reißen.

Wettlauf um den Abbau von Rechtsstandards

Trump hat Handelsabkommen aus zwei Gründen zur Chefsache gemacht. Der erste Grund, der an jenem Tag im Weißen Haus allen vor Augen geführt wurde, ist der, dass sich ihm damit eine großartige Möglichkeit bietet, den Demokraten Stimmen wegzuschnappen. Der erzkonservative Charles Krauthammer – kein Fan von Gewerkschaften – erklärte auf *Fox News*, Trumps gemütlicher Gewerkschaftsgipfel sei »ein schwerer Fall von politischem Diebstahl« gewesen.

Der zweite Grund ist, dass Trump – der sich bekanntermaßen als Superverhandler darstellt – behauptet hat, er könne bessere Abkommen aushandeln als seine Vorgänger. Aber genau hier liegt der Haken: Mit »besser« meint er nicht besser für die gewerkschaftlich organisierten Arbeitnehmer und ganz gewiss nicht für die Umwelt. Er meint es genauso, wie er es immer meint – besser für ihn und sein Unternehmensimperium, besser für die Banker und Ölmanager, die seine Regierung bilden. Mit anderen Worten, die neuen Handelsregeln werden, wenn sich Trump durchsetzt, die Situation der normalen Menschen massiv verschlechtern – nicht nur in den Vereinigten Staaten, sondern weltweit.

Man braucht sich nur einmal anzusehen, was Trump seit seinem Amtsantritt gemacht hat. Am selben Tag, an dem er die Gewerkschaftsführer mit einer privaten Führung durchs Weiße Haus bauchpinselte, traf er sich auch mit Wirtschaftsführern und verkündete Pläne, 75 Prozent der Vorschriften für Unternehmen abzuschaffen und die Unternehmenssteuern auf 15 Prozent abzusenken. Es sind die Arbeitnehmer, die den Preis für solche Maßnahmen werden zahlen müssen. Ohne Regulierungen werden ihre Arbeitsplätze noch unsicherer, es wird mehr Arbeitsunfälle geben, und gerade Arbeitnehmer sind in der Regel auf die Dienstleistungen angewiesen, die nun beschnitten werden, um die Steuererleichterung für die Reichen zu finanzieren. Trump hat bereits sein Versprechen, dafür zu sorgen, dass die Keystone-X-Pipeline mit amerikanischem Stahl gebaut werde, gebrochen, ein erster Hinweis auf die Ernsthaftigkeit, mit der er seinem eigenen Grundsatz »Buy America, Hire American« (»Kauft amerikanisch, stellt amerikanische Arbeitskräfte ein«) folgt.

Außerdem spricht alles dafür, dass die Pläne der Regierung, die Vereinigten Staaten erneut für Produktionsfirmen attraktiv zu machen, umgesetzt werden, indem viele der von den Gewerkschaften im letzten Jahrhundert erkämpften Schutzbestimmungen wieder rückgängig gemacht werden – auch das noch bestehende Recht auf kollektive Verhandlungen. Im Umkreis von Trump drängen viele massiv darauf, die Organisation in Gewerkschaften zu erschweren, insbesondere mit der sogenannten Right-to-Work-Gesetzgebung zur Machtbeschränkung von Gewerkschaften, und angesichts der republikanischen Mehrheit in Repräsentantenhaus und Senat wird dies ganz oben auf der Agenda bleiben.

Die lange Liste der Geschenke, die die Trump-Regierung den amerikanischen Unternehmen bereits gemacht hat, zeigt deutlich, dass Trumps Strategie, durch die Neubelebung der produzierenden Industrie »Amerika wieder groß zu machen«, in Wirklichkeit darin besteht, die Produktion in den USA wieder *billig* zu machen. Ohne all die lästigen Vorschriften, mit weitaus niedrigeren Steuersätzen für die Unternehmen und Trumps Rundumschlägen gegen den Umweltschutz werden die amerikanischen Arbeitnehmer einer Lohnkonkurrenz mit ihren Kollegen in Niedriglohnländern wie Mexiko näherrücken.

Welche Haltung Trump gegenüber den amerikanischen Beschäftigten einnimmt, hat er uns mit seiner ersten Wahl für den Posten des Arbeitsministers gezeigt, der die Aufgabe hat, die amerikanische Erwerbsbevölkerung zu schützen. Er entschied sich für Andrew Puzder – die Nominierung scheiterte letztlich, war aber so ungeheuerlich, dass man sie als Symbol für Trumps Intentionen in Erinnerung behalten sollte. Puzder ist Vorstandsvorsitzender eines Restaurantimperiums, zu dem auch die Fastfood-Ketten Hardee's und Carl's jr. gehören. Außerdem gilt er weithin als einer der ausbeuterischsten Arbeitgeber im Land. In Dutzenden Gerichtsprozessen wurde ihm vorgeworfen, sein Unternehmen und dessen Franchise-Firmen hätten Überstunden und andere Arbeiten der Beschäftigten nicht bezahlt, was zu Vergleichen in Millionenhöhe führte. Der korrekte Begriff dafür ist *Lohndiebstahl.* Zudem hat er öffentlich über die Vorteile nachgedacht, die es mit sich bringen könnte, statt mit Menschen mit Maschinen zu arbeiten: »Sie nehmen nie Urlaub, kommen nie zu spät, es gibt nie Prozesse um Schmerzensgeld oder die Diskriminierung wegen Alter, Geschlecht oder Rasse«, erklärte er gegenüber dem Online-Medium *Business Insider.* Der Minderheitsführer im Senat Charles Schumer bezeichnete den geschätzte 45 Millionen Dollar schweren Puzder als »wahrscheinlich die größte gegen Arbeitnehmer gerichtete« Entscheidung aller Zeiten. Trumps Bewunderung für Puzder legt nahe, dass sein eigentlicher Plan für die Wiederbelebung der Produktion darin besteht, Rechte, Löhne und Schutzbestimmungen so weit abzubauen, dass die Arbeit in einer Fabrik ziemlich der bei Hardee's unter Andrew Puzder gleicht. Kurz, es handelt sich um einen weiteren Plan, den Schwachen zu nehmen, um den bereits unverschämt Reichen noch mehr zu geben.

All das ist kein Silberstreif irgendeiner Art. Es ist der Vorstoß zur Ziellinie im »Abwärtswettlauf«, den Gegner dieser Handelsabkommen immer gefürchtet haben.

Ja, schlechte Handelsabkommen können tatsächlich noch schlechter werden

Trump hat nicht vor, die Teile der Handelsabkommen zu streichen, die für die Beschäftigten am schlimmsten sind – zum Beispiel das Verbot, die Produktion inländischer vor der ausländischer Firmen zu begünstigen. Oder die Klauseln, die Unternehmen ermöglichen, nationale Regierungen zu verklagen, wenn sie Gesetze einführen, die ihre Gewinne in unfairer Weise schmälern könnten – auch solche zur Schaffung von Arbeitsplätzen und zum Schutz von Beschäftigten.

Entgegen seiner Wahlversprechen, Unternehmen zu bestrafen, die ihre Produktion ins Ausland verlegen, scheint Trump jetzt den Plan zu verfolgen, Schutzmaßnahmen für Firmen *auszuweiten*, die ihre Produktion verlagern. Das ist keine bloße Vermutung. Schon zwei Monate nach seinem Amtsantritt drang ein Briefentwurf an die Öffentlichkeit, in dem die Regierung dem Kongress die Absicht mitteilte, NAFTA neu zu verhandeln. Nach einer Analyse der Verbraucherschutzorganisation Public Citizen's Global Trade Watch hat die Regierung vor, die schlimmsten Elemente der Transpazifischen Partnerschaft in das Nordamerikanische Freihandelsabkommen einzuführen, zum Teil in verschärfter Form – ohne zumindest die Passage zu tilgen, die den USA untersagt, Regeln nach dem Grundsatz »amerikanisch kaufen« zu implementieren. So meinte Lori Wallach, Leiterin von Global Trade Watch, »für diejenigen, die auf Trumps Versprechen vertrauten, er werde NAFTA für die arbeitende Bevölkerung ›viel besser‹ machen, ist das ein Schlag ins Gesicht«.

Eins der tückischsten Elemente vieler Handelsabkommen ist der aggressive Schutz von Patenten und Handelsmarken, wodurch häufig lebensrettende Medikamente und entscheidende Technologien für die Armen unerreichbar sind. Die Trumps haben ein globales Imperium errichtet, das vor allem darauf beruht, dass sie Handelsmarken und Lizenzen erhalten und diese mit allen Mitteln zu schützen versuchen – so dass zu erwarten steht, dass Klauseln zum Markenschutz eher noch verschärft statt entschärft werden.

Der stärkste Beweis für solche Pläne Trumps ist der Mann, den er zum Verhandlungsführer der Handelsabkommen ernannt hat. Sein Handelsminister ist Wilbur Ross, ein ehemaliger Banker und milliardenschwerer Risikokapitalgeber, der reich wurde, indem er Firmen übernahm und durch Umstrukturierungen profitabler machte – was fast immer mit Entlassungen und mit der Verlagerung der Produktion in billigere Regionen einhergeht. So kaufte er 2004 das amerikanische Textilunternehmen Cone Mills. Nach kaum zehn Jahren der Umstrukturierungen, Fusionen und der Auslagerung von Arbeitsplätzen sank die Zahl der Beschäftigten in einer Fabrik in North Carolina von über 1000 auf gerade einmal 300, während Ross die Produktion in China und Mexiko ausweitete.

Einem Firmenboss wie Ross die Verantwortung für den Handel zu übertragen, ist nur ein weiteres Beispiel für den Staatsstreich der Konzerne – dafür, wie auch nur der Anschein eines neutralen Unterhändlers der Regierung aufgegeben und stattdessen Unternehmen direkt die Aufgabe übertragen wird, die Zerstörung des öffentlichen Sektors und des Allgemeinwohls zu vollenden.

Wenn diese Agenda zur Gänze umgesetzt wird, werden die Beschäftigten in den Vereinigten Staaten weniger Schutz genießen als je zuvor seit den Dicken'schen Albträumen inmitten des »Vergoldeten Zeitalters«, der Blütezeit der US-Wirtschaft im letzten Drittel des 19. Jahrhunderts.

Aber es erhebt sich Widerstand. Andrew Puzder wurde gezwungen, seine Kandidatur als Arbeitsminister zurückzuziehen, nicht zuletzt aufgrund von Protesten, die Beschäftigte des Restaurantgewerbes im ganzen Land organisiert hatten. Und als Trump gebeten wurde, eine Rede vor 2000 Mitgliedern der North America's Building Trades Unions zu halten, derselben Organisation, die Loblieder auf das Weiße Haus gesungen hatte, demonstrierte eine

Gruppe von Arbeitern, dass sie die Nase voll habe vom »Obersten Milliardär«. Als Trump in dem von Gewerkschaftsmitgliedern vollgestopften Raum sprach, standen sie auf, kehrten ihm den Rücken zu und hielten Schilder mit der Aufschrift #Resist (LeistetWiderstand) hoch – bis sie von Sicherheitsleuten hinausgeführt wurden.

Nicht alle Gewerkschaften sind auf Trumps Betrug mit den Handelsabkommen reingefallen. Die meisten Anführer, vor allem die multiethnischer Gewerkschaften – darunter National Nurses United, die Gewerkschaft der Krankenschwestern und -pfleger, Gewerkschaften der Beschäftigten im öffentlichen Nahverkehr und die Service Employees International Union, die Internationale Dienstleistungsgewerkschaft –, haben erkannt, dass Trump eine existentielle Bedrohung für ihre Bewegung darstellt, und mobilisieren entsprechend. Dennoch bleibt die Frage, die ich bereits zuvor formuliert habe: Wie konnte Trumps offensichtlich hanebüchene Selbstdarstellung als Streiter für die Arbeiterklasse überhaupt in einem nicht unwesentlichen Teil der amerikanischen Arbeiterbewegung eine bereite Anhängerschaft finden?

Die Antwort lautet zu einem großen Teil, dass die Liberalen dieses politische Schlachtfeld weitgehend den Rechten überlassen haben.

Erinnerung an eine starke weltweite Bewegung

Seit den 1990er Jahren bin ich Teil einer weltweiten Bewegung, die davor warnt, dass unternehmensfreundliche Freihandelsabkommen und der weltweite Handel, den sie beschleunigt haben, zu einem Ausmaß der Enteignung des Menschen und der Umweltzerstörung führen würden, das in kürzester Zeit untragbar sei. Es war eine generationenübergreifende Bewegung, die dutzende Länder und Sektoren umspannte und gemeinnützige Organisationen, radikale Anarchisten, indigene Gemeinschaften, Kirchen, Gewerkschaften und andere vereinte – ein Chaos, ideologisch unausgereift, unvollkommen, aber zugleich etwas Großes und für eine gewisse Zeitlang so stark, dass große Siege errungen wurden.

In mancherlei wichtiger Hinsicht war es genau die Art eines auf einer breiten Basis ruhenden Zusammenschlusses, die im jetzigen Augenblick nötig ist, um es mit der pseudo-volksnahen Rechten aufzunehmen. Allem Anschein nach ist es gerade eine gute Zeit, sich die Lehren aus dem Aufstieg – und dem Fall – unserer damaligen Bewegung näher anzusehen. Denn wenn die Bewegung von damals ihre Macht auf der Straße in größere politische Siege hätte ummünzen können, wären Trump und sein Unternehmerkabinett unmöglich in der Lage gewesen, sich den Zorn über ungerechte globale Handelsregeln zunutze zu machen und sich den Mantel des »fairen Handels« umzuhängen.

Ende der 1990er Jahre bis Anfang der 2000er Jahre gab es von London bis Genf, Mumbai, Buenos Aires, Quebec und Miami bei jeder Zusammenkunft mit dem Ziel, die neoliberale Agenda voranzutreiben, Gegendemonstrationen. So geschah es auch in Seattle bei einem Gipfel der Welthandelsorganisation, als die Stadt völlig von Protestierenden lahmgelegt wurde, die die Versammlungen zum Scheitern brachten. Oder, ein paar Monate später, bei den Jahrestreffen von Internationalem Währungsfonds und Weltbank in Washington sowie bei Gipfeltreffen zur Durchsetzung der Gesamtamerikanischen Freihandelszone, die sich von

Alaska bis Feuerland erstrecken sollte. Die Gegenbewegung war keineswegs klein: Im Juli 2001 gingen in Genf beim Treffen der G8 etwa 300000 Menschen auf die Straße.

Anders als die hypernationalistischen rechten Bewegungen, die gegen die »Globalisierung« wettern, war unsere Bewegung stolz auf ihren Internationalismus und nutzte das noch junge Internet, um sich mühelos grenzüberschreitend zu organisieren und persönlich zu treffen. Auf der Grundlage der gemeinsamen Erkenntnis, dass diese Handelsabkommen die Ungleichheit in den Ländern aller Beteiligten verstärkten und die öffentliche Sphäre aushöhlten, forderten wir offene Grenzen für die Menschen, die Abschaffung des restriktiven Patenschutzes für Medikamente, Saatgut und Schlüsseltechnologien und mehr Reglementierung der Unternehmen.

Im Kern ging es der Bewegung um tiefreichende Demokratie, sowohl auf lokaler wie auf globaler Ebene, und sie widersetzte sich dem, was wir als »Herrschaft der Konzerne« bezeichneten – ein Gerüst, das heute wichtiger ist denn je. Wir lehnten nicht den Handel ab, Gesellschaften haben stets grenzüberschreitenden Handel getrieben und werden es auch in Zukunft tun. Wir protestierten dagegen, dass die transnationalen Institutionen Handelsabkommen nutzten, um die unternehmensfreundlichen Strategien weltweit durchzusetzen, die für eine kleine Gruppe von Akteuren extrem profitabel waren und ihnen einen Großteil dessen übereigneten, was bislang in öffentlicher und gemeinschaftlicher Hand gelegen hatte: Saatgut, Wasser, staatliche Gesundheitsfürsorge und vieles mehr.

In einem der ersten Kämpfe, die sinnfällig machten, was auf dem Spiel stand, ging es um die bolivianische Stadt Cochabamba und das US-amerikanische Unternehmen Bechtel. Zu dieser Zeit wurde die Privatisierung des öffentlichen Sektors der Stadt forciert, und Bechtel erhielt den Zuschlag für die Übernahme der Wasserversorgung. Daraufhin stiegen die Preise für diese lebenswichtigste Dienstleistung, und es war sogar verboten, ohne eine Sondergenehmigung Regenwasser zu sammeln. Daraufhin aber erhoben sich Bewohner von Cochabamba, führten einen »Wasserkrieg«, wie es hieß, und vertrieben Bechtel aus dem Land. Doch dann drehte Bechtel den Spieß um und verklagte Bolivien auf 50 Millionen Dollar Schadenersatz und Ausgleich für entgangene Einnahmen. Dies zeigte, dass die Menschen, auch nachdem sie ihre demokratischen Rechte gegenüber dem Unternehmen erfolgreich verteidigt hatten, immer noch knallharten Forderungen vor Handelsgerichten ausgesetzt werden konnten. Darum betrachteten wir die Handelspolitik an sich als ein zentrales Schlachtfeld für den Kampf zwischen Demokratie und Oligarchie.

Wer Trump in den ersten Monaten seiner Amtszeit aufmerksam verfolgt oder gesehen hat, mit wem er sich umgibt, weiß, dass er diese Entwicklungen nicht umkehren, sondern beschleunigen wird.

Transportarbeiter und Schildkröten: endlich vereint!

Ein Thema, dem unsere besondere Aufmerksamkeit galt, war der verheerende Verlust von Arbeitsplätzen durch diese Handelsabkommen, die von Detroit bis Buenos Aires ganze ehemalige Metallindustriezonen veröden ließen, während Unternehmen wie Ford und Toyota nach immer billigeren Produktionsstätten Ausschau hielten. Doch unser Widerstand richtete sich zum großen Teil nicht gegen einen Protektionismus im Stile Trumps, sondern dagegen, dass sich bereits ein Abwärtswettkampf abzeichnete, eine neue Weltordnung, die sich in jedem Land negativ auf Arbeitnehmer und Umwelt auswirkte. Wir kämpften um ein Handelsmodell, dessen wichtigster Imperativ der Schutz von Mensch und Umwelt war. Das war damals entscheidend für uns – und heute ist es dringlicher denn je.

Unsere Bewegung verzeichnete erste Siege. So verhinderten wir beispielsweise die Gesamtamerikanische Freihandelszone und brachten die Verhandlungen der Welthandelsorganisation zum Erliegen. Und die Weltbank und der Internationale Währungsfonds konnten nicht mehr offen von »Strukturanpassungen« reden, was nichts anderes hieß, als armen Ländern den Neoliberalismus aufzuzwingen.

Im Rückblick betrachtet war einer der Gründe für unsere Erfolge, dass wir aufhörten, uns auf die Differenzen zwischen uns zu fixieren, und sektoren- und länderübergreifend für ein gemeinsames Ziel arbeiteten. Es gab zahllose Konflikte um die richtigen Taktiken und etliche Meinungsverschiedenheiten zwischen Umweltschützern und Gewerkschaftern. Doch trotz alledem marschierten auf den Straßen von Seattle Mitglieder der amerikanischen Transportarbeiter-Gewerkschaft und Umweltschützer Seite an Seite unter dem Motto *Teamsters and Turtles: Together at last (Transportarbeiter und Schildkröten: endlich vereint)*.

Was für ein Kontrast zu jenen Gewerkschaftsführern vor dem Weißen Haus, die Trump bejubelten.

Der alles zunichtemachende Schock

Was zum Teufel ist geschehen?

Die kurze Antwort lautet: Es war ein Schock. Die Angriffe vom 11. September und der ganze Komplex des sogenannten Krieges gegen den Terror fegte unsere Bewegung in Nordamerika und Europa mehr oder weniger von der Landkarte – eine Erfahrung, die bei mir das dringende Bedürfnis weckte, zu untersuchen, wie die Politik Krisen nutzt (und missbraucht). Dieser Wunsch hat mich seither nicht mehr losgelassen.

Natürlich ist unsere Bewegung nie ganz verschwunden, und viele Organisationen und gute Leute schlagen immer noch eifrig Alarm, wenn neue unfaire Handelsabkommen geschlossen werden sollen. In lateinamerikanischen Ländern wie Bolivien und Ecuador gelangten Oppositionskräfte in die Regierung und gründeten eigene »Fair-Trade«-Netzwerke. Unterdessen verloren wir in der nördlichen Hemisphäre in kürzester Zeit den Status als Massenbewegung, was man nicht ignorieren konnte und was den Diskurs in dutzenden Ländern veränderte. Nach dem 11. September 2001 sahen wir uns plötzlich Angriffen von Politikern und Medienleuten ausgesetzt, die gewalttätige Demonstrationen gegen Konzerne (ja, es gab handgreifliche Auseinandersetzungen mit der Polizei und zerschmetterte Schaufensterscheiben) in einen Topf warfen mit den Angriffen Geistesgestörter auf das World Trade Center. Es war ein übler Vergleich, der jeder Grundlage entbehrte. Aber er wirkte.

Unsere Bewegung vereinte stets verschiedene Kräfte in sich – wir nannten sie eine »Bewegung der Bewegungen« (ein Ausdruck, der wieder Eingang in den allgemeinen Wortschatz gefunden hat). Doch nach dem 11. September geriet ein Großteil unseres Bündnisses angesichts von Drohungen wie »Entweder ihr seid auf unserer Seite oder auf der Seite des Terrorismus« in Panik. Die gemeinnützigen Vereinigungen, die von großen Stiftungen abhängig waren, fürchteten, keine Zuwendungen mehr zu erhalten, und zogen sich aus dem Bündnis zurück, ebenso wie wichtige Gewerkschaften. Beinahe über Nacht beschränkten sich unsere Mitgliedsorganisationen wieder auf ihre eigenen Themen, so dass dieses bemerkenswerte (wenn auch unvollkommene) sektorenübergreifende Bündnis, das so viele verschiedene Menschen unter einem gemeinsamen Dach – dem Kampf um Demokratie – zusammengeführt hatte, praktisch von der Bühne verschwand. Dies hinterließ ein Vakuum, das schließlich Trump und extrem rechte Parteien in Europa füllten und für sich nutzten. Sie lenkten die berechtigte Empörung angesichts des Verlusts der Kontrolle über transnationale Institutionen auf Einwanderer und Muslime und wer immer sich als Zielscheibe anbot und führten das Projekt »Herrschaft der Unternehmen« in neue und unbekannte Gewässer.

Viele blieben in dieser Zeit aktiv und traten anderen breiter angelegten Koalitionen bei, die im Vergleich jedoch kleiner und taktischer waren: »Bekämpft Bush!«, »Stoppt den Krieg«. Die tiefer gehende Analyse der weltweit aktiven wirtschaftlichen Kräfte, mit der wir uns alle beschäftigt hatten, unabhängig davon, welche Partei gerade an der Macht war, ging weitgehend verloren.

Vakuum, wende dich an Trump

Es ist wichtig, sich daran zu erinnern, weil gegenwärtig die reale Gefahr besteht, die Fehler von damals zu wiederholen. Wenn wir uns nur um Forderungen mit dem kleinsten gemeinsamen Nenner zusammenscharen wie »Impeachment gegen Trump« (»Amtsenthebungsverfahren gegen Trump«) oder »Demokraten wählen«, könnten wir die Bedingungen und die Politik aus den Augen verlieren, die Trumps Aufstieg ermöglichten und weltweit dem Erfolg extrem rechter Parteien Nahrung gaben. Denn eins haben wir aus der Bush-Zeit gelernt: Nein zu sagen reicht nicht.

Ich werde nie vergessen, dass die rechte kanadische Tageszeitung *National Post* nur wenige Tage nach den Angriffen vom 11. September einen Artikel mit der Überschrift »Anti-Globalisierung ist sowas von vorgestern« brachte. Sie konnten es gar nicht abwarten, unsere Bewegung zu beerdigen. Aber damit unterlagen sie einem Riesenirrtum – dass wir Alarm schlugen, war keinesfalls von vorgestern. Das Leid und die Entwurzelung der Menschen gehörten nicht der Vergangenheit an, nur weil die Medien beschlossen hatten, es sei an der Zeit, über einen angeblich ständig drohenden Terrorismus zu sprechen.

Im Gegenteil, die Krise verschärfte sich und zwang Millionen, ihre Heimat zu verlassen und woanders nach besseren Lebensmöglichkeiten zu suchen. Laut einer Studie des Center for Economic and Policy Research (Zentrum für wirtschaftspolitische Forschung) von 2017 nahm in Mexiko die Zahl der Armen seit der Einführung von NAFTA 1994 um zusätzliche 20 Millionen Menschen zu – einer der wichtigsten Gründe für die Zunahme der Abwanderung in die Vereinigten Staaten. Unterdessen waren die weißen Arbeitnehmer in Nordamerika und Europa zunehmend darüber verärgert, dass ihre Stimmen nicht gehört wurden. Das bot Demagogen wie Trump den Spielraum, den Zorn dieser Menschen auf Plutokraten wie ihn – die so üppig von der durch das Handelsabkommen möglich gewordenen Auslagerung der Arbeitsplätze profitiert hatten – nunmehr auf mexikanische Migranten zu lenken, Opfer derselben

Politik, die ihre Gemeinschaften aushöhlte, Opfer eben dieser Handelsabkommen.

Diesen Leerraum besetzte auch die Brexit-Kampagne mit ihrem Slogan »Take back control!« (»Holen wir uns die Kontrolle über unser Land zurück«). Und es ist auch derselbe Zorn, an den in Frankreich Marine Le Pen vom rechtsextremen Front National appelliert, wenn sie den Leuten erklärt, die Globalisierung habe dazu geführt, dass »Produkte von Sklaven für den Verkauf an Arbeitslose hergestellt« werden. Weltweit gewinnen Vertreter der extremen Rechten an Boden, indem sie die Kraft eines rückwärtsgewandten Nationalismus und der Wut auf ferne Wirtschaftsbürokratien – ob Washington, NAFTA, WTO oder EU – nutzen, mit Rassismus und Fremdenfeindlichkeit aufladen und die Illusion von Macht erzeugen, indem sie auf Einwanderer einschlagen, Muslime diffamieren und Frauen herabwürdigen.

Es ist eine giftige Mischung, und sie wäre vermeidbar gewesen. Die Grausamkeiten eines Systems aufzudecken, das von und für die Reichsten entwickelt wurde, obliegt zu Recht der Linken. Aber die bittere Wahrheit lautet, dass die progressiven Kräfte des politischen Spektrums nach dem 11. September zu einem großen Teil verängstigt waren, womit dem Populismus in der ökonomischen Rhetorik Tür und Tor geöffnet wurde. Die Politik fürchtet das Vakuum, und wenn es nicht mit Hoffnung gefüllt wird, füllt es jemand mit Angst.

Die gute Nachricht aber lautet, dass die progressive Koalition gegen den Freihandel in den letzten Jahren wiederbelebt wurde. In Europa – vor allem in Deutschland, Frankreich und Belgien – hat sich eine Flut von Gewerkschaftern und Umweltschützern zusammengeschlossen, um sich den Freihandelsabkommen mit den Vereinigten Staaten und Kanada, die den Konzernen dienten, zu widersetzen. Unterdessen sprach sich Bernie Sanders eindringlich gegen die Transpazifische Partnerschaft aus und geißelte sie als »Element eines weltweiten Abwärtswettkampfs, um die Gewinne großer Unternehmen und der Wall Street durch Auslagerung von Arbeitsplätzen, Aushöhlung der Arbeiterrechte, Abbau der Arbeitsplatz-, Umwelt-, Gesundheits- und Nahrungssicherheit und die Deregulierung der Finanzwirtschaft in die Höhe zu treiben und Unternehmen die Möglichkeit zu bieten, unsere Gesetze vor internationalen Gerichten statt vor unserem eigenen Gerichtssystem anzufechten«.

Wenn Sanders mit dieser Botschaft gegen Trump angetreten wäre, hätte er vielleicht einige der Weißen und Latinos aus der Arbeitnehmerschaft für sich gewonnen, die 2016 die Republikaner wählten. Aber es war nicht Sanders, der gegen Trump antrat, sondern Hillary Clinton. Und da sie in der Vergangenheit genau solche internationalen Abkommen unterstützt und persönlich ausgehandelt hatte, schenkte man ihr keinen Glauben, als sie sie im Wahlkampf kritisierte. Immer wenn sie es versuchte, wurde sie der für Politiker typischen Heuchelei bezichtigt.

Die Gefahr des Verlusts jeglicher Volksnähe

All der Vertrauensbrüche überdrüssig, schrieben viele die Parteien der Mitte ab und wählten selbsternannte »Außenseiter« und »Rebellen« wie Trump. Und viele andere auf der ganzen Welt gaben einfach auf, Punkt. Überzeugt, das ganze System sei Manipulationen unterworfen und werde niemals zur Verbesserung ihres Lebens beitragen, haben sie jegliches Interesse am Wahlgeschehen verloren und bleiben den Wahlen fern. Dieses Phänomen wurde bei den US-Wahlen 2016 besonders deutlich: Trotz einer Berichterstattung in nie dagewesenem Umfang, trotz der Kandidatur eines schrillen und gefährlichen Demagogen und obwohl die Chance bestand, Geschichte zu schreiben und zum ersten Mal eine Frau ins Präsidentenamt zu wählen, zuckten etwa 90 Millionen wahlberechtigte Amerikaner nur die Achseln und beschlossen, stattdessen zu Hause zu bleiben. Weitaus größer war noch die Zahl der angehenden Wähler – etwa 40 Prozent –, die erklärten, sie würden, wenn sie wahlberechtigt wären, darauf verzichten, ihre Stimme abzugeben, statt sich zwischen Hillary Clinton und Donald Trump entscheiden zu müssen. Beide Kandidaten kamen jeweils auf ungefähr 25 Prozent der Gesamtzahl der Wahlberechtigten. Das ist Ausdruck eines für eine Demokratie erschreckenden Desinteresses.

Womit wir wieder bei den Gewerkschaftsführern im Weißen Haus wären. Ja, es war ein Pakt mit dem Teufel. Doch allein schon, dass sie bereit waren, sich an die Seite einer so regressiven Regierung wie die von Trump zu stellen, spiegelt die systembedingte Vernachlässigung und Verachtung für die Arbeitnehmer wider, die seit Jahrzehnten ein Kennzeichen sowohl der Demokratischen wie der Republikanischen Partei ist.

Nein, Oprah Winfrey und Mark Zuckerberg werden uns nicht retten

Trumps Weg ins Weiße Haus wurde unter anderem durch zwei bei vielen US-Liberalen beliebte Männer geebnet –

Bill Clinton und Bill Gates. Das erscheint vielen vielleicht abwegig, aber haben Sie ein wenig Geduld.

Donald Trump stellte sich vor alle Welt und erklärte, er verfüge über eine einzige Voraussetzung für die Präsidentschaft: *Ich bin reich.* Um genauer zu sein, sagte er: »Ein Teil meiner Schönheit liegt darin, dass ich steinreich bin.« Seinen Reichtum stellte er als Beweis dafür hin, dass er »sehr klug« sei, ja in jeder Hinsicht überragend. Die Kraft, die aus der bloßen Tatsache erwachse, so viel Geld angehäuft zu haben (um wie viel es sich handelt, wissen wir nicht), sei so märchenhaft, dass sie sicher den absoluten Mangel an politischer Erfahrung oder an grundlegendsten administrativen oder historischen Kenntnissen ausgleiche. Kaum im Amt, dehnte er diese Logik auch auf andere Mitglieder des superreichen Clubs aus und bildete ein Kabinett aus Individuen, deren einzige Qualifikation für ein öffentliches Amt ihr enormer, in vielen Fällen geerbter Reichtum war.

Vor allem wendete er die Gleichsetzung von Reichtum und magischen Kräften auf die Mitglieder seiner eigenen Familiendynastie aus und bescherte seinem Schwiegersohn Jared Kushner (ein Immobilienentwickler, wie er im Buche steht, der als Multimillionär geboren wurde) ein so mit gewichtigen Verantwortlichkeiten vollgestopftes Portfolio, dass sich die Medien schon bald darüber lustig machten. So listete Frank Bruni, Kolumnist der *New York Times*, Kushners bisherige Aufgaben auf – Friedensvermittlung im Nahen Osten, Planung des Gipfeltreffens mit China im Mar-a-Lago-Club, Beaufsichtigung der US-Aktivitäten im Irak, Anordnung von Drohnenangriffen auf den Jemen, Umstrukturierung der Regierung zu einem unternehmensähnlichen Gebilde – und fragte: »Warum nähen wir ihm nicht einfach einen roten Mantel, stecken ihn in einen Latexanzug, heften ein stilisiertes ›S‹ an seine Brust und fertig? Super-Jared hebt ab zum Flug.«

Es wäre beruhigend, wenn wir diese fixe Idee vom Milliardär als Retter einem von Twitter vernebelten Hirn zuschreiben könnten oder Trumps Beratern von der Heritage Foundation, die das »freie Unternehmertum« anbeten wie einst Ayn Rand und Männer bewundern, die hoch in die Luft bauen. Tatsache aber ist, dass Trump und Kushner nicht die Ersten sind, die sich einbilden, ihr großer Reichtum statte sie mit übernatürlichen Kräften eines Spiderman oder Iron Man aus, und sie sind auch nicht die Ersten, die in ihrem Wahn vielfach bestätigt werden.

Seit mittlerweile zwei Jahrzehnten schauen die liberalen Eliten auf die Milliardärsklasse, um Probleme zu lösen, die früher mit kollektiven Maßnahmen und einem starken öffentlichen Sektor bewältigt wurden – ein Phänomen, das gelegentlich als »Philanthrokapitalismus« bezeichnet wurde. Milliardenschwere Firmenchefs und Prominente – Bill Gates, Richard Branson, Michael Bloomberg, Mark Zuckerberg, Oprah Winfrey und aus irgendeinem Grund auch stets Bono – werden statt wie normale Menschen, die in ihrem Bereich etwas leisten und zufällig das Talent besitzen, eine Menge Geld zu scheffeln, wie Halbgötter behandelt. Das Internet-Nachrichtenportal *Business Insider* brachte 2011 einen Listicle mit der Überschrift »10 ways Bill Gates is Saving the World« (»10 Arten, wie Bill Gates die Welt rettet«) – eine ausgezeichnete Zusammenfassung der enormen Befugnisse und Verantwortlichkeiten, die an diese kleine Clique und ihre Wohltätigkeitsstiftungen delegiert und auf sie projiziert werden.

Allein die Gates-Stiftung ist 40 Milliarden Dollar wert,

womit sie die größte Wohltätigkeitsorganisation der Welt ist. In Schlüsselsektoren wie der afrikanischen Landwirtschaft, im Kampf gegen Infektionskrankheiten und im amerikanischen Bildungssystem kommt ihre Macht bereits der großer Organisationen wie der Vereinten Nationen und der US-Regierung gleich. Und doch stehen die inneren Strukturen der Stiftung bekanntermaßen unter Geheimhaltung, wobei Bill, seine Frau Melinda und sein Vater William Gates sowie sein Multimilliardärskollege Warren Buffett die wichtigsten Entscheidungen treffen (eine nepotistische Einstellungspolitik, die der der Trumps ebenbürtig ist). Und vergessen wir nicht, dass Gates nicht immer als Retter der Welt angesehen wurde. Ganz im Gegenteil, in den 1990er Jahren galt Gates weithin als Schurke, bekannt für ausbeuterische Beschäftigungspraktiken und für die rücksichtslose Bildung eines Software-Monopols. Dann erfand er sich mit blitzartiger Geschwindigkeit neu und trat als globaler Superheld auf, der im Alleingang die hartnäckigsten sozialen Krisen lösen konnte. Ob er über spezielle Erfahrungen auf den in Frage stehenden Gebieten verfügte, und die Tatsache, dass viele Patentlösungen der Gates-Stiftung nach hinten losgingen, spielte keine Rolle.

Gates und seine Milliardärskollegen im Gewand der Weltretter gehören der sogenannten Davos-Klasse an, benannt nach dem jährlichen Weltwirtschaftsgipfel auf einem Berg im schweizerischen Davos. Es handelt sich um ein enorm dicht geknüpftes Netz von Milliardären aus der Welt der Banken und der Technologie, von gewählten Anführern, die sich ihnen anzubiedern suchen, und Hollywood-Prominenz, die der ganzen Angelegenheit einen unerträglichen Glamour verleiht. Beim Davos-Gipfel 2017 beispielsweise sprach Shakira über ihre gemeinnützige Bildungsarbeit in Kolumbien und der Starkoch Jamie Oliver über seine Pläne zur Bekämpfung von Diabetes und Fettleibigkeit. Die meiste Aufmerksamkeit aber erhielt wie immer Gates' Auftritt, der einen neuen, mit Partnern zu gründenden Fonds in Höhe von 460 Millionen Dollar in Aussicht stellte, der der Bekämpfung von Infektionskrankheiten dienen soll.

In den 1990er Jahren explodierte diese Klasse förmlich mit dem amerikanischen Präsidenten Bill Clinton und dem britischen Premierminister Tony Blair und ihren Neugründungen. Nach dem Ausscheiden aus ihren Ämtern setzten sowohl Blair als auch Clinton ihr Engagement fort. Die Clinton-Stiftung organisierte ein jährliches Treffen der Clinton Global Initiative, eine Art »Davos auf dem Hudson«, bei der eine endlose Parade von Oligarchen auftrat, die, statt ordnungsgemäß ihre Steuern zu bezahlen, öffentlich Pläne kundtaten, die Welt aus reiner Herzensgüte wieder in Ordnung zu bringen.

Für viele war die Clinton-Stiftung der Inbegriff der öffentlich-privaten Partnerschaft der Demokratischen Partei – traditionell die Partei der Arbeitnehmer und Gewerkschaften – mit den Reichsten der Welt. Die Aufgabe der Stiftung lässt sich etwa so zusammenfassen: Inzwischen schwappt so viel privates Geld auf unserem Planeten herum, dass jedes Problem egal welcher Größe gelöst werden kann, indem man die Ultrareichen dazu bewegt, ihr Kleingeld entsprechend zur Verfügung zu stellen. Natürlich waren es die Clintons, Kontaktvermittler und Verhandler par excellence, die die Reichen mit Hilfe einer Entourage von erstklassigen Prominenten überzeugten, all diese schönen Dinge zu tun.

Den Beteiligten erschien das alles zweifellos rechtschaffen und redlich. Doch für Scharen von Menschen war die ganze Davos-Klasse ein Symbol dafür, dass Erfolg eine Veranstaltung war, von der sie ausgeschlossen waren, und insgeheim wussten sie, dass die ungeheuren Profite der Reichen und ihre wachsende Macht irgendwie in Zusammenhang mit ihren steigenden Schulden und ihrer Ohnmacht sowie mit der zunehmend unsicheren Zukunft ihrer Kinder stand. Dass Politiker, die versprachen, die Interessen der arbeitenden Bevölkerung zu wahren, derartig mit der Davos-Klasse verwoben waren, steigerte ihren Zorn noch. Die Auseinandersetzung darüber, dass Barack Obama für einen Vortrag vor Wall-Street-Leuten 400000 Dollar erhielt, ist nur in diesem Kontext verständlich.

Trump entzog sich den Leuten von Davos (er machte sich vielmehr den Zorn über sie zunutze). Und viele aus dieser glamourösen, den Liberalen zuneigenden Welt sind entsetzt über die Präsidentschaft Trumps. Aber die bereits existierenden Beispiele der Weltverbesserei auf dem Berggipfel sind ein Grund dafür, dass Trumps Kandidatur für das Präsidentenamt überhaupt denkbar wurde. Ebenso war dies die Voraussetzung dafür, dass sich Millionen Amerikaner vorstellen konnten, ihre Regierung einem Mann zu übergeben, dessen einzige Qualifikation für das Amt in seinem Reichtum bestand. Ich meine hier nicht nur diejenigen, die Trump ihre Stimme gaben. Sehr viele von uns, die nie für ihn gestimmt hätten, haben sich wie betäubt an den Gedanken gewöhnt, die bloße Tatsache eines prall gefüllten Bankkontos (oder vieler Bankkonten, zu einem großen Teil verborgen im Ausland) bedeute, dass dessen Besitzer auch über endlose Expertise verfügt. Und Regierungen jeder Couleur übergeben schon lange mit Freude das, was früher als öffentlich-politische Aufgaben betrachtet wurde, einer kleinen Gruppe hochvermögender Individuen.

Trumps Beteuerung, er könne die Probleme des Landes lösen, weil er reich sei, ist nichts weiter als das rüde, abgeschmackte Echo einer gefährlichen Idee, die uns jahrelang eingehämmert wurde: dass Bill Gates Afrika retten kann. Oder dass Richard Branson und Michael Bloomberg in der Lage sind, die Klimakrise zu bewältigen.

Der Bruchpunkt: die Bankenrettung

Die Kluft zwischen der Davos-Klasse und allen anderen wird seit den 1980er Jahren immer größer. Aber für viele Menschen kam der Bruchpunkt mit der Finanzkrise 2008.

Nachdem den Menschen jahrzehntelang erdrückende Sparmaßnahmen aufgezwungen wurden, hatten die Schatzkanzler und Finanzminister plötzlich Unmengen Dollar übrig, um die Banken zu retten, und die Leute wurden Zeugen, wie ihre Regierungen ungeheure Summen Geld druckten. Sie hatten auf so viel verzichtet – Renten- und Lohnerhöhungen, anständige Schulen –, obwohl es, im Gegensatz zu Margaret Thatchers Behauptung, Alternativen gegeben hätte. Ganz plötzlich stellte sich heraus, dass eine Regierung auf alle mögliche Weise in den Markt eingreifen kann und anscheinend über unbegrenzte Ressourcen verfügt, um jemandem aus der Patsche zu helfen, wenn er nur reich genug ist. In diesem Augenblick konnte jeder auf der Welt sehen, dass man ihn belogen hatte.

Die Folgen dieser Entlarvung hallen bis heute nach. Der Grund für den Zorn, der in der Wählerschaft sowohl der rechten wie der linken Seite des politischen Spektrums rumort, liegt nicht nur in den Verlusten. Verärgert sind die

Menschen auch über die Ungerechtigkeit des Ganzen, weil sie wissen, dass die schrecklichen Verluste unserer Ära nicht geteilt werden und sich die Davos-Klasse nie wirklich um die Leute am Fuß des Berges gekümmert hat.

Das aber heißt, dass die im Aufstieg begriffene pseudovolksnahe Rechte nicht allein mit einer guten Wahlkampfstrategie und den richtigen Kandidaten besiegt werden kann. Wir müssen auch bereit sein, uns am Wettstreit um Ideen zu beteiligen – während der Wahlkämpfe und, noch wichtiger, in der Zeit zwischen den Wahlen – und zu überlegen, wie man gegen die zerstörerische parteiübergreifende Weltsicht vorgehen kann, nach der Reichtum alles ist und die überhaupt zu dem Rückschlag geführt hat, den wir gegenwärtig erleben.

Wenn es den progressiven Kräften nicht gelingt, den berechtigten Zorn über die gegenwärtig herrschende obszöne Ungleichheit aufzugreifen, wird die Rechte weiterhin Gewinne verzeichnen. Es wird kein milliardenschwerer erleuchteter Superheld kommen und uns von den Verbrechern befreien, die zur Zeit an der Macht sind. Weder Oprah noch Zuckerberg und auch nicht Elon Musk.

Wir können uns nur retten, wenn wir uns in einem Maße zusammenschließen wie nie zuvor. Im Jahr 2016 konnten wir einen Blick auf dieses Potential erhaschen.

Kapitel 7

Wirtschaftspopulismus lieben lernen

Bernie Sanders war der einzige Kandidat für das Präsidentenamt, für den ich mich je öffentlich ausgesprochen habe. Solche Unterstützung für Kandidaten war mir nie recht geheuer. 2016 habe ich eine Ausnahme gemacht, weil zum ersten Mal, seit ich wählen darf, ein Kandidat in den Vorwahlen der US-amerikanischen Demokraten die dreifache Krise offen angesprochen hat: Neoliberalismus, wirtschaftliche Ungleichheit und Klimawandel. Dank der Tatsache, dass sein Wahlkampf in diesem Kontext gezündet hat, so dass ihn niemand als Spielverderber oder Spalter verunglimpfen konnte (obwohl das viele trotzdem versuchten), hat er sich von anderen deutlich unterschieden. Bernie war kein Protestkandidat; sobald er durch einen frühen Sieg in New Hampshire Auftrieb erhalten hatte, legte er los. Plötzlich war klar, dass entgegen der vorherrschenden Meinung (auch meiner eigenen) Sanders eine Chance hatte, Hillary Clinton zu schlagen und Präsidentschaftskandidat der Demokraten zu werden. Am Ende hatte er mehr als 20 Staaten mit 13 Millionen Stimmen erobert. Für einen demokratischen Sozialisten, wie er sich selbst bezeichnet, war das eine geradezu tektonische Verschiebung auf der politischen Landkarte.

Viele landesweite Umfragen zeigten, dass Sanders bessere Chancen hatte, Trump zu besiegen, als Clinton (obwohl sich das hätte ändern können, hätte er die Vorwahlen gewonnen, denn dann wären wohl massive Angriffe von rechts erfolgt). Bernie fand in diesem Augenblick öffentlicher Entrüstung und Zurückweisung der etablierten Politik genau die richtigen Worte. Er prangerte die legalisierte Korruption des politischen Lebens offen an, wählte dafür aber einen progressiven Blickwinkel – mit echter Wärme und ohne persönliche Häme. Das ist selten. Er warb für eine Politik, die den Spielraum der Banken eingeschränkt und Bildung wieder bezahlbar gemacht hätte. Er protestierte gegen das Unrecht, dass die Banker nie zur Rechenschaft gezogen worden waren. Und nach einem ganzen Leben in der Politik war er in keinen einzigen Politikskandal verwickelt. Das kommt noch seltener vor. Eben weil Bernie so weit als irgend möglich von der Hochglanzwelt des Promi-Reality-Fernsehens entfernt ist, hätte man wohl keine bessere Kontrastfigur zu Trump und den Mar-a-Lago-Exzessen finden können.

Zu Beginn des Wahlkampfs zeigte ein Bild, das durchs Netz ging, Sanders im Flugzeug, das weiße Haar zerzaust, auf dem beengten mittleren Platz der Touristenklasse. Einen solchen Kandidaten gegen den Mann im Privatjet mit den goldenen Großbuchstaben antreten zu lassen wäre der Wahlkampf des Jahrhunderts gewesen. Und es liegt auf der Hand, dass die Menschen sich zu dieser Kontrastfigur immer noch hingezogen fühlen: Zwei Monate nach Trumps Amtsantritt ergaben Umfragen von *Fox News*, dass Sanders der beliebteste Politiker der Vereinigten Staaten ist.

Der Rückblick auf diese Tatsachen lohnt sich, denn wenn sich ein Kandidat so präsentiert und wenn dieser Kandidat beweist, dass er mit dem richtigen Rückhalt genügend Unterstützung gewinnen könnte, dann sollte man sich näher ansehen, was da im Weg stand –, damit sich diese

Fehler nicht wiederholen. Im Jahr 2016 hätten die Bürger – beinahe – die Möglichkeit gehabt, an der Wahlurne die Weichen neu zu stellen, und diese Chance könnte sich das nächste Mal tatsächlich bieten.

Die Angst vor den widerspenstigen Massen (oder den widerspenstigen Locken?)

Hier geht es nicht darum, ob die Wähler für Hillary hätten stimmen sollen, um Trump zu verhindern, oder nicht. Sondern darum, ob auf dem Wahlzettel ein Kandidat hätte stehen können, der bessere Aussichten hatte, Trump zu schlagen, und der es zudem mit den Kräften aufgenommen hätte, denen Trump seinen Aufstieg verdankt. Die Tragödie Trump besteht für mich nicht nur darin, dass die Vereinigten Staaten jetzt von einem Mann geführt werden, der, gebündelt in einer Person, das Schlimmste verkörpert, was die Kultur hervorbringen kann. Sondern auch darin, dass für dieses Land eine Möglichkeit zum Greifen nahe war, wie sie sich zu meinen Lebzeiten noch nicht geboten hat, und die, so unvollkommen Sanders sein mag, große Hoffnung versprach, während der Zeiger der Klima-Uhr auf Mitternacht vorrückt.

Warum gelang es ihm also nicht, genügend Wähler zu mobilisieren, um den Durchbruch zu schaffen?

Soviel ich weiß, lehnten stramme Neoliberale in der Demokratischen Partei Sanders ab. Er ist eine Bedrohung für ihr Modell, und sein Wirtschaftspopulismus weckte bei einflussreichen Leuten tiefes Unbehagen. Ich will also keine Zeit damit vertun, noch einmal aufzuwärmen, wie das Democratic National Committee Bernies Wahlkampf sabotiert und zu diesem Zweck mit dem Clinton-Team

Informationen und Strategien ausgetauscht hat. Aber seine Kampagne wurde auch von Leuten mit einer progressiv-linken Einstellung angegriffen. Sie schauten einem Kandidaten in die Augen, der versprach, das Leben der arbeitenden Menschen im ganzen Land deutlich zu verbessern, und den Klimawandel zu einer Mission unserer Generation erklärte, und sie entschlossen sich, stattdessen Clinton, die Kandidatin eines unhaltbaren Status quo, zu unterstützen.

Dass so viele einflussreiche Linke in den Vereinigten Staaten Bernie Sanders feindselig begegneten – und entschlossen waren, seinen Erfolgskurs zu bremsen –, war ebenso beunruhigend wie aufschlussreich. Weil wir so oft hören, sie würden sich ja persönlich eine mutigere Politik zur Bekämpfung der Ungleichheit wünschen, es lohne sich aber nicht, für eine solche Politik zu kämpfen, weil die amerikanische Öffentlichkeit zu konservativ, zu pro-kapitalistisch sei und geeignete Maßnahmen niemals befürworten würde. Also unterstützen sie im Namen des Pragmatismus Establishment-Kandidaten – und suchen eine Person aus, die am ehesten gegen die Republikaner gewinnen kann.

Bernie aber hat gezeigt, dass die Positionen, die früher als zu radikal abgetan wurden, weil sie nur Wähler am linken Rand ansprechen würden – wie etwa eine Kranken-versicherung für alle und die Zerschlagung der Banken und ein Schuldenschnitt für Studenten und kostenlose College-Ausbildung und die fossilen Brennstoffe im Boden lassen und auf 100 Prozent erneuerbare Energien umsteigen – sich im Wunderland des Kapitalismus wachsender Beliebtheit erfreuten und von Millionen Menschen unterstützt wurden. Bernie Sanders hat gezeigt, dass echte politische Veränderungen kein Wunschtraum bleiben müssen. Und was andererseits als »sichere« Wahl erachtet wurde – Hillary Clinton – erwies sich als hochgefährliche Entscheidung.

Wessen Revolution?

Wir müssen uns der Frage stellen, warum es Sanders nicht gelang, progressive Intellektuelle und wichtige soziale Bewegungen in größerer Zahl zu mobilisieren, obwohl sie von Clinton und dem Parteiestablishment keineswegs begeistert waren. Manche unterstützten Sanders lauwarm oder sprachen sich für keinen der Kandidaten aus, weil sie meinten, keiner habe ihre Stimme verdient, und sie sich von Bernies »politischer Revolution« nicht angesprochen fühlten.

Obwohl ich Bernie unterstützt habe, ist mir klar, dass es gute Gründe gibt, warum sich viele Farbige und Frauen anders entschieden haben. Clinton dachte zwar, ihre positive Haltung zur Identitätspolitik könne eine gründliche wirtschaftspolitische Kursänderung ersetzen, aber andererseits schien es oft, als meine Bernie, mit dem Thema Wirtschaftspolitik die besonderen Bedürfnisse und die jeweilige Geschichte von Schwarzen, Frauen und anderen Randgruppen überspielen zu können. Wichtiger aber ist die Erkenntnis, dass Bernie hätte gewinnen können, hätte er Rasse und Gleichberechtigung besser thematisiert, ganz gleich, was das Parteiestablishment der Demokraten angestellt hätte, um ihn aufzuhalten. Er hätte gewonnen, wenn er Frauen in mittleren Jahren davon hätte überzeugen können, dass für ihn das Recht auf Schwangerschaftsabbruch ein ebenso wichtiges Thema ist wie die um sich greifende Gewalt gegen Frauen. In maßgeblichen Staaten wie Pennsylvania und New York hätte er den Sieg davongetragen, hätte er auch nur die Hälfte der schwarzen Wähler für sich gewonnen. Aber um sie zu erreichen, hätte er klar und deutlich die Verbindung zwischen der gravierenden wirtschaftlichen Ungleichheit, dem Erbe von Sklaverei und Rassentrennung und der Diskriminierung auf dem Arbeits- und Wohnungsmarkt aufzeigen müssen.

Ta-Nehisi Coates wies in der Zeitschrift *Atlantic* darauf hin, dass die Kühnheit und Radikalität, die Sanders in seinen Angriffen gegen die Wall Street zeigte, angesichts jener rassistischen Traditionen plötzlich verebbte. Auf die Frage, ob er Reparationszahlungen für die Sklaverei befürworte, verwarf er die Idee als politisch untauglich und unnötig »polarisierend«, zudem hätten hohe Investitionen in schwarze Kommunen denselben Effekt. Aber wie Coates zu Recht hervorhob, war ja Sanders' Kandidatur darauf angelegt, die Grenzen dessen auszuweiten, was als politisch durchführbar gilt – wo blieb also der Mut, wenn es um Rassengleichheit ging? »Der Anblick eines sozialistischen Kandidaten, der Reparationen als ›polarisierend‹ ablehnt (es gibt wenige politische Labels, die nach Ansicht von Amerikanern polarisierender sind als sozialistisch), ist nur zu überbieten durch Sanders' unglaubwürdige Pose des Pragmatikers«, schrieb Coates. (Trotz seiner massiven Kritik an Sanders erklärte Coates öffentlich, er werde in den Vorwahlen für ihn stimmen, denn er sei »die beste Option, die wir in diesem Wahlkampf haben«.)

Michelle Alexander, Verfasserin von *The New Jim Crow: Masseninhaftierung und Rassismus in den USA*, sprach sich bei den Vorwahlen deutlich gegen Clinton aus, weil sie sich mit ihrer bisherigen Strafjustiz- und Sozialpolitik die Stimmen der Schwarzen nicht verdient habe. Aber sie rang sich nicht dazu durch, Sanders öffentlich zu unterstützen.

Mir sagte sie, die dringendste Botschaft der Wahlen von 2016 sei: »Wenn die Progressiven meinen, sie könnten langfristig gewinnen, ohne sich auf die Schwarzen einzulassen und die Geschichte des Rassismus ernst zu nehmen, dann sollten sie schleunigst Elon Musk anrufen und ihr künftiges Heim auf dem Mars planen, denn dieser Planet wird in Rauch aufgehen.«

Diese Botschaft sollten wir uns zu Herzen nehmen. Denn wenn *linke* populistische Kandidaten weiterhin das Ziel verfehlen und die Demokraten an ihrer Stelle Establishmentkandidaten ins Rennen schicken, steht zu erwarten, dass eine zunehmend angriffslustige Rechte weiterhin Wahlsiege verbucht.

Ein Giftcocktail geht um die Welt

Trump dröhnte: *All is hell*. Und Clinton gab zurück: *All is well* – wir brauchen nur ein paar kleinere Änderungen hie und da, um die Inklusion zu fördern. »Liebe übertrumpft Hass«, war Clintons letzter Slogan. Aber Liebe allein war der Aufgabe nicht gewachsen; sie brauchte eine stärkere Kampfgenossin zur Unterstützung, vielleicht so etwas wie Gerechtigkeit.

Als Kandidatin war Hillary Clinton nicht imstande, auf die wachsende öffentliche Empörung einzugehen, die unsere Zeit prägt. Sie hatte Freihandelsabkommen wie TPP mit ausgehandelt, die viele als Bedrohung sehen; die erste Regierung Clinton hatte die Banken und den Derivatemarkt dereguliert und damit den Boden für die Finanzkrise bereitet (Hillary Clinton hatte sich nie gegen diese Politik ausgesprochen und zudem von eben jenen Banken satte Rednerhonorare angenommen). Also hat sie versucht, die öffentliche Verzweiflung zu überspielen – die Folgen sind bekannt.

Da eine progressive Alternative fehlte, hatte Trump freie Hand, die skeptischen Wähler für sich zu gewinnen, indem er sagte: Ich fühle euren Schmerz. Ihr *seid* gelinkt worden. Im Wahlkampf lenkte er diese Wut teilweise auch auf die Konzerne, die auf diese Politik gedrängt hatten – aber das ist inzwischen weitgehend vergessen. Den Großteil seines Zorns sparte er sich für die diversen rassistischen Feindbilder auf, die er beschwor: die Einwanderer, die euch vergewaltigen, und die Muslime, die euch in die Luft sprengen wollen, die schwarzen Aktivisten, die unsere Männer in Uniform nicht respektieren, und der schwarze Präsident, der alles vermasselt hat.

Die Brexit-Kampagne bearbeitete denselben Giftcocktail aus realer wirtschaftlicher Not und einer wahrhaft erodierten Demokratie, kombiniert mit einem durch Identität begründeten Anspruchsdenken. Und genau wie Hillary Clinton keine überzeugende Antwort auf Trumps verlogenen Wirtschaftspopulismus fand, hatte die Kampagne für den Verbleib in der Europäischen Union keine Antwort auf Nigel Farage und UKIP, als diese erklärten, das Leben der Menschen sei aus dem Ruder gelaufen und die öffentlichen Dienstleistungen seien unterfinanziert (obwohl der von ihnen vorgeschlagene Brexit alles nur noch schlimmer machen würde).

Die wichtigste Lektion aus dem Brexit und Trumps Wahlsieg ist, dass Anführer, die als Vertreter des missglückten neoliberalen Status quo gelten, es mit Demagogen und Neofaschisten nicht aufnehmen können. Nur eine mutige progressive Agenda, die echte Umverteilung vorsieht, kann überzeugende Antworten auf Ungleichheit und die Krisen der Demokratie bieten und den Zorn auf jene lenken, die ihn verdienen: auf Leute, die hemmungslos vom Ausverkauf öffentlichen Eigentums, von der Verschmutzung von Land, Luft und Wasser und der Deregulierung der Finanzmärkte profitiert haben.

Das dürfen wir nicht vergessen, wenn man uns das nächste Mal bittet, in einer Wahl eine Partei oder einen Kandidaten zu unterstützen. In dieser Ära der Destabilisierung sind Status-quo-Politiker ihrer Aufgabe oft nicht gewachsen. Andererseits kann die Option, die zunächst radikal, vielleicht sogar etwas riskant gewirkt hat, in dieser unsicheren Zeit durchaus die pragmatische Lösung sein.

Und aus der Sicht unseres sich erwärmenden Planeten dürfen wir nicht vergessen, dass radikaler politischer und wirtschaftlicher Wandel unsere einzige Hoffnung ist, radikale Veränderungen unserer physischen Welt zu verhindern.

Was auch geschieht, die nächsten Jahre werden schwierig. Bevor wir uns also der Frage zuwenden, wie wir die Welt schaffen können, die wir wollen und brauchen, müssen wir uns auf die nächste Krisenwelle gefasst machen, die vom Weißen Haus unter Trump ausgeht, Schockwellen – mit womöglich weltweitem Nachhall.

TEIL III

KANN ES NOCH SCHLIMMER KOMMEN: DIE SCHOCKS DER ZUKUNFT

»Geschichte ist wichtig. Wenn Sie von Geschichte keine Ahnung haben, ist das, als wären Sie gestern geboren. Und wenn Sie gestern geboren sind, dann kann Ihnen jeder da oben, der eine Machtposition hat, alles Mögliche erzählen, und Sie sind nicht in der Lage, es nachzuprüfen.«

Howard Zinn, *You can't Be Neutral on a Moving Train*, 2004

Kapitel 8

Masters of Disaster:
Wie hebelt man die Demokratie aus?

Als Berichterstatterin aus Katastrophengebieten überkam mich immer wieder das beunruhigende Gefühl, nicht nur hie und da eine Krise zu sehen, sondern einen Blick in unsere kollektive Zukunft zu tun – eine Vorschau, die zeigt, wo die Straße hinführt, auf der wir alle unterwegs sind, es sei denn, wir greifen beherzt ins Lenkrad und scheren aus. Wenn ich Trump reden höre, der mit unverhohlenem Vergnügen eine Atmosphäre des Chaos und der Destabilisierung schafft, denke ich oft: Das kenne ich, ich habe es in jenen seltsamen Augenblicken gesehen, in denen sich die Portale zu öffnen schienen, die in unsere kollektive Zukunft führen.

Einen dieser Augenblicke erlebte ich in New Orleans nach dem Hurrikan Katrina, als ich sah, wie Horden von Mitarbeitern privater Sicherheits- und Militärunternehmen in die überflutete Stadt einfielen, um herauszufinden, wie man aus der Katastrophe profitieren könne, während tausende Bewohner, von der Regierung im Stich gelassen, wie Schwerverbrecher behandelt wurden, nur weil sie versuchten, zu überleben.

Ein weiteres Fenster in die Dystopie öffnete sich kurz nach der Invasion 2003 in Bagdad. Damals hatten die US-Besatzer die Stadt geteilt. Im Zentrum, abgeschirmt durch gewaltige Betonmauern und Bombendetektoren, lag die Grüne Zone – die USA im Taschenformat, mit Kneipen, die Hochprozentiges servierten, Fastfood-Lokalen, einem Fitnessstudio und einem Pool, an dem scheinbar rund um die Uhr gefeiert wurde. Und draußen – jenseits der Mauer – lag die zerbombte Stadt, wo Krankenhäuser oft keinen Strom hatten und die Gewalt zwischen irakischen Splittergruppen und den US-Besatzern eskalierte. Das war die Rote Zone.

In der Grünen Zone regierte damals Paul Bremer – ehemals Henry Kissingers Assistent und Leiter von dessen Beratungsfirma –, den Präsident Bush zum Chef der Koalitions-Übergangsverwaltung ernannt hatte. Weil es im Irak keine funktionierende Regierung gab, war er damit oberster Führer des Landes. Bremers Reich war komplett privatisiert. Mit Kampfstiefeln und einem schicken Geschäftsanzug bekleidet, trat er stets mit einer Phalanx schwarzgekleideter Söldner der mittlerweile umbenannten Firma Blackwater auf. Die Grüne Zone selbst wurde von einem Netzwerk privater Sicherheitsdienste in Zusammenarbeit mit Halliburton betrieben – einem der größten Zulieferer der Erdölindustrie weltweit, vormals unter der Leitung des damaligen Vizepräsidenten Dick Cheney.

Wenn sich US-Vertreter aus der Grünen Zone (oder der Smaragdstadt, wie einige Journalisten sie nannten) herauswagten, taten sie das in schwergepanzerten Konvois, begleitet von Soldaten und Söldnern, deren Maschinengewehre in alle Richtungen deuteten und die dem Grundsatz folgten: »Erst einmal schießen, für Fragen ist später noch Zeit.« Irakischen Normalbürgern, die angeblich durch alle diese Waffen befreit worden waren, bot niemand Schutz, abgesehen von religiösen Milizen, die dafür Loyalität einforderten. Die Botschaft, die von diesen Konvois ausging, war laut und deutlich: Das Leben einiger Leute ist verdammt viel mehr wert als das der anderen.

Aus der Festung der Grünen Zone heraus erließ Bremer unaufhörlich Dekrete, die Irak zu einem Musterland der freien Marktwirtschaft machen sollten. Wenn man es recht bedenkt, ging er ganz ähnlich vor wie das Weiße Haus unter Trump. Und die Edikte sahen auch nicht viel anders aus. Bremer ordnete zum Beispiel an, der Irak solle eine Pauschalsteuer von 15 Prozent erheben (wie sie auch Trump vorschlägt), staatseigene Firmen und Vermögenswerte sollten rasch versteigert (von Trump in Betracht gezogen) und die Befugnisse der Regierung deutlich heruntergeschraubt werden (siehe Trump). Dabei wurde ein hektisches Tempo vorgelegt. Bremer, der ein Auge auf die Erdöl- und Erdgaslager im Irak und anderswo warf, war entschlossen, das Land gründlich umzukrempeln, bevor die Iraker zu den Urnen gingen und irgendetwas dabei mitzureden hatten, wie ihre »befreite« Zukunft aussehen sollte.

Besonders surreal mutet die Episode an, in der Bremer und das US-Außenministerium Berater aus Russland nach Irak einflogen, die in ihrer Heimat das verheerende Experiment einer »wirtschaftlichen Schocktherapie« durchgeführt hatten, also jene Phase der hemmungslosen, korruptionsträchtigen Deregulierung und Privatisierung, aus der die berüchtigten russischen Oligarchen hervorgegangen waren. In der Grünen Zone hielten die Besucher – darunter Jegor Gaidar, auch bekannt als Russlands »Dr. Schock« – den von den USA eingesetzten irakischen Politikern Vorträge darüber, wie wichtig es sei, die Wirtschaft des Landes ohne Zögern und radikal umzugestalten, ehe sich die irakische Bevölkerung vom Krieg erholt habe. Die Iraker hätten diese Politik niemals akzeptiert, hätten sie etwas zu sagen gehabt (und tatsächlich wurde später vieles wieder rückgängig gemacht). Nur in der extremen Krise war Bremers Plan vorstellbar.

Dass sich Bremer unter dem Deckmantel der Krise unverblümt anschickte, irakisches Staatseigentum zu versteigern, bestätigte die verbreitete Vermutung, dass es bei der Invasion mehr darum gegangen war, den Reichtum des Landes für den Zugriff ausländischer Firmen zu »befreien« als um die Befreiung des Volkes von einer Diktatur. Die Gewalt griff um sich. Das US-Militär und die privaten Sicherheits- und Militärunternehmen reagierten mit noch mehr Gewalt und weiteren Schocks. Unfassbare Summen verschwanden im schwarzen Loch dieser Branche – Geld, das als »Iraks verschwundene Milliarden« bekannt wurde.

Es war nicht nur das nahtlose Verschmelzen von Konzernmacht und offener Kriegsführung, das wie ein Bild aus einer dystopischen Zukunft anmutete, wie sie so oft in Science-Fiction-Romanen und Hollywoodfilmen thematisiert wird. Es war auch der offenkundige Mechanismus, der die Krise nutzte, um eine Politik durchzudrücken, die unter normalen Umständen nicht realisierbar gewesen wäre. Im Irak entwickelte ich die These von der *Schock-Strategie*. Ursprünglich sollte sich das Buch ausschließlich dem von Bush angezettelten Krieg widmen, aber dann fiel mir auf, dass dieselben Taktiken (und dieselben Firmen wie Halliburton, Blackwater, Bechtel ...) in Katastrophenzonen in aller Welt eingesetzt wurden. Zuerst kam eine schwere Krise – eine Naturkatastrophe, ein Terroranschlag –, dann folgte der Blitzkrieg der konzernfreundlichen Politik. Nicht selten wurde die Strategie der Krisennutzung ganz offen diskutiert – man musste keine Verschwörungstheorien bemühen.

Als ich mich tiefer auf das Thema einließ, wurde mir klar, dass diese Strategie seit über vierzig Jahren als stiller Partner bei der Zwangseinführung des Neoliberalismus dient. Und dass »Schocktaktiken« einem klaren Muster folgen: Man warte auf eine Krise (oder man schüre sie wie in Chile oder Russland), erkläre, die Zeit sei reif für, wie es manchmal heißt, »außerordentliche Maßnahmen«, hebe einige oder alle demokratischen Normen auf – und erfülle dann schnellstens die Wunschliste der Konzerne. Meine Recherchen ergaben, dass praktisch jede turbulente Situation, wenn sie von der politischen Führung mit entsprechender Hysterie aufbereitet wird, diese aufweichende Funktion erfüllen kann. Das Ereignis kann drastisch sein wie ein Militärputsch, aber der Einbruch eines Marktes oder eine Haushaltskrise tun es auch. Inmitten einer Hyperinflation oder eines Bankenkollapses waren die herrschenden Eliten eines Landes oft in der Lage, der in Panik geratenen Bevölkerung tiefe Einschnitte ins soziale Netz zu verkaufen oder eine gigantische Bankenrettung – weil die Alternative, so die Behauptung, einer wirtschaftlichen Apokalypse gleichkomme.

Das Handbuch des Schockdoktors

Schocktaktiken wurden erstmals Anfang der 1970er Jahre in Lateinamerika eingesetzt, und sie werden heute noch genutzt, um gegen den Willen der Öffentlichkeit Zugeständnisse an den »freien Markt« zu machen.

Schon vor Trump diente in US-amerikanischen Städten wie Detroit und Flint der drohende Bankrott der Kommune als Vorwand, um die Demokratie vor Ort abzuschaffen und sogenannte »Krisenmanager« einzusetzen. In Puerto

Rico wird die anhaltende Schuldenkrise genutzt, um einen »Finanzaufsichts- und Verwaltungsrat« zu installieren, der niemandem Rechenschaft schuldig ist und harte Austeritätsmaßnahmen durchdrückt wie etwa Rentenkürzungen und Schulschließungen. In Brasilien folgte auf das höchst fragwürdige Amtsenthebungsverfahren gegen Präsidentin Dilma Rousseff 2016 ein nicht gewähltes Regime, das eilfertig die Wirtschaftsinteressen bedient, die öffentlichen Ausgaben für die nächsten zwanzig Jahre eingefroren hat, drastische Austeritätsmaßnahmen verhängt und sich anschickt, in einem wahren Privatisierungsrausch Flughäfen, Kraftwerke und sonstiges öffentliches Eigentum abzustoßen.

Ähnliches geschieht vollkommen schamlos unter Präsident Trumps Ägide. Im Wahlkampf verriet er seinem begeisterten Publikum keineswegs, dass er die Mittel für Essen auf Rädern für ältere Menschen und Behinderte kürzen oder Millionen Amerikanern ihre Krankenversicherung wegnehmen würde. Vielmehr behauptete er, wie so oft, das Gegenteil.

Seit seinem Amtsantritt sorgt er dafür, dass die Atmosphäre des Chaos und der Krise nicht nachlässt. Die Freveltaten folgen so rasch aufeinander, dass viele Menschen Mühe haben, mitzukommen. Verfolgt man Trumps Tsunami an Präsidialdekreten – sieben Erlasse in seinen ersten elf Tagen im Amt, plus elf präsidiale Memoranden im selben Zeitraum –, fühlt man sich ein wenig, als würde man vor einer Ballwurfmaschine stehen. Wir Trump-Gegner können hie und da einen Ball zurückschlagen, aber immer wieder trifft uns einer im Gesicht. Selbst der verbreitete Glaube (oder ist es eine Hoffnung?), dass Trump keine volle Amtszeit durchhalten wird, trägt zum kollektiven

Schwindelgefühl bei: Nichts an der gegenwärtigen Situation ist stabil oder statisch, was die strategische Planung und Organisation ziemlich erschwert.

Demokratie, bis auf weiteres außer Betrieb

Das letzte halbe Jahrhundert zeigt, wie die Schock-Strategie von Regierungen ganz bewusst – und erfolgreich – eingesetzt wurde, um den demokratischen Widerstand gegen Maßnahmen zu brechen, die schwere Schäden anrichten. Also werden Demokratievermeidungsstrategien benötigt, denn viele neoliberale Ideen sind so unpopulär, dass die Menschen sie an den Wahlurnen und auf der Straße konsequent ablehnen. Aus gutem Grund: Dass weltweit eine kleine Klasse von Oligarchen, die niemandem Rechenschaft ablegt, gigantische Summen hortet (und versteckt), macht deutlich, dass nur eine verschwindende Minderheit vom radikalen Sozialabbau profitiert, während die Mehrheit erlebt, dass ihr Lebensstandard schrumpft oder stagniert, und zwar auch in Zeiten hohen Wirtschaftswachstums. Und aus diesem Grund sind für die entschlossenen Verfechter dieser Politik Mehrheitsentscheidungen und demokratische Freiheiten nur ein Hindernis und eine Bedrohung.

Natürlich ist nicht jede neoliberale Maßnahme unbeliebt. Bürger schätzen Steuersenkungen (für die Mittelklasse und für die Beschäftigten an der Armutsgrenze, wenn auch nicht für die Superreichen) sowie die Idee des »Bürokratieabbaus« (wenigstens in der Theorie). Aber insgesamt befürworten sie auch, dass mit ihren Steuern und Beiträgen das öffentliche Gesundheitssystem finanziert und für sauberes Wasser, gute staatliche Schulen, sichere

Arbeitsplätze, für Renten und soziale Sicherheit gesorgt wird. Politiker, die vorhaben, diese Bereiche zu beschneiden oder zu privatisieren, stellen ihre Pläne selten in den Mittelpunkt ihres Wahlprogramms. Viel häufiger ist zu beobachten, dass Neoliberale im Wahlkampf versprechen, die Steuern zu senken und die Verschwendung staatlicher Mittel zu unterbinden, aber gleichzeitig wichtige öffentliche Aufgaben zu schützen. Dann aber sagen sie, unter dem Deckmantel einer (realen oder herbeigeredeten) Krise, scheinbar widerstrebend und händeringend: Tut uns sehr leid, aber wir haben keine andere Wahl, als Ihrer Krankenversicherung auf den Pelz zu rücken.

Schnell und gründlich abwickeln

Das Fazit lautet, dass hartgesottene Verfechter des freien Marktes oder »Libertäre« (wie sich die milliardenschweren Koch-Brüder gern bezeichnen) Katastrophen schätzen, weil eine Wirklichkeit ohne apokalyptische Bedrohungen kein günstiges Klima für antidemokratische Ambitionen bietet.

Schnell zu handeln ist dann das Gebot der Stunde, weil der Schockzustand naturgemäß zeitlich begrenzt ist. Wie Bremer versuchen Führer im Schockrausch und ihre Finanziers, Machiavellis Rat aus *Der Fürst* zu beherzigen: »Gewalttaten muss man alle auf einmal begehen, damit sie weniger empfunden werden und dadurch weniger erbittern.« Die Logik ist recht eindeutig: Auf schrittweise oder allmähliche Veränderungen können die Menschen reagieren. Wenn aber dutzende Veränderungen aus allen Richtungen gleichzeitig kommen, ist zu hoffen, dass die Bevölkerung schnell erschöpft ist und letztlich die bittere

Medizin schluckt. (Man denke an die Schocktherapie in Polen, die sich, wie es heißt, in »Hundejahren« vollzog.)

Mein Buch *Die Schock-Strategie* löste bei seinem Erscheinen 2007 Kontroversen aus. Es stellte eine schöngefärbte Geschichtsversion in Frage, mit der viele Menschen aufgewachsen sind – die Version, dass deregulierte Märkte und Demokratie in der zweiten Hälfte des 20. Jahrhunderts Hand in Hand erstarkt seien. Die Wahrheit ist aber offenbar längst nicht so hübsch. Die Extremform des Kapitalismus, die in diesem Zeitraum unsere Welt umgekrempelt hat – und die der preisgekrönte Ökonom Joseph Stiglitz »Marktfundamentalismus« nennt –, konnte sehr oft nur in Zusammenhängen erstarken, in denen die Demokratie außer Kraft gesetzt war und die bürgerlichen Freiheiten drastisch beschnitten wurden. In manchen Fällen wurde rohe Gewalt, unter anderem Folter, angewandt, um die rebellierende Bevölkerung unter Kontrolle zu halten.

Der verstorbene Wirtschaftswissenschaftler Milton Friedman stellte in seinem bekannten Werk *Kapitalismus und Freiheit* die Befreiung des Menschen und die Entfesselung des Marktes als zwei Seiten derselben Münze dar. Dennoch war das erste Land, das Friedmans Ideen unverfälscht in die Praxis umsetzte, keine Demokratie – es war Chile, und zwar unmittelbar nach dem CIA-gestützten Putsch, der den demokratisch gewählten sozialistischen Präsidenten Salvador Allende durch den ultrarechten Diktator General Augusto Pinochet ersetzte.

Das war kein Zufall – die Ideen waren so unpopulär, dass sie sich ohne Zutun eines brutalen Despoten nicht durchsetzen ließen. Richard Nixon hatte nach Allendes Wahlsieg 1970 den berühmten Ausspruch getan: »Lasst die Wirtschaft heulen.« Nachdem Allende durch den blutigen

Putsch aus dem Weg geräumt war, forderte Friedman Pinochet auf, er solle beim wirtschaftlichen Umbau nicht zögern, und riet ihm zu einer »Schockbehandlung«, wie er es nannte. Pinochet folgte dem Rat des bekannten Wirtschaftswissenschaftlers und dessen einstiger Studenten (in Lateinamerika als die »Chicago Boys« bekannt) und ersetzte das staatliche Schulsystem durch Schulgutscheine und Charter-Schulen, führte eine umlagenfinanzierte Krankenversicherung ein und privatisierte Kindergärten und Friedhöfe (und tat noch mehr Dinge, mit denen Republikaner seit Jahrzehnten liebäugeln). Man darf nicht vergessen: All das geschah in einem Land, dessen Bevölkerung eben jene Maßnahmen entschieden ablehnte – ein Land, das vor dem Putsch bei demokratischen Wahlen für eine sozialistische Politik votiert hatte.

Während dieser Zeit wurden in mehreren südamerikanischen Ländern ähnliche Regime installiert. Führende Intellektuelle der Region zogen eine direkte Verbindung zwischen der wirtschaftlichen Schockbehandlung, die Millionen verarmen ließ, und der Epidemie der Folter, der in Chile, Argentinien, Uruguay und Brasilien Hunderttausende, die an eine gerechtere Gesellschaft glaubten, zum Opfer fielen. Wie der verstorbene uruguayische Historiker Eduardo Galeano fragte: »Wie aber lässt sich denn diese Ungleichheit aufrechterhalten, wenn nicht mit Hilfe von Elektroschocks?«

Lateinamerika erhielt eine ausgesprochen starke Dosis der zweifachen Schock-Strategie. Die meisten Umwälzungen zur Durchsetzung des »freien Marktes« verliefen nicht ganz so blutig. Ein radikaler politischer Wandel wie der Zusammenbruch der Sowjetunion oder das Ende der Apartheid in Südafrika konnten ebenfalls als Deckmantel für neoliberale Umgestaltungen dienen. Am häufigsten aber nutzt man eine große Wirtschaftskrise, um radikales Programm durchzusetzen, bestehend aus Privatisierungen, Deregulierung und Einschnitten ins soziale Netz. Tatsächlich kann aber jede Krise dafür herhalten – nicht zuletzt Naturkatastrophen, die große Wiederaufbaumaßnahmen erfordern und daher Tür und Tor öffnen für einen Transfer, der den Schutzlosen Land und Ressourcen nimmt und sie den Mächtigen gibt.

Das Gegenteil von anständig

Die meisten Menschen sind empört, wenn eine Krise so ausgenutzt wird, und das aus gutem Grund. Denn die Schock-Strategie ist das krasse Gegenteil dessen, was anständige Menschen angesichts großer Not von sich aus tun, nämlich Hilfe anbieten. Man denke an die gigantischen Privatspenden von 3 Milliarden Dollar, die nach dem Erdbeben auf Haiti 2010 eingingen, oder an die Millionen, die nach dem Erdbeben in Nepal 2015 oder dem asiatischen Tsunami von 2004 gegeben wurden. Diese Katastrophen veranlassten weltweit viele Menschen zu außerordentlich großzügigen Gesten. Abertausende normale Menschen überwiesen Geld und leisteten ehrenamtliche Hilfe.

Wie die amerikanische Historikerin und Schriftstellerin Rebecca Solnit so beredt schildert, haben Katastrophen die Eigenschaft, aus den Menschen das Beste herauszuholen. Dann gibt es Augenblicke, in denen wir bewegende Zeugnisse gegenseitiger Hilfe und Solidarität sehen. Nach dem Tsunami von 2004 in Sri Lanka retteten, ungeachtet eines Jahrzehnte währenden Bürgerkrieges, Muslime ihre hinduistischen Nachbarn, und Hindus retteten ihre buddhistischen Nachbarn. Im überfluteten New Orleans nach dem Hurrikan Katrina setzten Menschen ihr Leben aufs Spiel, um Nachbarn zu retten und sie zu versorgen. Und als der Hurrikan Sandy über New York fegte, bildete sich unter dem Banner von Occupy Sandy – aus der Occupy-Wall-Street-Bewegung heraus – ein Netzwerk aus Freiwilligen, die in der ganzen Stadt hunderttausende Mahlzeiten ausgaben und Kleidung, Decken und medizinische Hilfe für tausende Menschen in Not bereitstellten.

Die Schock-Strategie zielt darauf, diese zutiefst menschliche Hilfsbereitschaft zu unterdrücken und stattdessen von der Schutzlosigkeit anderer zu profitieren, um Reichtum und Vorteile für einige wenige zu maximieren.

Eine wahrhaft teuflische Gesinnung.

Die Kunst des Stehlens

Die Logik der Schock-Strategie steht ganz im Einklang mit Trumps Weltsicht. Ganz unverhohlen betrachtet er das Leben als Kampf um die Vorherrschaft – und er beschäftigt sich obsessiv damit, wer gewinnt. Bei seinen Verhandlungen, die er mit viel Selbstbeweihräucherung darstellt, geht es immer um dieselbe Frage: Wie kann ich das meiste aus diesem Geschäft herausholen? Wie kann ich die Schwäche meines Gegners nutzen?

In der Talkshow *Fox & Friends* schilderte er 2001 ganz offenherzig ein Geschäft, das er mit dem ehemaligen libyschen Staatschef Muammar al-Gaddafi schloss: »Ich vermietete ihm ein Stück Land. Er bezahlte für eine Nacht mehr, als das Land in einem ganzen Jahr wert gewesen wäre, oder in zwei Jahren, und dann ließ ich ihn das Land nicht nutzen. Das sollten wir tun. Ich will nicht das Wort *linken* verwenden, aber ich habe ihn gelinkt. Das ist es, was wir tun sollten.«

Wenn Trump seine räuberischen Methoden nur auf unbeliebte Diktatoren anwenden würde, wäre niemand traurig. Aber Trump legt diese Einstellung bei Verhandlungen aller Art an den Tag. In seinem Buch *Nicht kleckern, klotzen!* schildert er seine Verhandlungsphilosophie folgendermaßen: »Man hört von vielen Menschen immer wieder, der beste Deal sei einer, bei dem beide Seiten gewinnen. Das ist totaler Schwachsinn. Bei einem großartigen Deal gewinnt man selbst – nicht die andere Seite. Man zermalmt den Gegner und holt für sich selbst etwas Besseres heraus.«

Der kaltblütige Enthusiasmus, mit dem Trump die Schwächen anderer ausnutzt, war für seine Karriere als Bauunternehmer prägend, und er ist ein Charakterzug, den er mit vielen aus seiner Regierungsmannschaft teilt. Was uns das über die Atmosphäre des Chaos sagt, die sein Team offenbar bewusst kultiviert, ist besorgniserregend, aber noch beunruhigender ist, wie seine Leute größere Krisen ausschlachten könnten, die womöglich bevorstehen.

Bisher wurde Trumps Atmosphäre der Dauerkrise vor allem durch seine eigene überspannte Rhetorik gespeist – so behauptete er, in den Städten herrsche das Verbrechen und richte ein »Blutbad« an, während in Wirklichkeit die Kriminalitätsraten landesweit seit Jahrzehnten sinken; und sein Narrativ über kriminelle Einwanderer entspringt ebenso seiner Phantasie wie seine hartnäckige Behauptung, Obama habe das Land zerstört. Bald könnte Trump jedoch mit Krisen zu tun haben, die sehr viel realer sind, denn die Krise ist die logische Folge seiner Politik an allen Fronten.

Daher lohnt es sich, genauer zu betrachten, wie Trump und seine Mannschaft in der Vergangenheit Krisenzeiten genutzt haben, um ihre wirtschaftlichen und politischen Ziele durchzusetzen. Wenn wir den bisherigen Weg verstehen, dann treffen uns künftige Schocks weniger hart und es wird uns leichter fallen, diesen müden Taktiken Widerstand entgegenzusetzen.

Eine Karriere, die sich dem Schock verdankt

In den Vereinigten Staaten gelang der neoliberalen Revolution Mitte der 1970er Jahre in New York City ein großer Sprung nach vorn. Bis dahin hatte die Stadt ein kühnes, wenn auch unvollendetes Experiment in Sozialdemokratie erlebt, denn sie bot die großzügigsten öffentlichen Dienste im ganzen Land, angefangen mit den Bibliotheken über den öffentlichen Nahverkehr bis zu den Krankenhäusern. Aber 1975 brachten Kürzungen auf staatlicher und bundesstaatlicher Ebene, kombiniert mit einer landesweiten Rezession, New York an den Rand des Bankrotts, und die Krise wurde genutzt, um die Stadt gründlich umzukrempeln. Unter dem Deckmantel der Krise folgte eine Welle brutaler Austerität, mit Geschenken an die Reichen und Privatisierung öffentlichen Eigentums – mit dem Ergebnis, dass sich die Stadt, die viele von uns lieben, in den Tempel der Finanzspekulanten, des Luxuskonsums und der fortschreitenden Gentrifizierung verwandelte, den wir heute kennen.

In ihrem jüngst erschienenen Buch *Fear City* über dies wenig durchleuchtete Kapitel der amerikanischen Vergangenheit hat die Historikerin Kim Phillips-Fein akribisch die Umgestaltung New York Citys in den 1970er Jahren dokumentiert und gezeigt, dass sie ein Vorbote jener Welle war, die den Globus erfassen sollte, eine Welle, die eine scharfe Trennlinie zwischen dem einen Prozent und dem Rest hinterließ. Und diese Entwicklung tritt nirgends deutlicher hervor als in der Stadt, in der sich Donald Trump zu Hause fühlt. Auch spielt er in dieser Geschichte eine wichtige, aber wenig schmeichelhafte Rolle.

1975, ohne jede Hilfe seitens Präsident Gerald Fords, sah es so aus, als würde die größte, legendenumwobene Stadt der Vereinigten Staaten tatsächlich pleitegehen, was die New Yorker *Daily News* zu der Schlagzeile veranlasste: FORD TO CITY: DROP DEAD (Ford an Stadt: Fall tot um). Damals war Trump erst neunundzwanzig Jahre alt und arbeitete noch im Schatten seines reichen Vaters, der durch den Bau auffallend unauffälliger Wohnungen für die Mittelschicht in den New Yorker Außenbezirken ein Vermögen gemacht hatte; auch war er als Vermieter dafür berüchtigt, Afroamerikaner systematisch zu diskriminieren.

Trump hatte schon immer davon geträumt, in Manhattan seine Spuren zu hinterlassen, und mit der Schuldenkrise sah er seine Chance gekommen. Konkret bot sie sich, als das berühmte Commodore Hotel, ein augenfälliges, historisch bedeutsames Gebäude im Zentrum Manhattans, bekannt gab, es müsse wegen hoher Verluste womöglich schließen. Die Stadtverwaltung geriet in Panik wegen der Aussicht, dass dieses symbolträchtige Haus, quasi als Sinnbild urbanen Verfalls, leerstehen sollte; auch würden der Stadt Steuereinnahmen entgehen. Man brauchte einen Käufer, und zwar schnell, und es herrschte solche Verzweiflung, dass ein lokaler Fernsehsender kommentierte: »In der Not schmeckt jedes Brot.«

Da betrat Trump die Bühne, der Prototyp des Katastrophenkapitalisten. Gemeinsam mit der Hyatt Corporation legte Trump einen Plan vor, die klassische Ziegelfassade durch eine »neue Haut« aus reflektierendem Glas zu ersetzen und es als Grand Hyatt Hotel wiederzueröffnen (das geschah in der kurzen Zeitspanne, ehe der künftige US-Präsident darauf bestand, dass all seine Projekte seinen Namen tragen sollten). Der krisengebeutelten Stadt rang er außerordentliche Bedingungen ab. Wie Phillips-Fein berichtet:

»Trump erhielt die Erlaubnis, das Anwesen für 9,5 Millionen Dollar von der Bahn zu erwerben. Dann verkaufte er es für einen Dollar an die Urban Development Corporation ... Schließlich verpachtete die UDC das Anwesen für 99 Jahre wieder an Trump und die Hyatt Corporation, verlangte aber von den Bauunternehmern für die kommenden vier Jahrzehnte einen deutlich niedrigeren Steuersatz als sonst üblich – ein Geldregen, der ihnen hunderte Millionen Dollar bescherte. (Bis zum Jahr 2016 haben Trumps Steuererleichterungen die Stadt New York 360 Millionen Dollar an entgangenen Einnahmen gekostet.)«

Ja, Sie haben richtig gelesen: Gegen eine Zahlung von 9,5 Millionen Dollar hat Trump für das Anwesen von der Stadt Steuergeschenke von (bisher) 360 Millionen Dollar kassiert. Das neue Hotel war ein Schandfleck – ein Architekturkritiker beschrieb es als die »Vorstellung eines Ortsfremden vom Stadtleben«. Mit anderen Worten, es war ein klassisches Gebäude der Marke Trump, eines Mannes, der weltweit ein Bild der USA verkaufen würde, wie es sich russische Oligarchen anhand von schwarz kopierten Folgen der Serien *Dallas* und *Denver Clan* machten. Phillips-Fein formuliert es so:

»Donald Trump und die Bauunternehmen, die die Verzweiflung der Stadt ausnutzten, um ihre Wolkenkratzer zu errichten, hatten wenig Interesse am Rest von New York.

Die Tatsache, dass Millionen Dollar in die Subventionierung von Bauprojekten flossen, statt öffentliche Aufgaben zu finanzieren oder die Sanierung von Armen- und Arbeiterviertel der Stadt zu fördern, warf nie irgendwelche moralische Bedenken auf.«

Auffällig an dieser Geschichte ist nicht nur, dass der junge Trump aus der wirtschaftlich katastrophalen Lage New Yorks Kapital schlug und einer Kommunalverwaltung in der Krise räuberische Konditionen aufzwang. Bedeutsam ist auch, dass dies nicht irgendein Geschäft war – es war das Projekt, mit dem Trump aus dem Schatten seines Vaters trat und sich erstmals als eigenständiger Akteur hervortat. Trumps Karriere verdankt sich dem Schock und wurde von den einzigartigen Gewinnchancen geprägt, die sich in Krisenzeiten bieten. Seit seinem Durchbruch legte er die Haltung an den Tag, der öffentliche Sektor sei nur dazu da, um von ihm geplündert zu werden.

An dieser Haltung hat sich bis heute nichts geändert. Denkwürdig ist auch das Interview, das Trump kurz nach dem Einsturz der Twin Towers am 11. September 2001 einem Rundfunksender gab. Bei dem Gespräch konnte er es sich nicht verkneifen, zu bemerken, dass er nach dem Verschwinden der Twin Towers nun das höchste Gebäude im Zentrum von Manhattan besitze. Tote lagen auf der Straße, Lower Manhattan glich einem Kriegsgebiet, und Trump dachte, nur ein wenig ermuntert durch die Moderatoren, an den Vorteil für seine Marke.

Auf die Frage, welche Lehren sie aus der Beschäftigung mit Trumps Verhalten in der New Yorker Schuldenkrise ziehe, erwiderte Phillips-Fein, es gehe nur um Angst. Es habe, so die Historikerin, »diese tiefsitzende Angst vor dem Bankrott, die Angst vor der Zukunft« [geherrscht].

Und diese Art der Angst ermöglichte eigentlich die damaligen Einschnitte, und auch das Gefühl, die Stadt brauche vor allem einen Retter.« Seit der Wahl von 2016 hat Phillips-Fein viel darüber nachgedacht. »Wie Angst dafür sorgen kann, dass Dinge, die bisher politisch unmöglich schienen, plötzlich als alternativlos gesehen werden. Und das ist, wie ich meine, etwas, das wir jetzt bekämpfen müssen, und wir müssen Wege finden, diesem überwältigenden Gefühl der Angst und des Chaos zu widerstehen, und Formen der Solidarität entwickeln, die dem begegnen können.«

Das ist ein guter Rat. Zumal Trump ein Spitzenteam aus Krisenopportunisten um sich gesammelt hat.

Wir stellen vor – das Kabinett der Katastrophenkapitalisten

Führende Mitglieder von Trumps Mannschaft standen im Zentrum der ungeheuerlichsten Beispiele für die Schock-Strategie aus jüngerer Zeit. Hier folgt eine knappe Übersicht über ihre Glanzleistungen (die in Anbetracht der zahlreichen Goldman-Sachs-Manager, die Trump ernannt hat, keineswegs erschöpfend ist).

Profitieren von Klimawandel und Krieg

Rex Tillerson, Außenminister der Vereinigten Staaten, hat seine Karriere weitgehend um die Rentabilität von Krieg und instabilen Verhältnissen herum aufgebaut. ExxonMobil hat mehr als jeder andere Erdölkonzern von den steigenden Ölpreisen infolge der Invasion im Irak 2003 profitiert. Auch hat die Firma den Irakkrieg direkt genutzt, um gegen den Rat des Außenministeriums eine Aufsuchungserlaubnis für das irakische Kurdistan zu erwirken, ein Schachzug, der, weil er die irakische Zentralregierung umging, ohne weiteres einen Bürgerkrieg hätte provozieren können und sicherlich zu den inneren Konflikten beigetragen hat.

Als Chef von ExxonMobil schlug Tillerson auch auf andere Weise Gewinn aus Katastrophen. Wie wir gesehen haben, war er für einen Megakonzern tätig, der, obgleich die eigenen Wissenschaftler die Realität des menschengemachten Klimawandels untersuchten, beschloss, Fehlinformationen und gefälschte Daten zur Erderwärmung zu finanzieren und zu verbreiten. Unterdessen arbeitete ExxonMobil (sowohl vor als auch nach der Fusion beider Firmen), nach Recherchen der *Los Angeles Times*, sorgfältig daran, herauszufinden, wie man auch künftig Profit aus der Krise schlagen und sich andererseits gegen die Krise schützen könne, deren Existenz man zu vertuschen suchte. Das tat das Unternehmen durch Exploration in der Arktis (die dank Klimawandel taut) sowie die Umgestaltung einer Erdgas-Pipeline in der Nordsee und einer neuen Ölplattform vor der Küste von Nova Scotia, damit beide dem steigenden Meeresspiegel und heftigen Stürmen standhalten.

Bei einem öffentlichen Auftritt 2012 gab Tillerson zu, dass der Klimawandel bereits im Gange ist – aber, was er anschließend sagte, war aufschlussreich: »Als Spezies« hätten sich die Menschen immer angepasst. »Wir werden uns also anpassen. Veränderungen der Wettermuster, durch die sich Anbaugebiete verschieben – daran werden wir uns anpassen.«

Da hat er völlig recht: Menschen passen sich an, wenn auf ihrem Land nichts mehr zu essen wächst. Menschen passen sich an, indem sie umziehen. Sie verlassen ihre Heimat und suchen nach einem Ort, an dem sie leben und sich und ihre Familie ernähren können. Aber wie Tillerson sehr wohl weiß, leben wir nicht gerade in einer Ära, in der Länder gern ihre Grenzen für Hungernde und Verzweifelte öffnen. Und jetzt arbeitet er sogar für einen Präsidenten, der Flüchtlinge aus Syrien – einem Land, in dem die Dürre Spannungen verschärft hat, die zum Bürgerkrieg führten – als trojanisches Pferd für den Terrorismus bezeichnet. Für einen Präsidenten, der ein Reiseverbot verhängte, das, hätten die Gerichte es nicht kassiert, syrische Migranten daran gehindert hätte, in die Vereinigten Staaten einzureisen. Für einen Präsidenten, der über asylsuchende syrische Kinder geäußert hat: »Ich kann ihnen ins Gesicht schauen und sagen: ›Ihr könnt nicht kommen.‹« Für einen Präsidenten, der von dieser Position auch dann nicht abgerückt ist, nachdem er Raketenangriffe gegen Syrien angeordnet hatte, angeblich bewegt durch die grauenhaften Folgen der Chemiewaffenangriffe auf syrische Kinder und »schöne Babys«. (Eine Gemütsregung, die nicht ausreichte, um sie und ihre Eltern willkommen zu heißen.) Für einen Präsidenten, der Pläne angekündigt hat, das Aufspüren, die Überwachung, Inhaftierung und Deportation von Einwanderern zum prägenden Merkmal seiner Regierung zu machen.

Aber da liegen noch eine Menge anderer Leute aus Trumps Mannschaft auf der Lauer und warten auf den richtigen Zeitpunkt; und auch sie haben bereits mit größtem Geschick aus Krisen Profit geschlagen.

Profitieren von Haftanstalten

Zwischen dem Tag der Wahl und dem Ende von Trumps erstem Monat im Amt haben sich die Aktienkurse der beiden größten Betreiber privater Haftanstalten in den Vereinigten Staaten CoreCivic (früher Corrections Corporation of America) und GEO Group verdoppelt; der Kursanstieg betrug 140 Prozent beziehungsweise 98 Prozent.

Und warum auch nicht? So wie ExxonMobil lernte, vom Klimawandel zu profitieren, so gehören diese beiden Unternehmen zu einer brummenden Industrie, die mit ihren Privatgefängnissen, privaten Sicherheits- und Überwachungsfirmen, Kriege und Migration – beide häufig verknüpft mit Klimaveränderungen – als aufregende Wachstumschancen sieht. In den Vereinigten Staaten inhaftiert die Polizei- und Zollbehörde Immigration and Customs Enforcement (ICE) täglich bis zu 34 000 Einwanderer, von denen vermutet wird, sie würden sich illegal im Land aufhalten. 73 Prozent der Verhafteten werden in Privatgefängnissen festgehalten. Kein Wunder, dass die Aktienkurse der Betreiber nach Trumps Wahl hochschnellten. Und bald hatten sie noch einen Grund zum Feiern: Als eine seiner ersten Amtshandlungen hob Trumps Justizminister Jeff Sessions die Entscheidung der Regierung Obama auf, Häftlinge nicht mehr in gewinnorientiert arbeitenden Haftanstalten unterzubringen.

Profitieren von Krieg und Überwachung
Den Posten des stellvertretenden Verteidigungsministers besetzte Trump mit Patrick Shanahan, Topmanager bei Boeing, der eine Weile damit betraut gewesen war, teures Gerät an das US-Militär zu verkaufen, wie etwa Apache- und Chinook-Hubschrauber. Ferner leitete er Boeings Raketenabwehrprogramm – eine Sparte des Unternehmens, die enorm profitieren wird, sollten unter Trump die internationalen Spannungen weiter eskalieren.

Das ist Teil eines weit größeren Trends. Wie Lee Fang im März 2017 auf der Nachrichten-Website *The Intercept* berichtete, setzt »Präsident Trump den Wechsel von der Wirtschaft in die Politik als Waffe ein, denn er besetzt Schlüsselpositionen in der Regierung mit Mitarbeitern und Lobbyisten privater Sicherheits- und Militärunternehmen, da er die Ausgaben für Militär und innere Sicherheit zügig aufstocken will ... Mindestens 15 Regierungsbeamte mit finanziellen Verbindungen zu privaten Sicherheits- und Militärunternehmen wurden bisher nominiert oder ernannt.«

Die Drehtür zwischen Wirtschaft und Politik ist kein neues Phänomen. Hochrangige Militärs wechseln am Ende ihrer Dienstzeit gern zu Rüstungsunternehmen. Neu ist nur die Zahl der Generäle mit lukrativen Verbindungen zu privaten Militärunternehmen, die Trump in sein Kabinett geholt hat, wo sie über die Verwendung von Steuermitteln bestimmen dürfen – und die werden sprudeln, denn Trump hat vor, die Ausgaben für Militär, Pentagon und das Ministerium für innere Sicherheit innerhalb eines Jahres um über 80 Milliarden Dollar aufzustocken.

Was sich noch geändert hat, sind die Dimensionen der Heimatschutz- und Überwachungsindustrie. Dieser Sektor ist nach den Anschlägen vom 11. September massiv gewachsen, als die Regierung den niemals endenden »Krieg gegen den Terror« ausrief; auch war vorgesehen, alles Erdenkliche outzusourcen. Neue Firmen mit getönten Fenstern schossen in den Vorstädten Virginias und rund um die Hauptstadt Washington wie bösartige Pilze aus dem Boden, während vorhandene Unternehmen wie Booz Allen Hamilton in ganz neue Sparten expandierten. 2005 fing Daniel Gross im Online-Magazin *Slate* die Stimmung in der sogenannten Sicherheitsblase ein: »Innere Sicherheit hat womöglich gerade das Stadium erreicht, in dem sich Internet-Investitionen 1997 befanden. Damals brauchte man nur ein ›e‹ vor den Firmennamen zu setzen und der Börsengang wurde ein Erfolg. Jetzt erreicht man dasselbe mit der Beifügung ›Fortress‹.«

Das heißt, viele der von Trump Ernannten kommen aus Firmen, die Aufgaben übernehmen, die vor nicht allzu langer Zeit niemals ausgelagert worden wären. Zum Stabschef des Nationalen Sicherheitsrats machte er den pensionierten Generalleutnant Keith Kellogg. Zu den vielen privaten Sicherheitsfirmen, für die Kellogg tätig war, gehört auch Cubic Defense. Wie das Unternehmen mitteilt, führte er »unsere Sparte Gefechtsausbildung und die angestrebte Ausweitung des weltweiten Kundenkreises der Firma«. Wenn Sie meinen, »Gefechtsausbildung« sei etwas, das Armeen früher selbst durchführten, sehen Sie das völlig richtig.

Bemerkenswert an Trumps Nominierungen aus dem privaten Militärsektor ist, wie viele dieser Leute aus Firmen kommen, die vor dem 11. September nicht einmal existiert hatten: L1 Identity Solutions (spezialisiert auf biometrische Personenerfassung), die Chertoff Group (begründet von Bushs Minister für Innere Sicherheit, Michael Chertoff), Palantir Technologies (eine Überwachungs-Big-Data-Firma, mitbegründet von PayPal-Milliardär und Trump-Unterstützer Peter Thiel) und viele mehr. Sicherheitsfirmen beziehen einen Großteil ihres Personals aus dem militärischen Bereich und den Nachrichtendiensten der Regierung. Unter Trump wandern nun Lobbyisten und Mitarbeiter dieser Firmen in großer Zahl wieder zurück in die Regierung, wo sie höchstwahrscheinlich anstreben werden, noch mehr Geld mit der Jagd auf Menschen zu verdienen, die Präsident Trump gern »bad hombres« nennt.

Das ergibt einen katastrophalen Cocktail. Man nehme einige Personen, die direkt von fortdauernden Kriegen profitieren, und betraue sie mit zentralen Regierungsaufgaben. Wer wird sich da noch für Frieden starkmachen? Die Vorstellung, dass ein Krieg jemals ein klares Ende finden könnte, scheint da wie ein kurioses Relikt des Denkens aus der Ära »vor dem 11. September«, wie es in den Bush-Jahren hieß.

Profitieren von Wirtschaftskrisen

Die Verbindungen zwischen der US-Regierung und der Geschäftswelt reichen bis ins Jahr 1776 zurück (mehrere Gründerväter stammten aus reichen Plantagenbesitzerfamilien). Seither kreist die Drehtür, unabhängig davon, ob ein Demokrat oder ein Republikaner im Weißen Haus sitzt. Wie so oft sticht Trump durch die ganz anderen Dimensionen und seine Schamlosigkeit hervor.

Bis heute hat Donald Trump fünf ehemalige Goldman-Sachs-Manager in hohe Regierungsposten gesetzt, darunter Steve Mnuchin als Finanzminister, James Donovan (ehemals Geschäftsführer von Goldman Sachs) als stellvertretender Finanzminister, Gary Cohn (ehemals Chief Operating Officer bei Goldman Sachs) als Leiter des Nationalen Wirtschaftsrats im Weißen Haus sowie Dina Powell (die bei Goldman Sachs die Abteilung Impact Investing [wirkungsorientierte Anlagen] leitete) als Beraterin für ökonomische Initiativen. Sogar Steve Bannon hat dereinst für Goldman Sachs gearbeitet. Und zudem möchte Trump die Leitung der Börsenaufsichtsbehörde Securities and Exchange Commission in die Hände von Jay Clayton legen, der Goldman Sachs als Anwalt bei Milliardengeschäften diente und dessen Frau bei Goldman Sachs als Vermögensberaterin tätig ist.

Besonders dreist sind diese Goldman-Sachs-Ernennungen, wenn man sich erinnert, wie Trump die Bank bei Attacken auf seine Gegner beschwor. So schoss er aus dem Hinterhalt auf seinen republikanischen Konkurrenten Ted Cruz mit der Behauptung, die Jungs von Goldman Sachs »haben totale, totale Kontrolle über ihn. So wie sie totale Kontrolle über Hillary Clinton haben.«

Besorgniserregend ist auch, was dieses Vorgehen über die Bereitschaft der Regierung aussagt, künftige Wirtschaftsschocks auszubeuten, die während ihrer Amtszeit Wirkung entfalten könnten. Unter allen großen Investmentbanken der Wall Street, die im Zentrum der Subprime-Krise von 2008 standen, zeichnete sich Goldman Sachs durch eine ganz außerordentliche Raubgier aus. Nicht nur leistete die Bank mit komplexen Finanzinstrumenten einen enormen Beitrag zu der Immobilienblase, sondern sie machte auch mitten in der Krise eine Kehrtwende, wettete gegen den Hypothekenmarkt und verdiente dabei Milliarden. 2016 schloss die Bank mit dem US-Justizministerium wegen ihrer dubiosen Geschäfte am Wertpapiermarkt einen Vergleich über 5 Milliarden Dollar – die größte Zahlung, die Goldman Sachs je geleistet hat. Bereits 2010 hatte sie wegen ihrer Rolle in der Finanzkrise ein Bußgeld von 550 Millionen Dollar gezahlt; das war damals die höchste Strafe, die je ein Wall-Street-Unternehmen in der sechsundsiebzigjährigen Geschichte der Börsenaufsicht erhalten hatte.

Der demokratische Senator Carl Levin, Leiter des Unterausschusses des Senats, der die Rolle von Goldman Sachs im Anschluss an die Finanzkrise untersuchte, fasste das Fehlverhalten der Bank folgendermaßen zusammen:

»Es hat sich gezeigt, dass Goldman Sachs wiederholt seine Interessen und Gewinne über die Interessen seiner

Kunden und unserer Kommunen gestellt hat ... Goldman Sachs hat nicht einfach nur Geld verdient. [Die Bank] hat profitiert, indem sie die berechtigte Erwartung ihrer Kunden ausnutzte, dass sie ihnen kein Produkt verkaufen werde, dessen Erfolg sie nicht wünschte, und dass kein Konflikt wirtschaftlicher Interessen zwischen der Firma und den Kunden bestehe, denen zu dienen sie sich verpflichtet hatte. Das Verhalten von Goldman Sachs demonstriert, dass [die Bank] ihre Klienten nicht als wertvolle Kunden sah, sondern als Objekte, aus denen sich Gewinn schlagen lässt. Das ist bedeutsam, weil es [dieser Bank] nicht etwa gutging, weil es ihren Kunden gutging, sondern Goldman Sachs ging es gut, wenn die Kunden Geld verloren.«

In der Riege der Goldman-Sachs-Leute hat sich Steven Mnuchin durch seine Bereitschaft hervorgetan, aus dem Elend anderer Gewinn zu schlagen. Nach dem Zusammenbruch der Wall Street 2008, als Zwangsräumungen in vollem Gange waren, kaufte Mnuchin eine kalifornische Immobilienbank, die fortan unter dem Namen OneWest firmierte. Mnuchin, der sich den Beinamen »Mr Zwangsversteigerung« erwarb, sammelte 1,2 Milliarden Dollar von der Regierung ein, die einen Teil der Verluste durch die zwangsversteigerten Häusern decken sollten, und ließ zwischen 2009 und 2014 zehntausende Menschen zwangsräumen. Eine versuchte Zwangsräumung betraf eine Neunzigjährige, die mit ihren Zahlungen um 27 Cent im Rückstand war.

Wegen dieser räuberischen Praktiken geriet Mnuchin bei seiner Bestätigung im Amt ins Kreuzfeuer (was die Republikaner jedoch nicht davon abhielt, für ihn zu stimmen). Der demokratische Senator Ron Wyden erklärte während der Anhörung, »solange Mr Mnuchin CEO war, bewies die

Bank, dass sie mehr schutzlose Menschen auf die Straße setzen konnte als jede andere«, und wetterte, »OneWest spuckte Zwangsräumungen aus, wie chinesische Fabriken Trump-Anzüge und -Krawatten ausspuckten«.

Profitieren von Naturkatastrophen

Und dann wäre da noch Vizepräsident Mike Pence, den viele für den Erwachsenen in Trumps unaufgeräumtem Zimmer halten. Aber es ist Pence, ehemals Gouverneur von Indiana, der, was die blutrünstige Ausbeutung menschlichen Elends betrifft, die schlimmste Bilanz aufweist.

Als bekannt wurde, dass Mike Pence als Donald Trumps Kandidat für die Vizepräsidentschaft antrat, hatte ich das Gefühl: »Ich kenne diesen Namen. Irgendwo habe ich ihn schon gesehen.« Und dann fiel es mir ein. Er stand im Zentrum eines zutiefst schockierenden Berichts, den ich geschrieben habe: die Randale der Katastrophenkapitalisten, die auf den Hurrikan Katrina und die Überflutung von New Orleans folgte. Was Mike Pence als Profiteur menschlichen Leids angerichtet hat, ist so abstoßend, dass es sich lohnt, sich genauer damit zu beschäftigen, denn es kann uns Aufschluss darüber geben, was wir von dieser Administration im Ernstfall zu erwarten haben.

Katrina als Modell

Bevor wir näher auf Pence eingehen, sollten wir uns in Erinnerung rufen, dass der Hurrikan Katrina zwar in der Regel als »Naturkatastrophe« bezeichnet wird, seine Folgen für die Stadt New Orleans aber nichts Natürliches an sich hatten. Als Katrina im August 2005 die Küste des Bundesstaates Mississippi erreichte, war der Hurrikan von Stufe 5 auf die immer noch verheerende Stufe 3 herabgesetzt worden. Als er aber nach New Orleans vordrang, hatte er seine Kraft weitgehend eingebüßt und wurde jetzt nur noch als »Tropensturm« klassifiziert.

Das ist wichtig, weil ein Tropensturm niemals hätte in der Lage sein dürfen, den Hochwasserschutz der Stadt zu durchbrechen. Katrina durchbrach ihn aber, weil die Dämme, die New Orleans schützten, nicht hielten. Warum? Wie wir inzwischen wissen, hatte das Army Corps of Engineers trotz wiederholter Warnungen zugelassen, dass die Dämme verfielen. Dafür waren zwei Faktoren verantwortlich.

Der eine war eine bewusste Missachtung der armen schwarzen Bevölkerung, deren Wohnungen im Lower Ninth Ward durch die schadhaften Dämme besonders gefährdet waren. Dass sie nicht repariert wurden, ist im Zusammenhang mit der Vernachlässigung der Infrastruktur in den gesamten Vereinigten Staaten zu sehen, die ein unmittelbares Resultat von Jahrzehnten neoliberaler Politik ist. Denn wenn man systematisch Krieg gegen die öffentliche Sphäre und das Gemeinwohl führt, dann wird natürlich das öffentliche Eigentum, das die Gesellschaft trägt – Straßen, Brücken, Dämme, Wasserleitungen – in einen so schlechten Zustand geraten, dass es nicht mehr viel braucht, um sie zum Einsturz zu bringen. Wenn man so massiv Steuern senkt, dass man kaum noch Geld für irgendetwas hat außer für die Polizei und das Militär, dann passiert so etwas.

Es war nicht nur die physische Infrastruktur, die der Stadt und vor allem ihren ärmsten Bewohnern wegbrach – wie in vielen US-amerikanischen Städten waren dies zum allergrößten Teil Afroamerikaner. Auch auf der menschlichen Ebene versagte die Katastrophenhilfe. Bei nationalen Krisen wie dieser ist als Bundesbehörde für Katastrophenschutz die Federal Emergency Management Agency zuständig, wobei die Verwaltungen von Bundesstaaten und Kommunen bei Evakuierung und Katastrophenschutz ebenfalls eine maßgebliche Rolle spielen. Alle offiziellen Ebenen haben hier versagt.

Die Katastrophenschutzbehörde brauchte fünf Tage, um die Menschen in New Orleans, die Zuflucht im Sportstadion Superdome gesucht hatten, mit Wasser und Nahrung zu versorgen. Die erschütterndsten Bilder dieser Zeit zeigen Menschen, die sich auf die Dächer von Wohngebäuden und Krankenhäusern gerettet hatten und Schilder mit der Aufschrift HILFE in die Höhe hielten, während Hubschrauber vorüberzogen. Die Menschen halfen sich unterdessen gegenseitig, so gut es ging. Sie retteten einander mit Kanus und Ruderbooten. Sie versorgten sich gegenseitig mit Lebensmitteln. Sie zeigten jene Hilfsbereitschaft und Solidarität, die in Krisenzeiten häufig zum Vorschein kommt. Aber von offizieller Seite erlebte man das glatte Gegenteil. Ich werde nie die Worte von Curtis Muhammad vergessen, Veteran der Bürgerrechtsbewegung aus New Orleans, der sagte, die Erfahrung »überzeugte uns, dass sich niemand um uns kümmert«.

Hier offenbarte sich eine krasse Ungleichheit, denn im Stich gelassen wurden vor allem Menschen, die sich jenseits der trennenden Schranken zwischen Klassen und Rassen befanden. Viele Menschen konnten die Stadt selbständig verlassen – sie stiegen in ihr Auto, mieteten sich in einem Hotel im Trockenen ein und riefen ihren Versicherungsvertreter an. Manche blieben, weil sie glaubten, der Hochwasserschutz würde halten. Aber sehr viele andere blieben, weil sie keine andere Wahl hatten – sie besaßen kein Auto oder waren zu gebrechlich, um zu fahren, oder sie wussten einfach nicht, was sie tun sollten. Das sind die Menschen, die ein funktionierendes Evakuierungs- und Hilfssystem brauchten – und sie hatten Pech. Ich fühlte mich nach Bagdad zurückversetzt: Manche nahmen Zuflucht in ihrer privaten Grünen Zone, während sehr viele andere in der Roten Zone strandeten – wo das Schlimmste noch kommen sollte.

Im Stich gelassen in einer Stadt ohne Lebensmittel und Wasser taten die Flutopfer, was jeder andere unter diesen Umständen auch tun würde: Sie holten sich Vorräte aus den Geschäften vor Ort. *Fox News* und andere Pressekanäle stellten daraufhin die schwarzen Bewohner von New Orleans als gefährliche »Plünderer« hin, die demnächst in die trockenen weißen Viertel, die Suburbs und die Kleinstädte der Umgebung einfallen würden. Auf Hauswänden konnte man lesen: »Plünderer werden erschossen.« Kontrollpunkte wurden eingerichtet, um die Menschen am Verlassen der überfluteten Viertel zu hindern. Auf der Danziger Bridge erschossen Polizeibeamte schwarze Bewohner (fünf der beteiligten Beamten bekannten sich letztlich schuldig, und die Stadt einigte sich mit den Familien auf eine Entschädigung von 13,3 Millionen Dollar in diesem und zwei weiteren ähnlichen Fällen nach Katrina). Unterdessen streiften Banden einer bewaffneten weißen Bürgerwehr durch die Straßen und hielten Ausschau nach »einer Gelegenheit, schwarze Menschen zu jagen«, wie ein Anwohner dem Investigativjournalisten A. C. Thompson später berichtete. In der Roten Zone ist offenbar alles möglich.

Ich war in New Orleans und habe mit eigenen Augen gesehen, wie aufgerüstet Polizei und Militär waren – ganz zu schweigen von den privaten Sicherheitskräften, die von Firmen wie Blackwater frisch aus Irak eingeflogen wurden. Man hatte das Gefühl, sich in einem Kriegsgebiet zu befinden, wobei die arme und schwarze Bevölkerung ins Fadenkreuz geriet – Menschen, deren einziges Verbrechen darin bestand, dass sie versuchten, zu überleben. Die Nationalgarde, die schließlich eintraf, um die vollständige Evakuierung der Stadt zu organisieren, ging mit einer Aggressivität und Skrupellosigkeit vor, die kaum zu fassen ist. Soldaten ließen Bürger mit vorgehaltener Maschinenpistole in Busse einsteigen, ohne ihnen mitzuteilen, wohin die Fahrt gehen sollte. Nicht selten wurden Kinder von ihren Eltern getrennt.

Was ich während der Flutkatastrophe sah, schockierte mich. Aber was ich nach Katrina miterlebte, schockierte mich noch mehr. Während die Stadt darniederlag und ihre über das ganze Land verstreuten Bewohner außerstande waren, ihre Interessen zu vertreten, tauchte ein Plan auf, der die Wunschliste der Konzerne im Höchsttempo durchpeitschen sollte. Der damals dreiundneunzigjährige Milton Friedman schrieb im *Wall Street Journal*: »Die meisten Schulen von New Orleans liegen in Trümmern, genau wie die Häuser der Kinder, die sie besuchten. Diese Kinder sind jetzt über das ganze Land verstreut. Das ist eine Tragödie. Es ist aber auch eine Gelegenheit, das Bildungssystem radikal zu reformieren.«

In dieselbe Kerbe schlug Richard Baker, damals als Republikaner für Louisiana im Kongress: »Wir haben endlich mit dem sozialen Wohnungsbau in New Orleans aufgeräumt. Wir selbst konnten das nicht, aber Gott hat es getan.« Ich befand mich in einer Notunterkunft für Evakuierte bei Baton Rouge, als Baker diese Aussage machte. Die Menschen, mit denen ich redete, waren sprachlos. Stellen Sie sich vor, Sie müssen ihre Wohnung verlassen und in einem Kongresszentrum auf einer Pritsche schlafen, und dann stellen Sie fest, dass angebliche Volksvertreter behaupten, es habe sich hier um göttliches Eingreifen gehandelt – Gott hat offensichtlich eine Vorliebe für Eigentumswohnanlagen.

Wie Baker es wünschte, wurde mit dem sozialen Wohnungsbau »aufgeräumt«. In den Monaten nach dem Sturm, als die Bewohner von New Orleans – mit ihren unbequemen Meinungen, ihrer reichen Kultur und ihren tiefen Bindungen – aus dem Weg geräumt waren, wurden tausende Sozialwohnungen abgerissen, obgleich viele nur minimal beschädigt waren, weil sie auf höherem Gelände standen. Ersetzt wurden sie durch Eigentumswohnungen und Reihenhäuser, die für die meisten der früheren Bewohner völlig unerschwinglich waren.

Und an diesem Punkt betritt Mike Pence die Bühne. Als Katrina New Orleans erreichte, war Pence Vorsitzender des mächtigen und ideologisch verbohrten Republican Study Committee (RSC), ein Gremium bestehend aus konservativen Abgeordneten. Am 13. September 2005, nur 14 Tage nach dem Dammbruch, als Teile von New Orleans noch unter Wasser standen – kam das RSC in den Räumen der Heritage Foundation in Washington zu einer verhängnisvollen Sitzung zusammen. Unter Pences Führung erstellte die Gruppe eine Liste von »Pro-Marktwirtschaft-Ideen für die Reaktion auf den Hurrikan Katrina und hohe Benzinpreise« – insgesamt 32 Pseudohilfsmaßnahmen direkt aus dem Handbuch des Katastrophenkapitalismus.

Was hervorsticht, ist die offene Kriegserklärung an Arbeitnehmerrechte und den öffentlichen Sektor – eine bittere Ironie, da ja gerade der Zusammenbruch der Infrastruktur aus Katrina eine humanitäre Katastrophe gemacht hatte. Bemerkenswert ist auch die Entschlossenheit, jede Gelegenheit zu nutzen, um die Position der Öl- und Gasindustrie zu stärken. Die Liste enthält unter anderem die Empfehlung, »in Katastrophengebieten automatisch die geltenden Davis-Bacon-Lohngesetze außer Kraft zu setzen« (das Gesetz verlangt von Auftragnehmern der öffentlichen Hand, existenzsichernde Löhne zu zahlen), »aus dem gesamten Gebiet eine freie Wirtschaftszone mit Pauschalsteuer zu machen« und »hinderliche Umweltvorschriften aufzuheben oder nicht anzuwenden …, die den Wiederaufbau hemmen«.

Präsident Bush setzte viele der Empfehlungen innerhalb einer Woche um, obwohl er sich schließlich dem Druck beugen musste, die Arbeitnehmerrechte wieder zu installieren. Eine weitere Empfehlung lautete, an Eltern Gutscheine für Charter-Schulen (gewinnorientierte Privatschulen, die mit Steuergeldern subventioniert werden) auszuteilen, eine Idee, die auch der von Trump ernannten Bildungsministerin, Betsy DeVos, gefallen hätte. Binnen eines Jahres war in New Orleans der Anteil der Privatschulen höher als an jedem anderen Ort der Vereinigten Staaten.

Und da war noch etwas. Klimawissenschaftler erkennen eine direkte Beziehung zwischen heftigeren Hurrikans und höheren Ozeantemperaturen, was Pence aber nicht davon abhielt, im Kongress die Aufhebung von Umweltvorschriften für die Golfküste, die Genehmigung neuer Erdölraffinerien in den Vereinigten Staaten sowie grünes Licht für »Bohrungen im Arctic National Wildlife Refuge«, einem Naturschutzgebiet, zu fordern. Das ist irgendwie verrückt. Schließlich sind all diese Maßnahmen bestens geeignet, Treibhausgasemissionen in die Höhe zu treiben, mit denen

Menschen den Klimawandel auslösen, der wiederum heftigere Stürme erzeugt. Aber für diese Pläne trat Pence sofort ein, und später wurden sie von Bush, unter dem Deckmantel der Reaktion auf eine Katastrophe, übernommen.

Die Tragweite der Ereignisse verdient genauere Betrachtung. Katrina wurde in New Orleans zur Katastrophe, weil ein Extremwetterereignis, womöglich im Zusammenhang mit dem Klimawandel, auf eine schwache, vernachlässigte Infrastruktur traf. Die sogenannten Lösungen, vorgeschlagen von der Gruppe, die Pence damals leitete, waren darauf angelegt, den Klimawandel zu verschärfen und die öffentliche Infrastruktur noch weiter zu schwächen. Er und seine marktfundamentalistischen Kameraden waren offenbar entschlossen, genau die Maßnahmen zu ergreifen, die künftig für noch mehr Katrinas sorgen würden.

Und jetzt sitzt Mike Pence auf einem Posten, der ihm ermöglicht, seine Vision im ganzen Land zu verwirklichen.

Randale der Kleptokraten

Nicht nur die Erdölbranche profitierte durch den Hurrikan Katrina. Unmittelbar nach dem Sturm fiel die ganze Bagdad-Gang – Bechtel, Fluor, Halliburton, Blackwater, CH2M Hill und das Bauunternehmen Parsons, berüchtigt für schlampige Arbeit im Irak – in New Orleans ein. All diese Firmen hatten ihr Ziel fest im Blick: zu beweisen, dass die privaten Dienstleistungen, die sie im Irak und in Afghanistan erbracht hatten, auch in der Heimat einen Markt fanden – und ohne Ausschreibung Aufträge über insgesamt 3,4 Milliarden Dollar an Land zu ziehen.

Kontroversen gab es zuhauf, sie darzustellen würde den Rahmen dieses Buches sprengen. Einschlägige Erfahrung musste man nicht mitbringen, um einen Auftrag zu erhalten. So erhielt eine Firma von der Katastrophenschutzbehörde FEMA 5,2 Millionen Dollar für den Bau des dringend benötigten Basiscamps für die Helfer, die in St. Bernard Parish, einem Vorort von New Orleans, arbeiteten. Der Bau des Camps verzögerte sich, und es wurde nie fertiggestellt. Ermittlungen ergaben, dass die beauftragte Firma, Lighthouse Disaster Relief, in Wirklichkeit eine Glaubensgemeinschaft war. »Das Einzige, was ich in dieser Richtung je gemacht habe, war, ein Jugendzeltlager für meine Kirche zu organisieren«, gestand Lighthouse-Chef Pastor Gary Heldreth.

Nachdem all die Subunternehmer sich ihr Stück vom Kuchen geholt hatten, war für die Menschen, die die Arbeit leisteten, nichts mehr übrig. Der Autor Mike Davis fand heraus, dass die FEMA an die Shaw Group 175 Dollar pro Quadratfuß bezahlte, um blaue Planen auf beschädigten Dächern anzubringen, obwohl die Planen von der Regierung gestellt wurden. Nachdem die Subunternehmer sich bedient hatten, erhielten die Handwerker, die die Planen anbrachten, lediglich 2 Dollar pro Quadratfuß. »Jede Ebene in der Nahrungskette der Subunternehmer wird grotesk überfüttert, mit Ausnahme der untersten Stufe«, schrieb Davis, »auf der die Arbeit tatsächlich geleistet wird.« Diese angeblichen »Auftragnehmer« waren in Wirklichkeit – wie die Trump Organization – hohle Marken, die Gewinne absaugen und dann ihren Namen auf billige oder nicht geleistete Dienste kleben.

Um dutzende Milliarden Dollar, die in Form von Aufträgen und Steuererleichterungen an Privatfirmen abgeflossen waren, wieder hereinzuholen, erklärte die republikanische Mehrheit im Kongress, im US-Haushalt müssten

40 Milliarden Dollar eingespart werden. Eine Auswahl der zusammengestrichenen Programme: Studentendarlehen, das Gesundheitsfürsorgeprogramm Medicaid sowie Essensmarken. So subventionierten die ärmsten Menschen in den Vereinigten Staaten den Geldregen, der auf die Subunternehmer niederging, doppelt: Erstens, als sich die Hilfsgelder für Katastrophenopfer in ungeregelte Zuwendungen an Firmen verwandelten, und zweitens, als die wenigen Programme, die Arbeitslose und Geringverdiener landesweit direkt unterstützen, beschnitten wurden, um diese aufgeblähten Rechnungen zu bezahlen.

New Orleans ist das Modell für den Katastrophenkapitalismus – entworfen vom derzeitigen Vizepräsidenten gemeinsam mit der Heritage Foundation, einer ultrarechten Denkfabrik, an die Trump den Haushalt seiner Regierung weitgehend outgesourct hat. Am Ende sorgte der Umgang mit der Katastrophe von New Orleans dafür, dass die Zustimmungsraten für George W. Bush ins Bodenlose sanken, was die Republikaner letztlich 2008 um den Wahlsieg brachte. Neun Jahre später, nachdem nun Republikaner den Kongress und das Weiße Haus kontrollieren, ist leicht vorstellbar, dass die privatisierte Katastrophenhilfe, wie sie in New Orleans erprobt wurde, landesweit zum Einsatz kommt.

Dass in New Orleans eine aufgerüstete Polizei und Privatsöldner auftauchten, war für viele eine Überraschung. Seither hat sich das Phänomen vervielfacht, im ganzen Land wurde die Polizei mit militärischem Gerät bis an die Zähne bewaffnet, darunter Panzer und Drohnen, während private Sicherheitsfirmen Ausbildung und Unterstützung liefern. Bedenkt man, wie viele Führungskräfte aus privaten Sicherheits- und Militärunternehmen Schlüsselpositionen in Trumps Regierung besetzen, ist damit zu rechnen, dass sich diese Entwicklung mit jedem neuen Schock fortsetzt.

Die Erfahrung mit Katrina dürfte auch die Hoffnung jener dämpfen, die darauf warten, dass Trump die versprochenen Billionen Dollar in die Infrastruktur steckt. Bestimmt werden ein paar Straßen und Brücken repariert, und es werden Arbeitsplätze geschaffen (wenn auch – wie wir in Kapitel 10 sehen werden – weit weniger, als Investitionen in die grüne Infrastruktur und die Energiewende bringen würden). Trump hat ja angedeutet, dass er so viel wie möglich nicht etwa über die öffentliche Hand, sondern über öffentlich-private Partnerschaften (ÖPP) abwickeln will, die für ihre Korruptionsaffären bekannt sind und voraussichtlich Lohndumping betreiben werden. Betrachtet man Trumps Vorgeschichte als Geschäftsmann und Pences einflussreiche Position, ist zu befürchten, dass sich seine großen Infrastrukturinvestitionen zu einer Kleptokratie im Stil von Katrina entwickeln werden, dank einer Regierung der Diebe, die dafür sorgt, dass die Mar-a-Lago-Bande tief in die Staatskasse greifen kann.

New Orleans ergibt ein grauenhaftes Bild dessen, was wir zu erwarten haben, wenn der nächste Schock zuschlägt. Aber leider ist es keineswegs vollständig: Es gibt noch einiges, was diese Regierung womöglich unter dem Deckmantel der Krise durchsetzen möchte. Um schockresistent zu werden, müssen wir uns auch darauf vorbereiten.

Kapitel 9

Die giftige To-do-Liste:
Was bei einer zu erwartenden Krise zu erwarten ist

Nachdem der Hurrikan Katrina New Orleans verwüstet hatte, konnte man sehen, wie weit einige der wichtigsten Akteure, die jetzt Trump umgeben, gehen werden, um den öffentlichen Sektor einzuschränken und die Interessen von Immobilienentwicklern, Privatfirmen und Ölgesellschaften voranzubringen. Heute sind sie in der Lage, das ganze Land mit einem Hurrikan zu überziehen.

Was diese Konstellation von Katastrophenkapitalisten umso besorgniserregender macht, ist die Tatsache, dass Trump zwar bereits in den ersten Monaten seiner Amtszeit eine Menge Schaden anrichten konnte, aber wiederholt durch Gerichte und den Kongress mattgesetzt wurde. Und viele radikale Maßnahmen auf der Wunschliste seiner Regierung warten noch darauf, in Angriff genommen zu werden. So hat beispielsweise seine Bildungsministerin Betsy DeVos ihr Leben der Aufgabe gewidmet, auf ein privates Schulsystem wie das in New Orleans nach Katrina hinzuarbeiten. Viele der Gestalten im Umkreis von Trump sind voller Eifer dabei, das soziale Sicherungssystem zu zerstören. Andere glühen gleichermaßen in ihrem Widerwillen gegen eine freie Presse, Gewerkschaften und politische Proteste. Trump selbst hat bereits öffentlich darüber nachgedacht, in Städten wie Chicago Kräfte der Bundespolizei für den Kampf gegen die Kriminalität einzusetzen, und bei seiner Wahlkampftour gelobte er, alle

Muslime an der Einreise in die USA zu hindern, nicht nur die aus den Ländern auf seinen verschiedenen Listen. Sein Generalstaatsanwalt Jeff Sessions hat die »Anerkenntnisurteile« heftig kritisiert, eine wichtige Handhabe des Justizministeriums und der Bundesgerichte, um einzugreifen, wenn sie bei lokalen und bundesstaatlichen Polizeikräften Übergriffe feststellen – beispielsweise wiederholtes Schießen auf unbewaffnete Schwarze. Generalstaatsanwalt Sessions behauptet, solche Mechanismen könnten »die Moral der Polizeibeamten untergraben« und ihre Fähigkeit, Verbrechen zu bekämpfen, beeinträchtigen (eine Behauptung, die nicht belegt ist).

Die reichsten Geldgeber für Trumps Wahlkampf und für die extreme Rechte im weiteren Sinne – die milliardenschweren Brüder Koch und die Familie Mercer – zielen darauf ab, mit den noch verbliebenen Restriktionen für Geldgeschenke in der Politik aufzuräumen und die Gesetze abzuschaffen, die Transparenz hinsichtlich der Verwendung solcher privaten Gelder verlangen. Unter dem Vorwand, gegen eine gemachte »Wahlbetrugskrise« anzukämpfen, unterstützen sie zudem Gruppen, die Menschen mit geringem Einkommen und Minderheiten die Teilnahme an Wahlen mit entsprechenden Maßnahmen erschweren wollen, etwa mit der Vorschrift, dass bei der Stimmabgabe ein Lichtbildausweis vorgelegt werden muss (als Trump gewählt wurde, hatten sich manche Initiativen dieser Art in mindestens 32 US-Bundesstaaten bereits in irgendeiner Form in Gesetzen niedergeschlagen). Wenn dieses zweifache Ziel erreicht ist, werden progressive Kritiker so erschöpft sein vom Kampf gegen ihre republikanischen Rivalen und so große Schwierigkeiten haben, ihre Unterstützer davon zu überzeugen, ihre Stimme abzugeben, dass der Putsch der Unternehmen, den Trump verkörpert, leicht in einen Dauerzustand übergehen könnte.

Die ganze Breite dieser antidemokratischen Vision zu erkennen ist gegenwärtig nicht möglich. Sofern es nicht zu einer Krise kommt, werden die Gerichte und einzelne demokratisch regierte Bundesstaaten Trump den Weg versperren, und für manche seiner sadistischen Träume – etwa die Wiedereinführung der Folter – wird er nicht einmal die Zustimmung des Kongresses bekommen.

Aber dennoch: Er *hat* seine Agenda, und die lauert im Hintergrund. Zu Recht hat der Autor und Journalist Peter Maass auf *Intercept* das Weiße Haus unter Trump als »eine entsicherte Pistole« bezeichnet, »die bei der ersten Berührung losgeht« – oder bei der ersten Krise. Schon vor längerer Zeit schrieb Milton Friedman: »Nur eine Krise – eine tatsächliche oder empfundene – führt zu echtem Wandel. Wenn es zu einer solchen Krise kommt, hängt das weitere Vorgehen von den Ideen ab, die im Umlauf sind. Das ist meiner Ansicht nach unsere Hauptfunktion: Alternativen zur bestehenden Politik zu entwickeln, sie am Leben und verfügbar zu halten, bis das politisch Unmögliche politisch unvermeidlich wird.« Überlebens-Spinner horten Konserven und Wasser, um auf große Katastrophen vorbereitet zu sein; diese Kerle in Washington aber horten eindrucksvoll antidemokratische Ideen.

Die Fragen, auf die wir uns konzentrieren müssen, sind daher folgende: Welche Katastrophe oder welche Serie von Katastrophen könnte zur Umsetzung der Trump'schen Agenda führen? Und welche Aufgaben auf der Giftliste könnte sie veranlassen, ihre Fratze zu zeigen?

Es ist höchste Zeit, sich auf eine Katastrophe vorzubereiten.

Notstand, Ausnahmezustand

Während des Wahlkampfs glaubten viele, die offen rassistischen Elemente von Trumps Programm seien bloßes Gerede, um die Basis anzustacheln, und er habe nicht ernsthaft vor, sie auch in die Tat umzusetzen. Als er dann in seiner ersten Amtswoche ein Einreiseverbot für Menschen aus sieben, mehrheitlich muslimischen Ländern verhängte, war es rasch vorbei mit dieser tröstlichen Illusion. Und die Reaktion darauf kam prompt. In allen Großstädten des Landes strömten Tausende und Abertausende zu den Flughäfen und verlangten eine Aufhebung des Verbots und die Freilassung der festgehaltenen Reisenden. In New York verzichteten Taxifahrer bei Fahrten vom und zum JFK-Flughafen auf die Gebühren, Lokalpolitiker und Anwälte tauchten in Scharen auf, um den festgehaltenen Menschen zu helfen, und schließlich griff ein Bundesrichter ein und hob das Verbot auf. Als Trump sein Präsidialdekret ein wenig abänderte und erneut erließ, stellte sich ihm ein anderer Richter in den Weg.

Der ganze Vorgang zeigt die Macht des Widerstands und richterliche Courage, und so gab es viel zu feiern. Wir dürfen jedoch nicht vergessen, dass ein terroristischer Angriff in den Vereinigten Staaten der Regierung einen Vorwand liefern würde, sich über diesen Rückschlag hinwegzusetzen. Aller Wahrscheinlichkeit nach würde sie rasch handeln und erklären, Demonstrationen und Streiks, die Straßen und Flughäfen blockierten, gefährdeten die »nationale Sicherheit«, und unter diesem Deckmantel die Organisatoren von Protesten verfolgen – durch Überwachung –, festnehmen und inhaftieren. Viele von uns erinnern sich wohl noch gut an das Klima, das nach dem 11. September herrschte, als es hieß: »Entweder [sie sind] auf unserer Seite oder auf der Seite der Terroristen« – aber wir müssen gar nicht so weit zurückgehen, um zu sehen, wie diese Dynamik funktioniert.

Unmittelbar nach dem Terrorangriff vor dem Londoner Parlamentsgebäude im März 2017, bei dem der Attentäter mit einem Auto in eine Menschenmenge raste, vorsätzlich den Tod von Menschen in Kauf nahm – es gab vier Tote – und Dutzende verletzte, beeilte sich die konservative Regierung, zu erklären, dass die Privatsphäre in der digitalen Kommunikation eine Bedrohung für die nationale Sicherheit darstelle. Innenministerin Amber Rudd trat bei BBC auf und verkündete, die Ende-zu-Ende-Verschlüsselung bei Programmen wie WhatsApp sei »völlig inakzeptabel«. Und sie fügte hinzu, die Regierung werde sich mit großen IT-Firmen treffen und »sie bitten, mit uns zusammenzuarbeiten«, um Backdoor-Zugriffe auf diese Plattformen zur Verfügung zu stellen.

Nach den koordinierten Angriffen in Paris, bei denen 130 Menschen starben, erklärte die französische Regierung unter François Hollande den »Notstand«, womit ein Verbot politischer Demonstrationen verbunden ist. Ich hielt mich eine Woche nach jenen schrecklichen Ereignissen in Frankreich auf und war erstaunt darüber, dass nur politische Aktivitäten unter freiem Himmel untersagt waren, obwohl die Täter ein Konzert, ein Fußballstadion, Restaurants und andere Embleme des täglichen Pariser Leben ins Visier genommen hatten. Große Konzerte, Weihnachtsmärkte und Sportveranstaltungen – wahrscheinliche Ziele neuer Angriffe –, all diese Dinge konnten weiterhin wie üblich stattfinden.

In den folgenden Monaten wurde der Notstand wieder

und wieder verlängert – bis er schließlich schon weitaus länger als ein Jahr anhielt. Gegenwärtig gilt er bis mindestens Juli 2017 – die neue Normalität. Und das alles unter einer Mitte-Links-Regierung in einem Land mit einer langen Tradition von Störstreiks und Demonstrationen. Man muss schon naiv sein, um sich vorzustellen, dass Donald Trump und Mike Pence nicht jeden Anschlag in den USA aufgreifen werden, um auf demselben Weg noch weiter zu gehen. Wir sollten uns darauf vorbereiten, dass Sicherheitsschocks als Vorwand genutzt werden, um Menschen aus Communitys zu verhaften und ins Gefängnis zu stecken, die diese Regierung bereis jetzt auf dem Kieker hat: eingewanderte Latinos, Muslime, Rädelsführer der Bewegung Black Lives Matter, Klimaaktivisten. Alles ist möglich. Und Sessions hätte eine Ausrede, die Aufsicht über bundesstaatliche und lokale Polizeikräfte durch Bundesbehörden zu beenden und der Polizei freie Hand zu lassen.

Leider gibt es keine Garantie dafür, dass Richter nach einem terroristischen Angriff denselben Mut zeigen und Trump Paroli bieten werden wie unmittelbar nach seiner Amtseinführung. Wenn sie sich als neutrale Schiedsrichter positionieren, sind sie nicht immun gegen eine hysterische Öffentlichkeit. Und es besteht kein Zweifel, dass der Präsident jeden terroristischen Anschlag im Land zum Anlass nehmen würde, um die Gerichte zu beschimpfen. Das hat er bereits unmissverständlich klargemacht, als er nach dem Scheitern seines ersten Einreiseverbots twitterte: »Kann einfach nicht glauben, dass ein Richter unser Land einer solchen Gefahr aussetzt. Wenn etwas passiert, macht ihn und unser Gerichtssystem dafür verantwortlich.«

Der Dark Prince ist wieder da

Trump macht kein Hehl aus seinem Interesse an Folter. »Folter funktioniert«, sagte er im Wahlkampf, »nur ein Idiot würde sagen, dass sie nicht funktioniert.« Außerdem schwor er, Guantánamo mit neuen »schlechten Kerlen [vollzustopfen], glaubt mir, wir werden es vollstopfen«.

Von Rechts wegen dürfte das nicht einfach sein. Spätestens seit die Regierung unter George W. Bush Schlupflöcher fand, eine Wende zum Sadismus zu vollziehen, machen es US-Gerichte den Regierungen schwer, diesem Beispiel zu folgen, ebenso der Senat, der 2015 einem Verfassungszusatz zustimmte, in dem klargestellt wurde, dass nur Verhörmethoden zugelassen seien, die den Vorschriften im Feldhandbuch der Armee entsprechen.

Doch für den Fall, dass eine größere Sicherheitskrise das Land in seine Gewalt bringt, gibt es keinen Grund für die Annahme, dass ein von den Republikanern dominierter Kongress dem Weißen Haus die Befugnisse verweigern würde, die es verlangt. Und Mike Pompeo, von Trump nominierter und vom Senat bestätigter CIA-Direktor, hat eine alarmierende Aufgeschlossenheit erkennen lassen, zu den guten alten Zeiten zurückzukehren. Nachdem er bei seiner Anhörung zur Nominierung unmissverständlich deutlich gemacht hatte, er werde eine Rückkehr zu Foltermethoden nicht dulden, fügte er hinzu: »Wenn Experten der Meinung wären, die gegenwärtige Gesetzgebung behindere entscheidende Ermittlungen zum Schutz des Landes, würde ich diese Hindernisse kennen und wissen wollen, ob es geeignete Empfehlungen für eine Gesetzesänderung gibt.« Außerdem forderte er nach den Enthüllungen durch Edward Snowden, dass die ohnehin begrenzten Einschränkungen der digitalen Überwachung zurückgenommen werden.

Auch ohne den Segen von Kongress und CIA wird eine Regierung, die entschlossen ist, gegen Gesetze zu verstoßen, wohl leider auch einen entsprechenden Weg dahin finden. Am wahrscheinlichsten ist, dass Trump diese schmutzige Arbeit auslagert und privaten Unternehmen überlässt. Kein anderer als der Gründer der Sicherheits- und Militärfirma Blackwater, Eric Prince (zufällig der Bruder von Bildungsministerin Betsy DeVos) hat den Präsidenten hinter den Kulissen beraten. Der investigative Journalist Jeremy Scahill, der ein preisgekröntes Buch über Blackwater geschrieben hat, berichtet, Prince habe nicht nur einer Lobbygruppe, die für die Wahl Trumps kämpfte, 100 000 Dollar gespendet, sondern auch das Team zur Vorbereitung der Regierungsübernahme »in Geheimdienst- und Verteidigungsfragen« beraten, »und dabei auch Kandidaten für das Verteidigungs- und das Außenministerium vorgeschlagen«. Und im April veröffentlichte die *Washington Post* einen Bericht, in dem enthüllt wurde, dass »laut US-amerikanischen, europäischen und arabischen Vertretern die Vereinigten Arabischen Emirate ein Geheimtreffen zwischen Blackwater-Gründer Eric Prince und einem Präsident Wladimir Putin nahestehenden Russen im Januar einfädelten, offensichtlich, um einen inoffiziellen Gesprächskanal zwischen Moskau und dem designierten Präsidenten Donald Trump einzurichten. Das Treffen fand um den 11. Januar – neun Tage vor Trumps Amtseinführung – auf den Seychellen im Indischen Ozean statt, hieß es von den offiziellen Stellen.«

Prince, so die *Washington Post*, »stellte sich als inoffizieller Gesandter Trumps vor«. Über einen Sprecher ließ

Prince mitteilen, das sei »völlig erfunden. Das Treffen habe nichts mit Präsident Trump zu tun gehabt.«

Das Auftauchen von Prince in diesen Zusammenhängen ist aus Gründen alarmierend, die weit über die Enthüllung einer weiteren Verbindung zwischen dem Trump-Team und Russland hinausgehen. Nach einer langen Reihe von Prozessen und Ermittlungen (2014 erklärte ein amerikanisches Bundesgericht vier Mitarbeiter von Blackwater mehrerer Anklagepunkte für schuldig, darunter vorsätzlicher Mord bei einem Massaker auf dem Nisour-Platz in Bagdad, bei dem 17 Menschen starben), versuchte Prince, Blackwater umzutaufen, und verkaufte schließlich das Unternehmen. Heute ist er Besitzer einer neuen Firma: Frontier Services Group. Er gehört zu jenen, die die weltumspannende Hetze gegen Einwanderer anheizen, und preist sein Unternehmen als effizientestes Instrument an, Migranten an der Überschreitung von Grenzen zu hindern. In Europa wirbt er damit, dass Länder, die die Arbeit seines Unternehmens in Libyen finanzieren, »ihre Grenzen sichern und damit verhindern [können], dass Migranten das Mittelmeer erreichen«. Anfang 2017 erklärte Prince in der *Financial Times*, wenn sein Plan umgesetzt werde, »könnten sich Schleuser nirgendwo mehr verstecken: Wir können sie mit Hilfe einer Mischung aus Operationen in der Luft und am Boden aufspüren, festsetzen und handlungsunfähig machen« – alles privat, alles profitorientiert.

Princes Wiederauftauchen führt uns wieder vor Augen, dass es viele Hintertüren gibt, um die Verfassung zu umgehen. Und Trump und andere politische Führer können sich an Unternehmen wie Frontier Services Group wenden, um Menschen zu überwachen und zu verhören und massiv verstärkte Grenzkontrollen durchzuführen.

Nein, sie brauchen keinen Plan

Manche warnen, Trump würde mit einem Klima erhöhter Angst und Unsicherheit und einer unverhohlenen Missachtung der Wahrheit so viel gewinnen, dass seine Regierung selbst eine Krise herbeilügen könnte. Es wäre zwar unklug, dieser Konstellation von Charakteren nicht alles Mögliche zuzutrauen, Tatsache ist jedoch, dass finstere Verschwörungen eher unnötig sind. Schließlich ist Trumps unverantwortliche und inkompetente Art, sein Amt auszuüben, nichts Geringeres als eine Katastrophen-Maschine.

Man betrachte nur die hetzerischen öffentlichen Stellungnahmen und Strategien im Zusammenhang mit Muslimen und dem »radikalen islamischen Terrorismus«. Nach eineinhalb Jahrzehnten des sogenannten Krieges gegen den Terror lässt sich unbestreitbar feststellen, dass solche Maßnahmen und Sprüche gewaltsame Reaktionen noch wahrscheinlicher machen. Heutzutage warnen nicht antirassistische oder Antikriegsaktivisten am heftigsten vor dieser Gefahr, sondern führende Figuren aus militärischen und Geheimdienstkreisen sowie dem außenpolitischen Establishment. Jeder Anschein, so ihr Argument, dass sich die Vereinigten Staaten im Krieg mit dem Islam als Glauben und mit Muslimen als Gruppe befinden, sei ein Geschenk für Extremisten, die ihre blutigen Angriffe auf amerikanische Soldaten und Zivilisten zu rationalisieren versuchten. Daniel L. Byman, Mitarbeiter der Brookings Institution und beteiligt am Joint 9/11 Inquiry Staff of the House and Senate Intelligence Committees (Gemeinsame Ermittlungsgruppe der Geheimdienstausschüsse von Repräsentantenhaus und Senat zum 11. September), formuliert es so: »Trumps Handeln und seine Rhetorik erhöhen die Glaubwürdigkeit des Narrativs von einem Krieg der Kulturen, das die Dschihadisten verbreiten.«

Berichten zufolge bezeichnete der IS Trumps erstes Einreiseverbot für Muslime in Form eines Präsidialdekrets als »gesegneten Bann«, der ihm helfen werde, Kämpfer zu rekrutieren. Und der iranische Außenminister warnte, das Verbot sei »ein Geschenk für Extremisten«. Selbst Trumps eigener Berater in Fragen der nationalen Sicherheit, Generalleutnant H. R. McMaster, nannte Trumps wiederholte Verwendung des Ausdrucks »radikalislamischer Terrorismus« als nicht hilfreich, weil die Terroristen »unislamisch« seien. Doch das alles hat nichts bewirkt. Trump scheint entschlossen, alles Erdenkliche zu tun, um die Botschaft vom Heiligen Krieg zu untermauern.

Die Vorstellung, dass es Trump nicht klar sei, wie provokativ er wirke, klingt genauso hohl wie seine Behauptung, es sei ihm nicht bewusst, dass seine rassistische Rhetorik ein Klima geschaffen habe, das reif für Hassverbrechen sei.

Der Kriegsschock

Die fatalste Art staatlicher Überreaktion auf terroristische Angriffe ist die, bei der die Atmosphäre der Angst benutzt wird, um einen ausgewachsenen Auslandskrieg zu führen. Dabei spielt es nicht unbedingt eine Rolle, ob das Ziel überhaupt in Zusammenhang mit den Terrorangriffen steht. Der Irak war nicht für 9/11 verantwortlich, aber die USA marschierten trotzdem ein.

Trumps wahrscheinlichste Ziele befinden sich vor allem im Nahen Osten. Zu ihnen gehören (die Aufzählung ist keineswegs endgültig): Syrien; der Jemen, wo Trump die Zahl der Drohnenangriffe bereits erhöht hat; der Irak, wo tödliche Schläge mit hohen Opferzahlen in der Zivilbevölkerung ebenfalls zunehmen; und – am gefährlichsten – der Iran. Und schließlich ist da natürlich noch Nordkorea. Außenminister Tillerson erklärte bereits nach einem Besuch der entmilitarisierten Zone, die Nord- von Südkorea trennt, es »liegen alle Optionen auf dem Tisch«, und weigerte sich ausdrücklich, einen präventiven Militärschlag als Antwort auf die Raketentests des nordkoreanischen Regimes auszuschließen. Dem folgte Trumps Muskelspiel mit der Ankündigung, umgehend eine Kampftruppe der US-Marine mit zwei Zerstörern, einem Raketenkreuzer und einem atomgetriebenen Flugzeugträger zur koreanischen Halbinsel zu schicken (peinlich für die Regierung war, dass der Flugzeugträger tausende Meilen entfernt auf dem Weg in die entgegengesetzte Richtung zu gemeinsamen Manövern mit der australischen Marine fotografiert wurde). Und all das wurde unterstrichen durch einen testosterongeladenen Tweet Trumps, dass, wenn China nicht eingreife, »wir das Problem ohne sie lösen werden! U. S. A.« Die staatlichen Medien Nordkoreas gaben unterdessen die haarsträubende Meldung heraus, das Land sei bereit, einen »Atomschlag auf das US-Festland« durchzuführen.

Trump hat offen einen neuen atomaren »Rüstungswettlauf« gefordert – etwas, was wir seit den 1980er Jahren nicht mehr gehört haben. Berichten zufolge hat er seine außenpolitischen Berater wiederholt gefragt, warum die Vereinigten Staaten nicht einfach Atomwaffen einsetzen könnten – offenbar hat er das Prinzip des Vergeltungsschlags nicht begriffen. Und Sheldon Adelson, einer der wichtigsten finanziellen Unterstützer Trumps, sprach von der Notwendigkeit, dem Iran mit einem Atomschlag in der »Mitte der Wüste [zu drohen], der keiner Seele etwas zuleide tut ... höchstens ein paar Klapperschlangen ... Und dann sagt man: ›Verstehe! Der nächste richtet sich mitten auf Teheran. Wir meinen es also ernst.‹« Adelson legte fünf Millionen Dollar für Trumps Inaugurationsfeier auf den Tisch, die größte Spende dieser Art, die es jemals gab.

Ich sage nicht, dass ein Atomkrieg wahrscheinlich ist. Doch in der äußerst kurzen Amtszeit hat es bereits ein Maß an militärischer Eskalation gegeben, das erschreckend und seltsam willkürlich ist. Wie die Anwendung der stärksten konventionellen Waffe im US-Arsenal – dem Massive Ordnance Air Blast (MOAB, auch als »Mother of all Bombs« bezeichnet) – schon in einem frühen Stadium seiner Präsidentschaft zeigt, ist Trump berauscht von dem verlockenden Gedanken, der Welt zu zeigen, dass er der Boss ist. Darum schrieb Michail Gorbatschow, der als sowjetischer Staatspräsident auf Abrüstung hinarbeitete, in der Zeitschrift *Time*, heute »erscheint die atomare Bedrohung wieder real. Die Beziehungen zwischen den Großmächten verschlechtern sich nunmehr seit Jahren anhaltend. Die Verfechter der Aufrüstung und der militärisch-industrielle Komplex reiben sich die Hände.« (Und das war, bevor Trump bei Nordkorea noch einmal nachlegte.)

Es gibt viele Gründe, warum für Leute im Umkreis des Präsidenten, insbesondere für diejenigen, die unmittelbar aus dem Verteidigungssektor kamen, eine weitere militärische Eskalation durchaus in Ordnung sein könnte. Wie wir gesehen haben, brachte der Raketenangriff auf Syrien im April 2017 – angeordnet ohne Zustimmung des Kongresses und daher manchen Experten zufolge gesetzwidrig – Trump die positivste Berichterstattung seit seinem Amtsantritt, und liberale Falken versuchten sich mit ihrer Begeisterung bei ihm einzuschmeicheln wie seine Superfans auf *Fox News*. Sein innerer Zirkel verwies indessen sofort darauf, die Angriffe seien ein Beweis dafür, dass sich zwischen dem Weißen Haus und Russland nichts abspiele, was man nicht gutheißen könne. »Wenn Syrien eins getan hat, dann, dass es die Nichtexistenz einer Verbindung zu Russland bestätigt hat«, sagte Trumps dreiunddreißigjähriger Sohn Eric gegenüber dem *Daily Telegraph* (womit er, vielleicht unabsichtlich, enthüllte, dass die Entscheidung, einen derart dramatischen Luftschlag durchzuführen, noch einen anderen Hintergrund hatte als [das] Mitgefühl [Ivankas] mit den »hübschen Babys«, die durch einen angeblichen syrischen Gasangriff getötet worden sind).

Die Kriege von ExxonMobil

Es gibt noch einen weiteren Grund, warum diese Regierung schon bald eine Sicherheitskrise benutzen könnte, um einen neuen Krieg zu beginnen oder einen vorhandenen Konflikt zu schüren: Es gibt keinen schnelleren oder effektiveren Weg, den Ölpreis in die Höhe zu treiben, vor allem, wenn Gewalt die Öllieferungen für den Weltmarkt beeinträchtigt.

An dieser Front besonders besorgniserregend sind Außenminister Tillersons Beziehungen zu ExxonMobil, einem der Ölgiganten, die am unmittelbarsten von einem Preisanstieg profitieren würden. Sicher, Tillerson erklärte sich bereit, seine Beziehungen zu dem Konzern zu kappen und ein Jahr lang wegen Befangenheit keine Entscheidungen zu treffen, die speziell ExxonMobil betreffen. Doch seine Verbindungen zu dem Unternehmen sind nach wie vor eng. Tillerson war nicht nur 41 Jahre lang bei Exxon, also sein ganzes Arbeitsleben lang, der Konzern hat sich auch bereit erklärt, ihm ein Abfindungspaket im atemberaubenden Wert von 180 Millionen Dollar zuzugestehen, eine so hohe Summe (vor allem angesichts dessen, in welchem Maße die Gewinne des Unternehmens in die Zeit seiner Führung fallen), dass der Außenminister womöglich eine gewisse Dankbarkeit empfindet. (Welche Gefühle würden Sie gegenüber einem Konzern empfinden, der Ihnen 180 Millionen Dollar für Ihren Ausstieg bietet?) Tom Sanzillo, Leiter der Finanzabteilung am Institute for Energy Economics and Financial Analysis, meinte dazu: »Man kann den Jungen aus Exxon rausholen, aber man kann Exxon nicht aus dem Jungen herausbringen.«

Darüber hinaus kann sich Tillerson, auch wenn er von Entscheidungen im Zusammenhang mit Infrastrukturmaßnahmen ausgeschlossen sein mag, an denen Exxon-Mobil ein klares Interesse hat (etwa die Genehmigung der Keysone-XL-Pipeline), nicht wegen Befangenheit von außenpolitischen Entscheidungen fernhalten, die sich auf die Ölpreise auswirken könnten – Entscheidungen, bei denen es für das Unternehmen möglicherweise um Milliarden Dollar geht. Schließlich würde das bedeuten, dass er sich jeder Diskussion über militärische Konflikte in ölreichen Regionen oder direkten Gesprächen mit den Anführern von Petrostaaten enthalten müsste. Wir haben bereits gesehen, dass Tillerson nichts dergleichen tut.

Der Zusammenhang zwischen Krieg und Ölpreisen ist keineswegs hypothetisch. Wenn die Ölpreise fallen, nimmt die Instabilität in vom Ölverkauf abhängigen Ländern wie Venezuela und Russland zu. Wenn umgekehrt in einem Land mit beträchtlichen Ölvorkommen wie Nigeria oder Kuwait ein Konflikt ausbricht, schießt der Ölpreis in die Höhe, weil die Märkte eine Verringerung des Angebots erwarten. (Die Ölpreiskurve bekam sogar einen kleinen Höcker, als Trump im April Raketen auf Syrien niedergehen ließ.) »Es gibt einen engen Zusammenhang zwischen Ölpreisen und Konflikten«, erklärt Michael T. Klaye, Professor für »Peace und World Security Studies« am Hampshire College in Massachusetts. Bestes Beispiel für dieses Phänomen war die Invasion des Irak im Jahr 2003, die dazu beitrug, dass der Ölpreis von etwa 30 Dollar pro Barrel zu Beginn der Invasion auf über 100 Dollar im Jahr 2008 kletterte. Das wiederum löste den Investitionsboom bei Teersand und die Jagd auf die Ölfelder in der Arktis aus. Diese Dynamik könnte sich wiederholen. Ein Krieg, der große staatliche Ölreserven stilllegt oder die Macht der OPEC merklich schwächt, wäre für die Ölriesen ein Segen. ExxonMobil, bepackt mit Teersandreserven und Plänen für Megaprojekte in der russischen Arktis, könnte davon enorm profitieren.

Vielleicht der Einzige, der durch solche Schwankungen nach oben noch mehr gewinnen könnte, ist Wladimir Putin, Staatschef eines riesigen Petrolandes, das sich seit dem Zusammenbruch des Ölpreises in einer Wirtschaftskrise befindet. Russland ist der weltweit führende Exporteur von Erdgas und zweitgrößter Exporteur von Öl (nach Saudi-Arabien). Die Zeit hoher Ölpreise war ein Segen für Putin: Vor 2014 stammten sage und schreibe 50 Prozent der staatlichen Einnahmen aus dem Öl- und Gasgeschäft. Als dann aber die Preise stürzten, fehlten der Regierung plötzlich hunderte Milliarden Dollar, eine wirtschaftliche Katastrophe, die schreckliche menschliche Opfer forderte. Laut Weltbank sanken die Reallöhne 2015 um fast 10 Prozent; der Wert des Rubel fiel um beinahe 40 Prozent, und die Zahl der Menschen, die als arm eingestuft wurden, stieg von 3 Millionen auf über 19 Millionen. Putin spielt den starken Mann, doch diese Wirtschaftskrise macht ihn innenpolitisch angreifbar.

Daher vermuten viele, dass Russlands hochriskante militärische Aktionen in Syrien zum Teil ein Versuch sind, die Ölpreise wieder anzuheben – eine Theorie, die vor allem von Alexander Temerko vertreten wird, einem rechten, in der Ukraine geborenen britischem Geschäftsmann, der in der Ölindustrie tätig ist. Im Jahr 2015 schrieb Temerko im *Guardian*: »Ein langer Krieg im Nahen Osten würde Putin in idealer Weise entgegenkommen. Je tiefer der Konflikt ist und je weiter er sich ausbreitet, desto wahrscheinlicher werden die Weltmarktpreise für Öl und Gas steigen und die Sanktionen unwirksam machen. Bessere Zeiten im Innern einzuleiten, ist daher Putins eigentliches Ziel, will er doch ein System stützen, das vom Patriotismus der Menschen und der öffentlichen Moral profitiert. Der große Plan besteht darin, die für ihn hochbedeutenden Öl- und Gaseinnahmen wieder auf das frühere Niveau zu heben, damit er sich die Loyalität der 140 Millionen starken Bevölkerung erkaufen kann.«

(Das ist eine etwas zu vereinfachte Darstellung: Putin hat noch andere Gründe, in Syrien mitzumischen, etwa das Bestreben, Zugang zu den Häfen des Landes und möglicherweise auch zu den Öl- und Gasfeldern zu erhalten – und schließlich ist Krieg wie immer, so auch hier eine großartige Möglichkeit, vom Elend im eigenen Land abzulenken.)

Es ist auch viel davon die Rede, dass ExxonMobil einen Riesendeal mit der staatlichen russischen Ölgesellschaft Rosneft über Ölbohrungen in der Arktis abgeschlossen hat, der, wie Putin sich rühmte, eine halbe Billion Dollar wert sei. Der Handel scheiterte aufgrund der US-Sanktionen gegen Russland, die unter der Regierung Obama erlassen wurden. Es ist immer noch gut möglich, dass Trump trotz des beidseitigen Imponiergehabes Syrien betreffend diese Sanktionen aufhebt und den Weg für den Deal freimacht, was die nachlassenden Profite von ExxonMobil rasch wieder in die Höhe treiben würde. (Monate nach dem Amtsantritt Trumps bat das Unternehmen um eine Befreiung von den Sanktionsvorschriften, erhielt sie aber nicht.)

Doch selbst wenn die Sanktionen aufgehoben werden, steht dem Projekt ein anderer Faktor im Wege: der am Boden liegende Ölpreis. Als Exxon-Chef schloss Tillerson den Deal mit Rosneft im Jahr 2011, als der Ölpreis bis auf etwa 110 Dollar pro Barrel hinaufschoss. In einem ersten Schritt sollte in der Karasee nördlich von Sibirien geforscht werden, unter harten eisigen Bedingungen, die die Ölförderung erschweren. Seit dem Einbruch der Ölpreise haben sich andere Ölriesen wie Shell und der französische Konzern Total von den Bohrungen in der Arktis zurückgezogen, zum Teil, weil der Frost die Kosten stark in die Höhe treibt. (Der Break-even-Kurs für Bohrungen in der Arktis wird auf mindestens 100 Dollar pro Barrel geschätzt.) Selbst wenn also Trump die Sanktionen aufhebt, ist es für ExxonMobil und Rosneft nicht mehr sinnvoll, ihr Projekt fortzusetzen, solange der Ölpreis nicht entsprechend hoch ist. Mit anderen Worten, beide Seiten haben gewichtige und vielschichtige Motive, den Ölpreis wieder in die Höhe schießen zu lassen.

Daher müssen wir uns ganz klar darüber sein, dass Instabilität und Ungewissheit von den zentralen Figuren in der Regierung Trump und ihrem Umkreis keineswegs gefürchtet werden; im Gegenteil, viele begrüßen diesen

Zustand. Trump hat sich mit Meistern des Chaos umgeben – von Tillerson bis zu Mnuchin. Und Chaos ist schon seit langem ein Garant für steigende Ölpreise. Wenn sie wieder auf 80 Dollar oder mehr pro Barrel steigen, wird der Wettlauf um die Förderung und Nutzung der schmutzigsten fossilen Brennstoffe, auch der unter schmelzendem Eis, wieder in Gang kommen. Eine Erholung des Ölpreises würde einen weltweiten Run auf neue, hochriskante Fördermöglichkeiten kohlenstoffreicher fossiler Brennstoffe von der Arktis bis zu den Teersandgebieten auslösen. Wenn das zugelassen wird, wären wir unserer letzten Chance beraubt, einen katastrophalen Klimawandel abzuwenden.

In einem sehr realen Sinne ist deshalb der Kampf um die Verhinderung von Kriegen und der um die Abwendung eines Klimachaos ein und derselbe.

Wirtschaftsschocks

So wie Trump nicht entgangen sein kann, dass seine gegen Muslime gerichteten Maßnahmen und Sprüche Terrorangriffe wahrscheinlicher machen, ist vielen Mitgliedern seiner Regierung vermutlich völlig klar, dass ihr Deregulierungswahn hinsichtlich der Finanzwelt andere Schocks und Katastrophen ebenfalls wahrscheinlicher werden lässt. Trump hat Pläne verkündet, den Dodd-Frank-Act abzuschaffen, das wichtigste Gesetz, das nach dem Bankencrash 2008 verabschiedet wurde. Selbst Dodd-Frank war nicht weitreichend genug, doch ohne das Gesetz wird sich die Wall Street frei fühlen und wie rasend neue Blasen schaffen, die natürlich platzen und neue Wirtschaftsschocks hervorrufen werden.

Trumps Mannschaft ist sich dessen bewusst, es kümmert sie aber nicht – die Profite aus solchen Blasen sind einfach zu verführerisch. Darüber hinaus wissen sie, dass weil die Banken nie pleitegegangen sind, sie immer noch zu groß sind, um fallengelassen zu werden; und das bedeutet, dass wenn alles zusammenstürzen sollte, man sie wie 2008 wieder retten wird. (Tatsächlich erließ Trump die Verfügung, einen besonderen Teil des Dodd-Frank-Act zu überprüfen, der dazu gedacht war, dass die Rechnung für einen weiteren solchen Rettungsakt nicht wieder am Steuerzahler hängenbleibt – ein beunruhigendes Zeichen, besonders wenn so viele ehemalige Goldman-Sachs-Führungskräfte jetzt die Politik im Weißen Haus machen.)

Manche Regierungsmitglieder sehen zweifellos auch, dass sich für die Politik nach einem oder zwei kräftigen Marktschocks heißersehnte Optionen öffnen. Im Wahlkampf umwarb Trump Wähler, indem er versprach, nicht die Hand an die Sozialversicherungs- oder Krankenversicherungsgesetze zu legen. Doch angesichts der großen Steuererleichterungen, die auf den Weg gebracht wurden, wird er diese Zusage wohl nicht einhalten können. Eine Wirtschaftskrise wäre für Trump ein nützlicher Vorwand, sein Versprechen zu brechen. Gerade in einem Augenblick, der der Öffentlichkeit als wirtschaftliches Armageddon verkauft wird, könnte Betsy DeVos sogar versuchen, ihren Traum zu realisieren und öffentliche Schulen durch ein System mit Bildungsgutscheinen und Privatschulen zu ersetzen.

Trumps Clique hat eine lange Wunschliste mit Maßnahmen, die sich für normale Zeiten nicht gut eignen. Bereits in den ersten Tagen der neuen Regierung beispielsweise traf sich Vizepräsident Mike Pence mit dem Gouverneur von Wisconsin Scott Walker, um zu erfahren, wie es diesem 2011 gelungen war, den Gewerkschaften das Recht auf kollektive Verhandlungen zu entziehen. (Er berief sich auf die Krise der Staatsfinanzen und brachte Paul Krugman, Kolumnist bei der *New York Times*, dazu, zu erklären, dass in Wisconsin die »Schock-Strategie« voll sichtbar sei.)

Das Bild ist klar. Im ersten Jahr werden wir sehr wahrscheinlich nicht die ganze wirtschaftliche Brutalität dieser Regierung vorgeführt bekommen. Sie wird erst später zutage treten, wenn die unausweichliche Haushaltskrise und die Marktschocks ihre Wirkung zeigen. Dann aber wird das Weiße Haus im Namen der Rettung der Regierung und vielleicht der gesamten Wirtschaft die schwierigeren Themen auf der Wunschliste der Unternehmen nach und nach abhaken.

Klimaschocks

So wie Trumps nationale Sicherheits- und Wirtschaftspolitik zweifelsfrei Krisen hervorrufen und verschärfen wird, so werden auch die Maßnahmen der Regierung, die Produktion fossiler Brennstoffe hochzufahren, die Umweltgesetze des Landes zum großen Teil wieder außer Kraft zu setzen und das Pariser Klimaabkommen in den Mülleimer zu werfen, den Weg für Industrieunfälle in größerem Stil bereiten – ganz zu schweigen von zukünftigen Klimakatastrophen. Zwischen der Freisetzung von Kohlendioxid in die Atmosphäre und den Folgen in Gestalt einer ausgewachsenen Erderwärmung liegt eine Zeitspanne von etwa zehn Jahren. Die allerschlimmsten klimatischen Auswirkungen der Politik dieser Regierung würden also erst spürbar, wenn sie bereits nicht mehr im Amt ist.

Abgesehen davon haben wir bereits so viel Wärme in

der Atmosphäre gespeichert, dass kein Präsident eine Legislaturperiode ohne große klimabasierte Katastrophen überstehen wird. Trump war nicht einmal zwei Monate im Amt, da sah er sich bereits mit übermächtigen Buschfeuern auf den Great Plains konfrontiert. Ihnen fielen so viele Rinder zum Opfer, dass ein Rancher von »unserem Hurrikan Katrina« sprach.

Trump zeigte kein großes Interesse für die Brände und hatte nicht einmal einen Tweet für sie übrig. Doch wenn der erste Supersturm die Küste erreicht, ist wohl mit einer ganz anderen Reaktion eines Präsidenten zu rechnen, der den Wert der Küstenimmobilien kennt und immer nur daran interessiert war, für das eine Prozent zu bauen. Die große Sorge ist natürlich, dass es zu einer weiteren Abzocke wie bei Katrina und den »fehlenden Milliarden Dollar« des Öl-für-Lebensmittel-Programms im Irak kommt, da in aller Eile geschlossene Verträge die Gefahr der Korruption bieten. Und es sind die Evakuierten beziehungsweise die Arbeiter, die den Preis dafür bezahlen.

Katastrophenschutz im Luxusstil

Die größte Eskalation der Trump-Ära aber wird höchstwahrscheinlich im Bereich der Katastrophenschutztechniken stattfinden, die vor allem für die Reichen auf den Markt gebracht werden – was eine Schlagzeile im *New Yorker* kürzlich als »Weltuntergangsvorbereitungen für die Superreichen« bezeichnete. Als ich *Die Schock-Strategie* schrieb, steckte die Branche noch in den Kinderschuhen, und mehrere junge Unternehmen scheiterten. So erwähnte ich auch eine kurzlebige Fluggesellschaft namens Help Jet mit Sitz in Trumps geliebtem West Palm Beach. In der

Zeit seines Bestehens bot Help Jet eine Reihe exklusiver Dienstleistungen im Gegenzug zu einer Mitgliedsgebühr.

Als sich dann ein Hurrikan näherte, schickte Help Jet Limousinen los, um Mitglieder abzuholen, brachte sie in 5-Sterne-Golfresorts und Wellness-Hotels in Sicherheit und flog sie dann eilig in Privatjets weg. »Kein Schlangestehen, kein Stress im Gedränge, einfach nur ein erstklassiges Erlebnis, das aus einem Problem einen Urlaub macht«, hieß es im Werbematerial des Unternehmens. »Genießen Sie das Gefühl, den üblichen Albtraum einer Hurrikan-Evakuierung zu vermeiden.« Aus der Rückschau hat es den Anschein, dass Help Jet keineswegs den Markt für solche Dienste falsch beurteilte, sondern einfach seiner Zeit voraus war. Heute verkaufen Immobilienentwickler in New York exklusive private Anlagen für den Fall einer Katastrophe an zukünftige Bewohner – ausgestattet mit allem, von Notlicht bis hin zu privaten Wasserpumpen und Generatoren und vier Meter hohen Schleusentoren. Eine Wohnanlage in Manhattan brüstet sich mit einem wasserdichten Technikraum, der so fest versiegelt sei wie ein U-Boot – für den Fall, dass ein zweiter Superstorm Sandy die Küste heimsucht. Auch auf Trumps Golfplätzen werden Vorbereitungen getroffen. In Irland beantragte Trump International Golf Hotels and Links die Genehmigung für den Bau einer über drei Kilometer langen und vier Meter hohen Mauer, um das Anwesen an der Küste vor einem steigenden Meeresspiegel und zunehmend gefährlichen Stürmen zu schützen.

Evan Osnos berichtete kürzlich im *New Yorker*, im Silicon Valley und an der Wall Street sicherten sich die echten Überlebensnerds gegen Klimastörungen und den Zerfall der Gesellschaft, indem sie Raum in nach Wunsch gefertigten unterirdischen Bunkern in Kansas (bewacht von schwerbewaffneten Söldnern) erwerben und Zufluchtsstätten in höheren Lagen Neuseelands errichten. Selbstverständlich benötigt man einen eigenen Privatjet, um dort hinzugelangen – in die letzte »Grüne Zone«.

Am äußerst extremen Ende dieser Entwicklung steht der Milliardär und Mitbegründer von PayPal Peter Thiel, ein wichtiger Sponsor für Trump und Mitglied seines Übergangsteams. Thiel steuerte 500000 Dollar zu einer 2008 entstandenen Initiative namens Seasteading Institute bei, deren Mitgründer Patri Friedman (Enkel von Milton Friedman) ist. Ziel dieser Einrichtung ist es, dass sich Wohlhabende in absolut unabhängige souveräne Nationen zurückziehen können, die im offenen Meer schwimmen – unbehelligt vom Meeresspiegelanstieg und völlig autark. Jeder, der keine Steuern bezahlen oder reguliert werden will, wird schlicht und einfach in der Lage sein, »mit seinem Schiff abzustimmen«, heißt es im Manifest der Bewegung. Thiel scheint kürzlich das Interesse an dem Projekt verloren zu haben, meinte er doch, die Logistik für den Aufbau schwimmender Nationalstaaten sei »nicht gut umsetzbar«, aber die Sache läuft weiter.

Das Besorgniserregende an diesem ganzen Phänomen der Survival-Spinnerelite (einmal abgesehen davon, dass das alles ziemlich schräg daherkommt) ist, dass sich die Reichen ihre eigenen luxuriösen Fluchtorte schaffen, während immer weniger Anreize bestehen, die bestehende Infrastruktur für den Katastrophenschutz aufrechtzuerhalten, die unabhängig vom Einkommen für alle gedacht ist – eine Dynamik, die zu dem ungeheuren und unnötigen Leid in New Orleans während des Hurrikans Katrina geführt hat. (Die Survivalnerds bezeichnen die amerikanische Bundesagentur für Katastrophenschutz FEMA als »Foolishly Expecting Meaningful Aid« [»Idiotischerweise sinnvolle Hilfe erwarten«] – ein Scherz, der nur für diejenigen lustig ist, die über die Mittel verfügen, ihre individuelle Flucht zu bezahlen.)

Dieses Zweiklassensystem im Katastrophenschutz entwickelt sich im Galopp weiter. In waldbrandgefährdeten Bundesstaaten wie Kalifornien und Colorado bieten Versicherungsgesellschaften ihrer exklusiven Kundschaft einen »Pförtner«-Dienst: Wenn Flächenbrände ihre Villen bedrohen, senden die Unternehmen private Feuerwehrmannschaften los, um diese Häuser mit einem feuerhemmenden Mittel zu besprühen. Der öffentliche Sektor wird indes dem weiteren Verfall preisgegeben.

Kalifornien liefert einen kleinen Einblick, worauf das alles hinausläuft. Für die Brandbekämpfung ist der Bundesstaat auf 4500 und mehr Gefängnisinsassen angewiesen, die einen Dollar pro Stunde an der Feuerlinie erhalten, also für die Zeit, in der sie ihr Leben bei der Bekämpfung eines Wildfeuers aufs Spiel setzen, und zwei Dollar pro Tag, den sie im Feuerwehrcamp auf ihren Einsatz warten. Schätzungen zufolge spart Kalifornien auf diese Weise etwa eine Milliarde Dollar – ein Beispiel dafür, was geschieht, wenn Austeritätspolitik mit Masseninhaftierung und den Folgen des Klimawandels zusammenfällt.

Mir ist nicht heiß – ist dir heiß?

Die zunehmenden Möglichkeiten der Elite, sich erstklassig auf Katastrophen vorzubereiten, bedeutet, dass die großen Gewinner unserer Wirtschaft umso weniger Anlass sehen, die anspruchsvolle Aufgabe eines Politikwechsel in

Angriff zu nehmen, der nötig wäre, um eine noch wärmere und katastrophenträchtigere Zukunft zu verhindern. Das trägt vielleicht zu der Erklärung bei, warum die Regierung Trump so entschlossen ist, alles Erdenkliche zu tun, um die Klimakrise zu forcieren.

Bislang konzentriert sich der Großteil der Diskussionen über Trumps Rücknahmen umweltpolitischer Fortschritte auf die angebliche Spaltung zwischen den Mitgliedern seines inneren Zirkels, die die Erkenntnisse der Klimawissenschaft offensiv zurückweisen wie etwa der Chef der US-Umweltbehörde EPA und Trump selbst, und jenen, die einräumen, dass Menschen tatsächlich zur Erderwärmung beitragen wie Rex Tillerson und Ivanka Trump. Doch das geht an der eigentlichen Sache vorbei, nämlich dass alle, mit denen sich Trump umgibt, darauf vertrauen, dass sie, ihre Kinder und auch die Klasse, der sie angehören, schlicht und einfach davonkommen werden, dass ihr Reichtum und ihre Beziehungen sie vor den schlimmsten bevorstehenden Schocks bewahren werden. Und dass sie gewiss ein paar Küstengrundstücke, darüber hinaus aber nichts verlieren werden, was nicht durch einen neuen Wohnsitz in den Bergen zu ersetzen wäre.

Was zählt, sind nicht ihre erklärten Ansichten zu den wissenschaftlichen Erkenntnissen über den Klimawandel, sondern die Tatsache, dass keiner von ihnen wegen des Klimawandels beunruhigt ist. Die ersten katastrophalen Ereignisse finden meist in den armen Teilen der Welt statt, wo die Menschen nicht weißer Hautfarbe sind. Und wenn Katastrophen wohlhabende Länder im Westen treffen, gibt es für die Reichen zunehmend Möglichkeiten, sich eine relative Sicherheit zu erkaufen. In der frühen Phase von Trumps Amtszeit löste der republikanische Kongressabge-

ordnete Steve King eine Kontroverse aus, indem er twitterte: »Wir können unsere Zivilisation nicht mit den Babys
anderer wieder aufbauen.« Das war unter mehreren Aspekten eine vielsagende Bemerkung. Der Klimawandel ist
für die republikanische Partei kein Thema, weil sehr viele
Menschen in Machtpositionen zweifellos denken, dass
»die Babys anderer« die Risiken schultern werden, Babys,
die nicht in dem Maße zählen wie ihre eigenen. Vielleicht
sind nicht alle von ihnen Klimaleugner, doch fast alle sind
in katastrophaler Weise gleichgültig.

Diese Sorglosigkeit ist charakteristisch für eine äußerst
irritierende Entwicklung. In einer Zeit der immer weiter
auseinanderklaffenden Einkommen mauert sich eine maßgebliche Gruppe unserer Elite nicht nur physisch, sondern
auch psychisch ein und löst sich mental vom kollektiven
Schicksal der übrigen Menschheit. Diese Abspaltung
von der menschlichen Spezies (die natürlich nur in ihren
Köpfen stattfindet) erlaubt ihr nicht nur, achselzuckend
über die dringende Notwendigkeit von Klimaschutzmaßnahmen hinwegzugehen, sondern auch, mit immer rück-
sichtsloseren Methoden Profit aus gegenwärtigen und zukünftigen Katastrophen und instabilen Verhältnissen zu
ziehen.

Wir rasen auf eine Zukunft zu, in die ich vor vielen Jahren
in New Orleans und Bagdad einen Blick werfen konnte: in
eine Welt, die aufgeteilt ist in »Grüne Zonen« und »Rote
Zonen« und es außerdem noch Geheimgefängnisse für all
die gibt, die nicht kooperieren wollen. Und es ist eine Welt
mit einer Wirtschaft im Stil von Blackwater, in der private
Akteure von der Errichtung der Mauern, von der Überwachung der Bevölkerung, von individueller Sicherheit und
privatisierten Grenzkontrollstellen profitieren.

Eine Welt Grüner und Roter Zonen

So wird unsere Welt in alarmierendem Tempo aufgeteilt. Europa, Australien und Nordamerika errichten immer aufwendigere (privatisierte) Grenzfestungen, um sich von Menschen abzuschotten, die in dem Versuch, dem Tod zu entrinnen, fliehen, nicht selten aufgrund von Kräften, die in erster Linie von eben diesen befestigten Ländern entfesselt wurden – sei es durch Handelsabkommen, die den Menschen ihre Lebensgrundlage rauben, durch Kriege oder durch aufgrund des Klimawandels verschärfte Katastrophen.

Man ringt die Hände wegen der »Migrantenkrise« – doch nicht annähernd im selben Maße über die Krisen, die die Menschen zunehmend zur Migration zwingen. Seit 2014 sind Schätzungen zufolge 13 000 Menschen bei dem Versuch, die Küsten Europas zu erreichen, im Mittelmeer ertrunken. Und diejenigen, die es schaffen, können sich keinesfalls in Sicherheit wiegen. Das riesige Flüchtlingslager in Calais wurde als »Dschungel« bezeichnet, und bei Katrina hieß es, die Menschen – die man im Stich gelassen hatte – verhielten sich wie »Tiere«. Ende 2016, kurz vor der Wahl Trumps, wurde das Lager in Calais mit Bulldozern plattgewalzt.

Beim Umgang mit menschlicher Verzweiflung wie mit einer Pest am weitesten gegangen ist die australische Regierung. Seit 2012, also nunmehr fünf Jahre in Folge, werden Flüchtlingsboote auf dem Weg zur australischen Küste systematisch auf dem Meer abgefangen und die Insassen auf die abgelegenen Inseln Nauru und Manus geflogen, wo sie in Internierungslager gesteckt werden. Zahlreichen Berichten zufolge laufen die Bedingungen in den Lagern auf

Folter hinaus. Aber die Regierung zeigt sich unbeeindruckt. Schließlich betreibt nicht sie die Lager, sondern (natürlich) private, profitorientierte Unternehmen.

Die Verhältnisse im Lager von Nauru sind dermaßen miserabel, dass sich 2016 innerhalb einer Woche zwei Flüchtlinge selbst anzündeten, um die Welt auf ihre Misere aufmerksam zu machen. Aber die Wirkung blieb aus. Premierminister Malcolm Turnbull weist nach wie vor Forderungen vieler Australier zurück, die Flüchtlinge in ihrem weiten Land willkommen zu heißen. »Wir dürfen uns in dieser Sache unseren Blick nicht trüben lassen«, sagte er und betonte, Australier müssten »klar und entschlossen unsere nationalen Ziele vertreten«.

Nauru ist übrigens eine der pazifischen Inseln, die durch den Anstieg des Meeresspiegels gefährdet sind. Die Bewohner, die mitansehen mussten, dass ihre Heimat in ein Gefängnis für Menschen verwandelt wurde, die vor Kriegen in Ländern wie Somalia und Afghanistan geflohen waren, werden womöglich einmal selbst gezwungen sein zu fliehen. Auch das ist ein Blick in eine bereits eingetretene Zukunft: die Klimaflüchtlinge von morgen zum Dienst als Gefängniswächter von heute rekrutiert.

Jets, Drohnen und Flüchtlingsboote

Es ist eine besonders bittere Ironie, da viele der Konflikte, die zu den gegenwärtigen Migrationsbewegungen führen, bereits vom Klimawandel verstärkt werden. Vor dem Ausbruch des Bürgerkrieges in Syrien beispielsweise war das Land mit der schlimmsten Dürre konfrontiert, die je aufgezeichnet wurde – mit der Folge, dass etwa 1,5 Millionen Menschen zu Binnenflüchtlingen wurden. Ein sehr großer

Anteil der heimatlos gewordenen Bauern zog in die Grenzstadt Daraa, in der auch 2011 der syrische Aufstand begann. Die Dürre war zwar nicht der einzige Faktor, der die Spannungen auf die Spitze trieb, aber viele Beobachter, darunter auch der ehemalige US-Außenminister John Kerry, sind davon überzeugt, dass sie einen wichtigen Beitrag dazu leistete.

Wenn man sich anschaut, wo gegenwärtig die weltweit größten Konflikte ausgetragen werden – von den blutigsten Schlachtfeldern in Afghanistan und Pakistan bis Libyen, Jemen, Somalia und Irak – wird deutlich, dass diese auch zu den wärmsten und trockensten Regionen auf der Welt gehören. Der israelische Architekt Eyal Weizan hat die Ziele der westlichen Drohnenangriffe kartiert und dabei eine »verblüffende Koinzidenz« festgestellt. Die Luftschläge konzentrieren sich mit großer Dichte auf Regionen mit einer durchschnittlichen Niederschlagsmenge von gerade einmal 200 Millimeter pro Jahr – das ist so wenig, dass selbst geringe Klimastörungen zu Dürren führen. Das heißt, wir bombardieren die trockensten Zonen auf unserem Planeten, die zugleich die am stärksten destabilisierten sind.

Eine freimütige Erklärung dafür ist in einem Bericht des US-Militärs zu finden, der vom Center for Naval Analyses vor zehn Jahren veröffentlicht wurde: »Der Nahe Osten wird seit jeher mit zwei natürlichen Ressourcen verbunden, Öl (wegen der reichen Vorkommen) und Wasser (wegen dessen Knappheit).« Was Öl, Wasser und Krieg in dieser Region betrifft, haben sich im Lauf der Zeit bestimmte Muster herauskristallisiert. Erst folgen die Kampfflugzeuge aus dem Westen den reichen Ölreservoirs in der Region und setzen damit Spiralen der Gewalt und Destabilisierung in Gang. Dann kommen die Drohnen, und zwar genau dorthin, wo Wasserknappheit herrscht und Dürre und gewaltsame Auseinandersetzungen zusammentreffen. Und so wie die Bomben dem Öl und die Drohnen den Dürren folgen, folgen nun Boote beiden: Boote, dichtbesetzt mit Flüchtlingen, die aus ihrer von Krieg und Dürren verwüsteten Heimat in den trockensten Zonen des Planeten fliehen.

Und dieselbe Macht, die Menschlichkeit der »anderen« zu ignorieren, um die zivilen Opfer der Bomben und Drohnen zu rechtfertigen, richtet sich nun auf die Menschen in den Booten (oder die, die in Bussen oder zu Fuß kommen) –, indem ihr Bedürfnis nach Sicherheit als Bedrohung und ihre verzweifelte Flucht als Invasion einer Armee dargestellt wird.

Die dramatische Zunahme von Nationalismus, gegen Schwarze gerichtetem Rassismus, Islamophobie und der unverhohlenen Behauptung weißer Überlegenheit in den letzten zehn Jahren darf nicht losgelöst von diesem Mahlstrom aus Jets und Drohnen, Booten und Mauern betrachtet werden. Die einzige Möglichkeit, Ungleichheit in diesen Dimensionen zu rechtfertigen, besteht darin, vermehrt Theorien der Rassenhierarchie zu verbreiten, wonach die aus der globalen »Grünen Zone« Ausgeschlossenen ihr Schicksal verdient haben, sei es nun durch Trump, der Mexikaner als Vergewaltiger und »bad hombres« und syrische Flüchtlinge als »heimliche Terroristen« hinstellt, oder durch die prominente konservative Politikerin Kellie Leitch aus Kanada, die vorschlägt, Einwanderer auf »kanadische Werte« hin zu überprüfen, oder durch die aufeinanderfolgenden australischen Premierminister, die die düsteren, auf Inseln isolierten Internierungslager als »humanitäre« Alternative zum Tod auf dem Meer bezeichnen.

So sieht die globale Destabilisierung durch Gesellschaften aus, die ihre Gründungsverbrechen nie aufgearbeitet haben – Länder, die stattdessen immer noch darauf bestehen, dass Sklaverei und Landraub bei den indigenen Völkern lediglich Ausrutscher in einer Geschichte seien, auf die man stolz sein könne. Denn die Aufteilung in Grüne und Rote Zonen unterscheidet sich kaum von der Sklavenhalterwirtschaft – als man im Haus des Herrn Quadrillen tanzte, nur ein paar Schritte entfernt von der Folter auf den Feldern. Und all das fand auf dem unter Gewaltanwendung gestohlenen indigenen Land statt, auf dem der Wohlstand Nordamerikas errichtet wurde.

Es wird immer deutlicher, dass dieselben Theorien der Rassenhierarchie, mit denen jener Raub im Namen der bevorstehenden Industrialisierung gerechtfertigt wurde, in einem Moment wieder an die Oberfläche kommen, da jenes System von Reichtum und Bequemlichkeit, das damals errichtet wurde, an vielen Fronten gleichzeitig aus den Fugen gerät.

Trump ist nur eine frühe und boshafte Manifestation davon. Er ist nicht allein. Und er wird nicht der Letzte sein.

Eine Krise der Vorstellungskraft

Auf der Suche nach einem Wort für die riesigen Diskrepanzen zwischen der Grünen und der Roten Zone im Irak hinsichtlich der Privilegien und Sicherheit kamen Journalisten häufig auf den Begriff »Science-Fiction«. Und natürlich entsprach das dem, was sich dort abspielte. Die ummauerte Stadt, in der die wenigen Reichen in relativem

Luxus leben, während sich die Massen draußen im Kampf ums Überleben bekriegen, ist mehr oder weniger die Voraussetzung jedes dystopischen Science-Fiction-Films, der heutzutage in Auftrag gegeben wird, von *Die Tribute von Panem*, wo dem dekadenten Kapitol in tiefe Verzweiflung gestürzte Distrikte gegenüberstehen, bis hin zu *Elysium*. In diesem Film schwebt eine von der Elite bewohnte Raumstation mit den besten medizinischen Einrichtungen über einer Welt, die einer sich ausbreitenden und todbringenden Favela gleicht. Solche Visionen sind tief durchdrungen von den großen Narrativen der vorherrschenden westlichen Religionen voller heftiger Fluten, die die Welt reinwaschen und nur wenige Auserwählte verschonen, damit sie noch einmal von vorn beginnen. Es ist die Geschichte der großen Flächenbrände, die die Welt auskehren und die Ungläubigen töten, während die Rechtgläubigen in eine umzäunte Stadt am Himmel gebracht werden. Dieses extreme Ende unserer Spezies mit strikt voneinander getrennten Gewinnern und Verlierern haben wir uns so oft kollektiv vor Augen geführt, dass eine der drängendsten Aufgaben unserer Zeit darin besteht, mögliche Alternativen für den Ausgang der Menschheitsgeschichte zu imaginieren, bei dem wir uns in einer Krise zusammentun, anstatt uns spalten zu lassen, und Mauern niederreißen anstatt noch mehr zu errichten.

Weil wir alle mehr oder weniger wissen, wohin der Weg führt, auf dem wir uns befinden: in eine Welt der Katrinas, eine Welt, die unsere düstersten Albträume wahr werden lässt. Es existiert zwar eine blühende Subkultur utopischer Science-Fiction, aber all das Zeug, das gegenwärtig an dystopischen Büchern und Filmen für den Massenmarkt entsteht, reproduziert nur wieder und wieder wie in einer

Schleife die Grüne-Zone/Rote-Zone-Lösung. Doch die Aufgabe der dystopischen Kunst besteht nicht darin, als Zeit-GPS zu fungieren und uns zu zeigen, wie unsere Zukunft unausweichlich aussehen wird. Sie sollte uns vielmehr warnen, uns aufrütteln, so dass wir sehen, wohin dieser gefährliche Weg führen kann, und wir einen anderen Pfad einschlagen können.

»Wir haben es in der Hand, die Welt von neuem aufzubauen.« Dieses Zitat von Thomas Paine fasst gut den sehnlichen Wunsch zusammen, der Vergangenheit zu entfliehen, die den Kern des kolonialen Projekts und zugleich des amerikanischen Traums bildet. Die Wahrheit aber ist, dass wir nicht über die gottgleiche Macht verfügen, die Welt neu zu erfinden, und das auch nie der Fall war. Wir müssen mit all dem Schlamassel leben, den wir angerichtet, mit den Fehlern, die wir gemacht haben, und auch in den Grenzen dessen, was unser Planet aushalten kann.

Aber es liegt in unserer Macht, uns selbst zu verändern, zu versuchen, frühere Fehler zu korrigieren, unsere Beziehungen untereinander und zu unserem gemeinsamen Planeten wiederherzustellen. Die Arbeit daran ist die Grundlage der Schockresistenz.

TEIL IV

WIE KÖNNTE SICH DIE LAGE VERBESSERN?

»›Sie ist am Horizont‹, sagt Fernando Birri. ›Ich mache zwei Schritte auf sie zu, sie entfernt sich zwei Schritte. Ich gehe zehn Schritte, und der Horizont rückt zehn Schritte von mir ab. Und wenn ich noch so weit gehe, ich werde sie nie erreichen. Wozu taugt die Utopie? Dazu taugt sie: damit wir gehen.‹«

Eduardo Galeano, »Wandelnde Worte«.

Kapitel 10

Wenn die Schock-Strategie fehlschlägt

Als ich knapp 20 war, erlitt meine Mutter eine Reihe schwerer Schlaganfälle, deren Ursache, wie sich später herausstellte, ein Gehirntumor war. Der erste Schlaganfall war für uns ein Riesenschock – sie war damals jünger als ich es jetzt bin, körperlich und beruflich aktiv. Eben war sie noch Fahrrad gefahren, und kurz darauf lag sie auf der neurologischen Intensivstation, unfähig, sich zu bewegen oder eigenständig zu atmen.

Bis zum Schlaganfall meiner Mutter war ich eine ziemlich schwierige Teenagerin gewesen – distanziert gegenüber meinen Eltern, in Gesellschaft meiner Freunde eine Rabaukin und eine gewohnheitsmäßige Lügnerin. In der Schule war ich, zu meinem Glück, recht gut, aber unser Familienleben konnte man bestenfalls schwierig nennen.

Der Moment, der das Leben meiner Mutter komplett veränderte, veränderte auch mich. Ich entdeckte eine hilfsbereite Seite an mir. Und eine liebevolle (wer hätte das gedacht?). Ich wurde über Nacht erwachsen. Nach einer Gehirnoperation verbesserte sich der Zustand meiner Mutter, sie wurde jedoch nie wieder richtig gesund. Mit anzusehen, wie sie sich auf das Leben als Behinderte einstellte, lehrte mich eine Menge über die Fähigkeit der Menschen, ungeahnte Kraftreserven bei sich selbst zu entdecken.

Es stimmt zwar, dass Menschen in einer Krise regredieren. Das habe ich viele Male erlebt. Wenn wir unter Schock stehen, unser Weltbild stark erschüttert ist, neigen viele von uns zu kindlichem oder apathischem Verhalten und zu Vertrauensseligkeit gegenüber Leuten, die dieses Vertrauen dann schamlos ausnutzen. Aber ich weiß auch, dank des Umgangs meiner Familie mit einem schockierenden Ereignis, dass es eine andere Reaktion geben kann. Wir können uns in einer Krise weiterentwickeln, durch sie wachsen und allen möglichen Mist radikal beiseiteschieben.

Widerstand, Gedächtnis und die Grenzen des Nein

Dies gilt auch für ganze Gesellschaften. Konfrontiert mit einem kollektiven Trauma oder einer allgemeinen Bedrohung, können sich Gruppen von Menschen zusammenfinden und auf vernünftige und erwachsene Art reagieren. Das ist in der Vergangenheit geschehen, und es sieht derzeit so aus, als könne es erneut so kommen.

Die Trump-Regierung nimmt eindeutig große Teile der Gesellschaft gleichzeitig ins Visier: zig Millionen Menschen, die von geplanten Haushaltskürzungen betroffen wären, Bürgerrechtsaktivisten, Künstler, indigene Völker, Einwanderer, Klimaforscher ... Die Folgen ihres militärischen Imponiergehabes und ihrer umweltpolitischen Verbrechen reichen bis weit über die Grenzen der USA hinaus und sollen die globale Stabilität und die Bewohnbarkeit unseres Planeten absichtlich gefährden. Genau wie viele Schocktherapeuten vor ihnen spekulieren Trump und seine Spießgesellen darauf, dass dieser Generalangriff ihre Gegner überrumpelt, so dass sie in alle Richtungen auseinanderstieben und am Ende aus Erschöpfung oder einem Gefühl der Zwecklosigkeit aufgeben.

Diese Blitzkrieg-Strategie hat zwar in der Vergangenheit

oft funktioniert, ist aber ziemlich riskant. Wenn ein Angriff an derart vielen Fronten die Gegner nicht, wie geplant, demoralisiert, kann es passieren, dass er sie eint.

An dem Tag, an dem Trump mit seiner Unterschrift die Wiederaufnahme der Arbeiten an der Keystone-XL-Pipeline genehmigte, sagte Mekasi Camp Horinek vom Volk der Ponca der Reporterin Alleen Brown etwas, das diese Einschätzung stützt:

»Ich möchte mich bei dem Präsidenten für seine vielen schlechten Entscheidungen bedanken – für die schlechte Besetzung der Ministerämter und für das Aufwecken eines schlafenden Riesen. Menschen sind wütend, die sich noch nie gewehrt haben, die noch nie ihre Stimme erhoben haben, die noch nie bei Demonstrationen ihre Gesundheit riskiert haben. Ich möchte Präsident Trump für seine Bigotterie danken, für seinen Sexismus und vor allem dafür, dass er so viele Menschen dieses Volks zusammengebracht hat, die sich jetzt gemeinsam wehren wollen.«

Als Argentinien nein sagte

Da Schocktaktiken auf die Desorientierung der Bevölkerung durch eine schnelle Abfolge von Ereignissen bauen, schlagen sie in der Regel dort besonders spektakulär fehl, wo kollektive Erinnerungen an frühere Fälle vorhanden sind, in denen Angst und Traumata ausgenutzt wurden, um die Demokratie auszuhöhlen. Diese Erinnerungen dienen als Schockabsorber, denn sie verschaffen den Menschen gemeinsame Bezugspunkte, die es ihnen ermöglichen, Vorkommnisse einzuordnen und sich ihnen zu widersetzen.

Diese Lehre habe ich vor gut fünfzehn Jahren gezogen, als ich auf den Straßen von Buenos Aires eine andere Art von Zukunft erblickte. Ende 2001 befand sich Argentinien im Würgegriff einer derart schweren Wirtschaftskrise, dass die ganze Welt darüber erschrak.

In den 1990er Jahren hatte sich das Land der ökonomischen Globalisierung so schnell und vorbehaltlos geöffnet, dass der IWF es zum Musterschüler erklärte. Die bekannten Logos der großen Banken, Hotel- und Fastfood-Ketten leuchteten auf der Skyline von Buenos Aires, und die neuen Einkaufszentren der Stadt waren so elegant und prächtig, das bei Beschreibungen regelmäßig der Vergleich mit Paris angestellt wurde. Das Magazin *Time* erklärte auf seinem Titelblatt Argentiniens wirtschaftlichen Erfolg zu einem »Wunder«.

Und dann brach alles in sich zusammen. Angesichts einer sich laufenden verschärfenden Schuldenkrise versuchte die Regierung, eine Reihe neuer Austeritätsmaßnahmen durchzusetzen, und die Bankkonzerne mussten ihre Filialen verrammeln, damit die Kunden nicht hereinstürmen und ihre Ersparnisse abheben konnten. Im ganzen Land kam es zu Protesten. In Vorstädten wurden Supermärkte europäischer Ketten geplündert. Inmitten dieses Chaos trat Präsident Fernando de la Rúa vor die Fernsehkameras und behauptete mit schweißglänzendem Gesicht, das Land sei den Angriffen von kriminellen Banden ausgesetzt, die »Zwietracht und Gewalt« säen wollten. Er verkündete einen dreißigtägigen Ausnahmezustand – der ihm die Möglichkeit gab, eine Reihe von Grundrechten, darunter die Pressefreiheit, auszusetzen – und befahl den Argentiniern, ihre Häuser und Wohnungen nicht zu verlassen.

Für viele von ihnen klangen die Worte des Präsidenten wie die Ankündigung eines Militärputsches – mit fatalen Folgen für ihn. Menschen aller Altersgruppen kannten die

Geschichte ihres Landes, einschließlich der Ereignisse des Jahres 1976, in dem das Militär eine angebliche Gefährdung der öffentlichen Ordnung durch Feinde im Innern als Vorwand für eine brutale Machtergreifung benutzt hatte. Die Junta blieb bis 1983 an der Macht und brachte in dieser Zeit über dreißigtausend Menschen ums Leben.

Entschlossen, die Kontrolle über ihr Land nicht erneut zu verlieren, strömten bereits kurz nachdem de la Rúa im Fernsehen den Menschen befohlen hatte, daheim zu bleiben, Zigtausende auf Buenos Aires' berühmte Plaza de Mayo, wo viele von ihnen mit Löffeln und Gabeln gegen Töpfe und Pfannen schlugen und auf diese Weise wortlos, aber lautstark gegen die Anweisungen des Präsidenten demonstrierten. Die Argentinier waren nicht bereit, ihre Freiheitsrechte der inneren Sicherheit zu opfern. Nicht schon wieder, nicht in dieser Situation.

Und dann sprach diese gewaltige Demonstration plötzlich mit einer Stimme, denn es ertönte ein einziger wütender Satz aus den Mündern der Großmütter, Schüler, Motorradkuriere und arbeitslosen Arbeiter, gerichtet an die Politiker, die Banker, den IWF und die anderen sogenannten »Experten«, die behaupteten, den Königsweg zu Wohlstand und Stabilität in Argentinien zu kennen. »Que se vayan todos!« Haut alle ab! Die Demonstranten harrten auch dann noch auf den Straßen aus, als die Zahl der Menschen, die bei gewaltsamen Auseinandersetzungen mit der Polizei getötet wurden, landesweit auf über zwanzig anstieg. Der Aufruhr zwang de la Ruá, den Ausnahmezustand zu beenden, und er floh mit einem Hubschrauber aus dem Präsidentenpalast. Es wurde ein Nachfolger vereidigt, und die Menschen demonstrierten voller Abscheu auch gegen ihn, bis auch er zurücktrat – und machten immer weiter, so dass schließlich drei Präsidenten in gerade einmal drei Wochen abdankten.

Unterdessen ereignete sich inmitten der argentinischen Staatskrise etwas Sonderbares und Wundervolles: Die Menschen streckten die Köpfe aus den Fenstern ihrer Häuser und Wohnungen und begannen, in Ermangelung einer politischen Führung oder einer stabilen Regierung, miteinander zu sprechen, Gedanken auszutauschen. Einen Monat später gab es allein im Stadtgebiet von Buenos Aires über 250 »asambleas barriales«, Nachbarschaftsversammlungen unterschiedlicher Größe. So wäre es gewesen, hätte sich Occupy Wall Street auf ganz New York ausgedehnt. Überall in den Straßen, Parks und auf den Plätzen fanden bis spätabends Versammlungen statt, auf denen die Menschen ihre Einschätzung der Lage schilderten, Pläne schmiedeten, debattierten und über alles Mögliche abstimmten – von der Frage, ob Argentinien seine Auslandsschulden begleichen sollte über den Termin der nächsten Demonstration bis hin zur Form der Unterstützung einer Gruppe Arbeiter, die in einem leerstehenden Fabrikgebäude eine Kooperative gegründet hatten.

Viele dieser Versammlungen waren anfangs im gleichen Maß Gruppentherapie wie politische Aktivität. Teilnehmer sprachen über ihr Gefühl der Isolation in der Dreizehn-Millionen-Stadt. Akademiker und Ladenbesitzer entschuldigten sich dafür, dass sie nicht aufeinander Acht gegeben hatten, PR-Manager gestanden, dass sie bisher auf arbeitslose Fabrikarbeiter hinabgeschaut hatten, weil sie dachten, die Arbeiter hätten ihr Schicksal verdient, und sie sich niemals hätten vorstellen können, dass die Krise auch die gutausgebildete Mittelklasse erfassen würde. Und Entschuldigungen für Fehler der jüngsten Vergangenheit wichen bald tränenreichen Geständnissen, die Ereignisse während der Diktatur betrafen. Ich war Zeuge, wie eine Hausfrau sich erhob und öffentlich zugab, dass sie vor drei Jahrzehnten, als sie erfuhr, dass schon wieder ein Mann aus ihrer Nachbarschaft von der Junta entführt worden war, mitleidslos zu sich selbst gesagt hatte: »Por algo será« – Es wird schon einen Grund haben. Sie versuchten gemeinsam zu verstehen, wie ihrem Land so viel Leid hatte widerfahren können, und ein Netzwerk an persönlichen Beziehungen aufzubauen, damit sich die Vergangenheit niemals wiederholen würde.

So veränderten sie von unten die Geschichte einer Nation.

Die politischen Veränderungen, die dem argentinischen Aufstand folgten, entsprachen keineswegs utopischen Forderungen. Die Regierung, die nach der Krise die Demokratie wiederherstellte und zuerst von Néstor Kirchner und dann von seiner Frau Cristina angeführt wurde, verstand sich hervorragend darauf, die Stimmung auf den Straßen zu deuten, und griff genügend Wünsche und Forderungen der Bürger auf, um mehr als ein Jahrzehnt lang – trotz vieler Skandale – Rückhalt für eine fortschrittliche Politik zu haben. Bis heute wird leidenschaftlich debattiert, ob aus der einzigartigen Chance Anfang des Jahrtausends mehr hätte gemacht werden können, wenn die Bürgerbewegungen einen konkreten Plan für eine Machtübernahme und eine andere Regierungspolitik gehabt hätten. Dennoch steht unzweifelhaft fest, dass die Argentinier sich selbst Jahre des wirtschaftlichen Aderlasses ersparten, indem sie sich de la Rúas Austeritätsmaßnahmen widersetzten und seinen Befehl ignorierten, zu Hause zu bleiben.

Als Spanien nein sagte

Ein weiterer Fall, in dem das kollektive Gedächtnis als Schockabsorber diente, ereignete sich einige Jahre später in Spanien. Am 1. März 2004 detonierten in Madrider Bahnhöfen und Nahverkehrszügen zehn Bomben und töteten fast zweihundert Menschen. Da es sich um einen Angriff auf ein Transportmittel handelte, das fast jeder in Madrid benutzte, bereitete sich das Gefühl, man selbst könne zu den nächsten Opfern zählen, sofort in der ganzen Stadt aus, genau wie in Paris über ein Jahrzehnt später, als gleichzeitig mehrere terroristische Anschläge die Stadt trafen. Eine offizielle Untersuchung der Bombenanschläge in Madrid ergab später, dass sie von einer Terrorzelle verübt worden waren, die von Al-Qaida beeinflusst war und für Spaniens Teilnahme an der von den USA angeführten Irak-Invasion Rache nehmen wollte. Der damalige Premierminister José María Aznar trat jedoch unmittelbar nach der Katastrophe vor die Fernsehkameras und beschuldigte die baskischen Separatisten der Taten. Zugleich forderte er – ohne jeden logischen Zusammenhang – die Spanier auf, seine unpopuläre Entscheidung, am Irak-Krieg teilzunehmen, zu unterstützen. »Mit diesen Mördern, die schon so oft in Spanien den Tod gesät haben, darf und wird es keine Verhandlungen geben. Nur durch Stärke können wir solche Anschläge künftig verhindern«, sagte Aznar.

In den USA deuteten nach dem 11. September viele Menschen, darunter die meisten Journalisten, George W. Bushs und Dick Cheneys Motto »entweder man ist für uns oder für den Terrorismus« als Zeichen von Führungskraft und räumten ihnen eine Menge zusätzlicher Befugnisse für den »Krieg gegen den Terror« ein, dessen Ende noch immer nicht absehbar ist. (Recep Tayyip Erdoğan, der autokratische Präsident der Türkei, reagierte nach einem gescheiterten Putschversuch im Jahr 2016 noch drakonischer, indem er mittels eines Verfassungsreferendums seine Machtfülle enorm vergrößerte.)

Doch als Aznar es mit einer ähnlichen Taktik bei seiner leidgeprüften Bevölkerung probierte, wurde sein Verhalten nicht als Beweis seiner Führungsqualitäten angesehen, sondern als unheilvolles Anzeichen für eine Wiederkehr des Faschismus. »Es war, als hörten wir Francos Echo«, sagte José Antonio Martínez Soler, ein bekannter Madrider Zeitungsjournalist, der während der Franco-Diktatur verfolgt wurde, »mit jeder Aktion, jeder Geste, jedem Satz sagte Aznar den Menschen: Ich allein habe recht, ich habe die Wahrheit gepachtet, und wer mir widerspricht, ist mein Feind.«

In den beiden folgenden Tagen strömten daher beeindruckend viele Spanier, in Erinnerung an die Zeit, als Furcht ihr Land beherrscht hatte, auf die Straßen, um nein zur Furcht und zum Terrorismus zu sagen – aber auch zu den Lügen der Regierung und zum Irak-Krieg. Dies geschah kurz vor Parlamentswahlen, bei denen die Bürger die Chance nutzen, Aznar loszuwerden und eine Partei mit der Regierung zu betrauen, die versprach, die spanischen Truppen aus dem Irak abzuziehen. Die kollektiven Erinnerungen an frühere Schocks hatte Spanien gegen neue geimpft.

Der 11. September und die Gefahren offiziellen Vergessens

Als am 11. September 2001 zwei Flugzeuge in das World Trade Center in New York flogen und ein anderes sich in das Pentagon bohrte, wurde ein Land getroffen, dem, im

Gegensatz zu Spanien und Argentinien, kollektive Erinnerungen an ein solches Trauma fehlten. Das bedeutet nicht, dass die USA unbelastet von Traumata waren. Die Vereinigten Staaten sind durch staatlichen Terror im Inneren geprägt. Vom Genozid an den indigenen Völkern, über die Sklaverei und die Lynch-Morde bis hin zur massenhaften Inhaftierung waren Traumata bis heute stets präsent. Außerdem waren Schocks und Krisen in großer Regelmäßigkeit die Helfershelfer von schlimmstem Missbrauch. Nach dem Bürgerkrieg wurde das Versprechen an befreite Sklaven, dass sie Land als wirtschaftliche Wiedergutmachung erhalten würden, umgehend gebrochen. Die Finanzkrise des Jahres 1873 diente als weiterer Grund für die Ausrede, das Land sei zu gebeutelt und gespalten – und statt eine Wiedergutmachung zu erhalten, wurden die befreiten Sklaven in den Südstaaten terrorisiert. Während der Großen Depression wurden aufgrund wirtschaftlicher Panik zwei Millionen Mexikaner und mexikanische Amerikaner ausgewiesen. Nach dem Angriff auf Pearl Harbour wurden etwa 120000 japanische Amerikaner (von den zwei Drittel in den USA geboren waren) in Internierungslager gesperrt. Genau wie in Kanada, wo fast alle japanisch-kanadischen Bürger festgenommen und zwangsweise interniert wurden.

Das Problem nach dem 11. September bestand nicht darin, dass die USA über keine Erfahrungen mit Angriffen auf Demokratie und Menschenrechte als Folge entsetzlicher Ereignisse hatten. Das Problem war vielmehr, dass diese traumatischen Ereignisse in jenen Teilen der Bevölkerung, die sie betroffen hatten, zwar noch sehr präsent waren, in der Gesamtbevölkerung jedoch nicht ausreichend präsent: Sie sind nicht Teil eines nationalen Narrativs, das alle Amerikaner in die Lage versetzt hätte, den Unterschied zwischen vernünftigen Sicherheitsmaßnahmen und der Ausnutzung von Angst zum Durchsetzen opportunistischer Ziele zu erkennen.

Darum konnte die Bush-Regierung den Schock über die traumatischen Ereignisse des 11. September gnadenlos dafür ausnutzen, im Inland Bürgerrechte einzuschränken und im Ausland Kriege zu beginnen, die mit gefälschten Geheimdienstinformationen gerechtfertigt wurden. Darum überraschten die Versäumnisse und die Brutalität des Staates während und nach dem Hurrikan Katrina die afroamerikansichen Einwohner New Orleans nicht besonders – während viele weiße Amerikaner glaubten, es mit einem bisher einmaligen Fall zu tun zu haben.

Die Unterteilung der Bevölkerung in jene, die über Trumps Wahlerfolg verblüfft waren, und jene, die seinen Sieg hatten kommen sehen, verläuft entlang ähnlicher ethnischer Trennlinien.

Schockresistenz in den USA

Doch nach Trumps Amtsantritt wurde deutlich, dass die Menschen nicht vergessen haben, wie der Terrorismus nach dem 11. September instrumentalisiert wurde. Trump und seine Unterstützer haben ihr Möglichstes getan, um mittels Angst – vor Muslimen, vor Mexikanern, vor gefährlichen »Ghettos« – der Teile-und-herrsche-Methode zum Erfolg zu verhelfen, aber diese Taktik ist wiederholt fehlgeschlagen. Seit Trumps Wahlerfolg haben unzählige Menschen zum ersten Mal in ihrem Leben an politischen Aktionen und Versammlungen teilgenommen und haben Solidarität mit jenen gezeigt, die als »die anderen« abgestempelt wurden.

Am ersten Tag von Trumps Präsidentschaft besetzten kleine Gruppen aus Anhängern verschiedener Bewegungen – von Climate Justice bis Black Lives Matter – etliche Straßenkreuzungen, um den Zugang zur Vereidigungsfeier zu blockieren. Am nächsten Tag fanden die Women's Marches statt, an denen schätzungsweise 4,3 Millionen Menschen und über 600 Städte teilnahmen. Es war die größte organisierte Protestaktion in der Geschichte der USA, und sie bedurfte zwar der praktischen Unterstützung großer Frauenorganisationen und erfahrener Aktivistinnen, aber die ursprüngliche Idee stammte von einer pensionierten Juristin und Großmutter aus Hawaii, die ein paar Dutzend Facebook-Freunden schrieb: »Ich finde, wir sollten auf die Straße gehen.«

Ich bin in Washington zusammen mit Verwandten, Freundinnen und Freunden marschiert und war erstaunt, dass zusätzlich zu den Frauen, die erwartungsgemäß die Mehrheit bildeten, zehntausende Männer erschienen waren, um für die Rechte ihrer Partnerinnen, Mütter, Schwestern, Töchter und Freundinnen einzutreten. Und einige der Demonstranten mögen anfangs gedacht haben, es gehe nur um die Verteidigung des Rechts von Frauen, über ihren Körper selber zu bestimmen und für gleiche Arbeit gleichen Lohn zu erhalten, doch schon bald stellten sie fest, dass Frauenrechte in der jetzigen Zeit wesentlich mehr umfassen, beispielsweise das Recht schwarzer Frauen, keine Polizeigewalt erdulden zu müssen, das Recht von Einwanderinnen, nicht abgeschoben zu werden, und das Recht von Transfrauen, weder Hass noch Belästigungen ausgesetzt zu sein. Bei der Beschreibung der Ziele der Aktion heißt es: »Dieser Marsch ist nur der erste Schritt. Wir wollen an unseren Wohnorten die Unzufriedenheit bündeln und vereint eine Graswurzelbewegung für politische Veränderungen auf den Weg bringen.«

Derselbe Geist der Einigkeit zeigte sich, als bestimmte Städte ins Visier der Regierung gerieten oder von der Welle an Hassverbrechen betroffen war, an der die Rechte eine Mitschuld trägt. Besonders deutlich wurde diese neue Form des Widerstands, nachdem Trump sein erstes Einreiseverbot für Muslime unterzeichnet hatte, denn es versammelten sich Zehntausende von Menschen aller Glaubensrichtungen (plus Atheisten) auf den Straßen und an den Flughäfen und riefen »Wir sind alle Muslime!« und »Lasst sie rein!«

Eines der Länder, die in dem Einreiseverbot genannt wurden, war der Jemen. In New York schlossen sich daraufhin jemenitisch-amerikanische Familien – die viele der dort allgegenwärtigen, *Bodega* genannten kleinen Lebensmittelläden betreiben – zusammen. Diese Bevölkerungsgruppe betätigt sich normalerweise nicht politisch, und sie hat auch keine einflussreiche Interessenvertretung. Dennoch kam es binnen weniger Tage zum allerersten Bodega-Streik der Stadt, und es blieben über tausend dieser Läden geschlossen. Manche der Inhaber hielten muslimische Gebete auf dem Bürgersteig ab, und unzählige ihrer Verwandten, Freunde und Kunden zeigten sich öffentlich mit ihnen solidarisch.

Religiöse Gruppen sind besonders aktiv bei den Bemühungen gewesen, sich der Teile-und-herrsche-Methode zu widersetzen. Als jüdische Friedhöfe in St. Louis und Philadelphia verwüstet wurden, sammelten beispielsweise muslimische Organisationen über 160 000 Dollar – achtmal so viel wie angestrebt – für die Beseitigung der Schäden. Und nachdem ein weißer Nationalist im Januar 2017 in einer Moschee in Quebec City sechs Menschen erschossen und neunzehn verletzt hatte, zeigten die Menschen in ganz Kanada ihre tiefe Betroffenheit, indem sie unter anderem mehrere Dutzend Gedenkveranstaltungen und Mahnwachen in so unterschiedlichen Städten wie Vancouver, Toronto und Iqaluit abhielten – viele davon vor einer Moschee.

Auch scheinbar unbedeutende Taten können in einer von Angst und Spaltungsversuchen geprägten Atmosphäre ein wichtiges Signal unserer Menschlichkeit sein. Trump-Unterstützer versuchten, Linda Sarsour, eine Amerikanerin palästinensischer Abstammung und eine der Organisatorinnen des Women's March in Washington, mit einer verleumderischen Online-Kampagne als heimliche Terrorhelferin und Antisemitin zu brandmarken. Solche falschen Behauptungen entsprachen genau den Unterstellungen, die nach dem 11. September das Leben und die Karriere vieler Menschen ruiniert hatten. Aber dieses Mal klappte es nicht – fast augenblicklich entstand eine Gegenkampagne mit dem Hashtag #IStandWithLinda, die so erfolgreich war, dass die Verleumdungen fast wirkungslos blieben. Und als Mitarbeiter der Einwanderungsbehörde im Bundesstaat Washington den vierundzwanzigjährigen Daniel Ramirez Medina verhafteten, der als Kind mit seinen Eltern aus Mexiko in die USA gekommen war, gelang es Aktivisten mit Hilfe der Unterstützung durch die Öffentlichkeit, seine Freilassung zu erwirken.

Noch wichtiger ist die Entscheidung hunderter Städte und Bezirke (der sich Schulen, Universitäten, Kirchen und Restaurants anschlossen), sich zu »Zufluchtsorten« für Einwanderer zu erklären, denen seit Trumps Amtsübernahme die Abschiebung droht. Grundpfeiler dieser Bewegung, die sich Sanctuary Movement nennt, ist der Glaube, dass Bürger es gemeinsam schaffen können, Abschiebungen an ihren Wohnorten zu verhindern oder zumindest zu verzögern. Aber das hindert die Polizei und andere Behörden natürlich nicht daran, Razzien durchzuführen und Familien auseinanderzureißen. Darum koordiniert die American Civil Liberties Union (ACLU), die in den ersten drei Monaten nach der Präsidentenwahl fast 80 Millionen Dollar in Form von Online-Spenden erhalten hat, eine Kampagne mit dem Ziel, Druck auf Bundesstaaten und Städte auszuüben, damit sie neun grundlegende Regeln zum Schutz von Einwanderern vor der Politik der Trump-Regierung in die Praxis umsetzen. Binnen eines Monats hatten bereits über tausend Gemeinden ihre örtlichen Strafverfolgungsbehörden aufgefordert, sich an diese Vorgaben zu halten. (Erwähnt werden sollte allerdings, dass es kritische Stimmen gab, denen die Forderungen der ACLU nicht weit genug gingen.)

Außerdem wurde der Öffentlichkeit mit zahlreichen Aktionen die gegenseitige Abhängigkeit zwischen sogenannten Einheimischen und Einwanderern, die von den fremdenfeindlichen Kräften bestritten wird, vor Augen geführt. Am 17. Februar 2017 nahmen Arbeiter aus unterschiedlichen Städten und Branchen an dem Day Without Immigrants teil, um zu beweisen, wie wichtig die Menschen, die Trump ausweisen will, für die amerikanische Wirtschaft sind. Eine der Organisatorinnen dieses Aktionstages sagte der Presse: »Wir wollen den Leuten zeigen, dass New York dichtmachen könnte, wenn wir hier nicht mehr kochen, putzen oder auf Baustellen schuften würden.« (Als zwölf Restaurantmitarbeiter in Oklahoma entlassen wurden, weil sie an der Demonstration teilgenommen hatten, boten ihnen mindestens zwei Restaurants aus der näheren Umgebung sofort Jobs an.)

Die Rache der Realität

Ein weiteres Merkmal der Trump-Ära ist der Krieg gegen Tatsachen: Die Presse wurde als Feind des Volkes bezeichnet, wissenschaftliche Informationen verschwanden von Regierungs-Webseiten, und den Presseabteilungen der Ministerien und Behörden wurde de facto verboten, über das Thema Klimawandel zu sprechen. Als Reaktion sind mehrere Initiativen aktiv geworden, um auf einfallsreiche Weise eine Lanze für die objektive Wahrheit zu brechen. Wenige Tage nach Trumps Amtseinführung widersetzten sich die Verantwortlichen für den Twitter-Account des Badlands National Park als Erste der Unterdrückung wissenschaftlich erwiesener Tatsachen durch die Regierung, indem sie Meldungen über den Kohlenstoffdioxidgehalt in der Erdatmosphäre und die Übersäuerung der Meere verbreiteten. Die Tweets wurden binnen kurzem gelöscht, aber die Zeit hatte ausgereicht, um einen Trend zur Einrichtung von Rogue Twitter Accounts zu starten, deren Inhaber die offizielle Informationspolitik sabotieren.

Und es werden koordinierte internationale Anstrengungen unternommen, um zu verhindern, dass die wichtigen wissenschaftlichen Forschungsergebnisse, die auf wundersame Weise von den Regierungs-Webseiten verschwunden sind, dem Vergessen anheimfallen. Kurz nach Trumps Wahlsieg verkündete das in San Francisco ansässige gemeinnützige Projekt Internet Archive, das sich seit zwei Jahrzehnten der Bewahrung von Netzinhalten zum Nutzen der Öffentlichkeit widmet und bereits mehre hundert Milliarden Webseiten archiviert hat, dass man plane, auf einem kanadischen Backupserver Daten aus den USA zu speichern. In den Tagen vor Trumps Amtseinführung fanden in etlichen Städten Datensicherungs-Events statt, bei denen es sich um Treffen von Wissenschaftlern und besorgten Freiwilligen handelte, in deren Verlauf Backups von Informationen auf den Webseiten der Umweltschutzbehörde EPA und anderer Regierungsorganisationen erstellt wurden. Und im Februar 2017 nahmen zweihundert Computer-Spezialisten an einem »Hackathon« an der kalifornischen Berkeley-Universität teil, um Forschungsergebnisse zu retten, die staatliche Institutionen wie das Energieministerium und die NASA veröffentlicht hatten.

Wissenschaftler scheuen oft davor zurück, sich politisch zu engagieren, da sie nicht in den Verdacht geraten wollen, bei ihrer Arbeit voreingenommen zu sein. Diese Vorsicht ist verständlich, doch angesichts der unverhohlenen Angriffe der Trump-Regierung auf die Wissenschaften und der dreisten Versuche, unliebsame Forschungen zu unterbinden, haben viele Wissenschaftler beschlossen, Position zu beziehen. Die berühmte Primatologin Jane Goodall hat die Angriffe der Regierung als einen »Trumpeten-Weckruf« an die Wissenschaftsgemeinschaft bezeichnet.

Aus diesem Grund nahmen am »Tag der Erde« des Jahres 2017 Zehntausende von Wissenschaftlern an dem Science March in Washington teil, und insgesamt über vierzigtausend an dessen Pendants in Chicago und Los Angeles – und dies waren nur die größten von über sechshundert solcher Märsche in den ganzen USA und achtundsechzig anderen Ländern. »Wenn wir nicht in der Lage sind, ungehindert über Tatsachen zu diskutieren«, sagte eine Biologie-Professorin der Stanford University dem *Guardian*, »ist der Fortbestand der Demokratie, die auf öffentlichen Debatten und dem Vertrauen in gesellschaftlich akzeptierte Wahrheiten beruht, gefährdet. Darum werde ich mitmarschieren.« (Auf den Märschen wurde oft skandiert: »Was wollen wir? Forschungsergebnisse auf Fakten-Basis. Wann wollen wir das? Nach dem Kollegen-Gutachten.«) Nur eine Woche später demonstrierten Hunderttausende von uns bei ungewöhnlich heißem April-Wetter in Washington für »Climate, Jobs, and Justice« (und erneut fanden an allen möglichen Orten Hunderte von Demonstrationen aus demselben Anlass statt). Dieses Mal forderten die Teilnehmer nicht nur, dass wissenschaftliche Ergebnisse respektiert werden, sondern auch, dass sie die Grundlage eines mutigen, dringend notwendigen wirtschaftlichen und sozialen Wandels bilden sollten.

Bemerkenswert an dieser ersten Welle des Widerstands war besonders, dass die Aktionen oft nicht von erfahrenen Aktivisten organisiert wurden, sondern von »normalen Bürgern«, die sich noch nie politisch betätigt hatten. Viele von ihnen haben festgestellt, dass sie, egal ob sie in einem Labor, einer Bodega, einem Restaurant oder zu Hause arbeiten, mit ihrem Fachwissen und ihren individuellen Möglichkeiten einen wichtigen Beitrag zu den Bemühungen des beständig wachsenden Widerstands-Netzwerks leisten können, Sand in ein gefährliches Getriebe zu streuen.

Gleichzeitig wird vielen von uns klar, dass wir, wenn wir der Dringlichkeit und der Größe der jetzigen Aufgabe gerecht werden wollen, Kenntnisse benötigen, die uns noch fehlen – über historische Zusammenhänge, über Methoden zur Durchsetzung politischer Ziele und auch über Wege zur persönlichen Weiterentwicklung. Daher gibt es zusätzlich zu den vielbeachteten Kampagnen und Demonstrationen ständig neue Angebote zur Fort- und Weiterbildung. Viele von uns müssen erst einmal begreifen, wie eine Demokratie im Detail funktioniert. Als Harvard-Studenten die

Gründung einer «Resistance School« verkündeten, die unerfahrene Aktivisten per Internet und mit herkömmlichen Workshops die nötigen Kenntnisse verschaffen sollen, »die wir brauchen, um auf nationaler, regionaler und lokaler Ebene Widerstand zu leisten«, meldeten sich über fünfzigtausend Menschen aus sämtlichen Bundesstaten an.

In den Tagen nach Trumps Wahlsieg formulierte eine Handvoll ehemaliger Mitarbeiter von Kongress-Abgeordneten der Demokraten einen vierundzwanzig Seiten langen Text in Form einer Google-Docs-Datei, in dem sie die Lehren auflisteten, die sie aus den lokalen Aktionen der Tea Party gegen Obamas Politik gezogen hatten. Sie nannten es den Indivisible Guide. Während der ersten hundert Tage nach Trumps Amtsantritt wurden über siebentausend Indivisible-Ortsgruppen gegründet, von denen die meisten nicht aus kampfgestählten Aktivisten bestehen, sondern aus Lehrern und Rentnern, die wütend sind, weil ihre gewählten Abgeordneten die Umsetzung von Trumps Plänen unterstützen. Der Indivisible Guide und die Aktivitäten, die ihm entsprangen, dienen nicht nur als Musterbeispiel für Demokratie »von unten nach oben«, sie bieten den Menschen auch, um eine Frau aus Virginia zu zitieren, die sich im Rahmen der Indivisible-Bewegung zum ersten Mal in ihrem Leben konkret politisch engagiert, »das Gefühl, zu einer Gemeinschaft zu gehören, in der einer für den anderen da ist, und in der wir uns zusammen aus staatsbürgerlichem Verantwortungsbewusstsein für den Erhalt unseres politischen Systems einsetzen, das gerade zu entgleisen droht«.

Zudem steigt die Bereitschaft von Weißen, sich mit ethnisch bedingten Vorurteilen bei sich selbst, in ihren Familien und in ihrer Umgebung auseinanderzusetzen. Gruppen wie Showing Up for Racial Justice verzeichnen ein deutlich

gestiegenes Interesse an ihren Workshops und Trainings-
programmen. Und die Kurse der Arab American Association of New York, bei denen die Teilnehmer lernen, wie
man sich verhält, wenn man Zeuge von Hassverbrechen
oder rassistischen Belästigungen ist, sind stets ausgebucht.
Unterdessen wurden als Reaktion auf die Pläne der Regierung, Gelder für Frauenhäuser, Familienplanung und Programme zur Bekämpfung von Gewalt gegen Frauen zu kürzen oder zu streichen, Fundraising-Aktionen gestartet. Bei
Planed Parenthood ging in den vier Wochen nach der Wahl
die erstaunliche Zahl von 260000 Spenden ein, von denen
viele im Namen von Mike Pence getätigt wurden (während
des Wahlkampfs hatte der heutige Vizepräsident gesagt, die
berühmte Entscheidung des obersten Gerichtshofs zugunsten des Rechts auf Schwangerschaftsabbruch aus dem Jahr
1973 gehöre »auf den Müllhaufen der Geschichte«.)
Alle diese Beispiele für solidarisches Denken und Handeln belegen, dass immer mehr politisch denkende Menschen sich von dem jahrzehntelang praktizierten Prinzip
»das Hemd ist mir näher als die Hose« verabschieden, weil
sie wissen, dass wir nur gemeinsam den Trumpismus
besiegen können – eine Gruppe allein wird das niemals
schaffen. Entscheidend wird sein, ob es uns gelingt, dauer-
haft vereint zu bleiben und uns gegenseitig verlässlicher
als je zuvor Rückendeckung zu geben. Darum haben sich
über fünfzig Gruppen aus dem progressiven Spektrum, die
gegen eine Vielzahl verschiedener Missstände kämpfen,
zu Beginn der Parlaments-Anhörungen von Trumps designierten Ministern eine Erklärung mit dem Titel »United
Resistance« veröffentlicht, in der sie öffentlich geloben
»einander aktiv zu unterstützen, Verantwortung für einander zu übernehmen, gemeinsam solidarisch zu handeln –

sei es auf den Straßen, gegenüber den Machthabern oder bei der täglichen Arbeit in unseren Gemeinden. Wenn sich die Regierung mit einer unserer Gruppen anlegt, legt sie sich mit uns allen an.«

Wir können es uns gar nicht leisten, unsere Ziele auf einen Bereich zu beschränken. Angela Davis sagte am Ende ihrer aufrüttelnden Rede beim Washingtoner Women's March: »Die kommenden 1459 Tage der Trump-Regierung werden 1459 Tage des Widerstands sein: Widerstand in der Nachbarschaft, Widerstand in den Klassenzimmern und Hörsälen, Widerstand am Arbeitsplatz, Widerstand als Thema von Kunst und Musik. Wir stehen erst am Anfang, und mit den Worten der unvergleichlichen Ella Baker: ›Wir, die wir an die Freiheit glauben, können nicht ruhen, ehe wir sie erlangt haben.‹«

Die Standfestigkeit gegenüber Trumps Einschüchterungen dehnte sich auch über die Grenze der USA nach Norden aus. Als das Einreiseverbot für Muslime erlassen wurde, rief das sofort tausende Kanadier auf den Plan, die mit Unterstützung muslimischer Verbände und Organisationen, die sich für die Rechte von Migranten einsetzen, die kanadische Regierung aufforderten, den Migranten und Flüchtlingen, denen die USA die Einreise verwehrte, eine sichere Zuflucht zu bieten. Inzwischen kümmern sich verschiedene Gruppen um die wachsende Zahl an Menschen, die in den USA von Abschiebung bedroht sind und deshalb zu Fuß die Grenze nach Kanada überqueren, obwohl sie dabei im Winter grauenvolle Erfrierungen riskieren.

Die kanadischen Einwanderungsgesetze stufen die USA als sicheres Herkunftsland ein, weshalb Menschen, die von dort fliehen, kein Recht auf Asyl in Kanada besitzen. Aber viele Kanadier üben inzwischen mit Petitionen und

Demonstrationen Druck auf ihre Regierung aus, diese Einstufung zu ändern. In einem offenen Brief von Jura-Professoren heißt es über Trumps Maßnahmen: »Sie zeugen von jener Bigotterie, Fremdenfeindlichkeit und nationalistischer Angstmacherei, der die internationalen Regeln für den Umgang mit Flüchtlingen entgegenwirken sollen.«

In Mexiko haben derweil Zehntausende von Menschen in über einem dutzend Städten gegen Trumps geplante Einwanderungspolitik und seine beleidigenden, rassistischen Äußerungen über Mexikaner protestiert. Auch außerhalb von Nordamerika wird Druck ausgeübt. In Großbritannien unterschrieben fast zwei Millionen Menschen eine offizielle Petition gegen den geplanten Staatsbesuch Trumps (es heißt, er bestehe auf einer Fahrt in der goldenen Kutsche des Königshauses). Es gibt auch eine stetig wachsende internationale Bewegung, die Regierungen auffordert, Wirtschaftssanktionen gegen die USA zu verhängen, weil das Land sich nicht mehr an die Vereinbarungen des Pariser Klimagipfels halten will. Und die Bemühungen, der Marke Trump zu schaden, nehmen zu. Dazu gehören Boykottaufrufe gegen Firmen, die Mieter von Büroflächen in Trumps Hochhäusern sind, und Kampagnen, die Druck auf Trumps Geschäftspartner in der Immobilienbranche ausüben, damit sein Name von den Skylines der Städte verschwindet.

... und weltweit

Inzwischen muss sich fast jedes Land mit einer rassistisch-rechtsradikalen oder neofaschistischen Partei auseinandersetzen, doch es gibt Anzeichen, dass der Widerstand gegen diese Parteien wächst. Als Reaktion auf die Stimmungsmache gegen Flüchtlinge in Europa fanden überall auf dem

Kontinent – von Berlin bis Helsinki – riesige Demonstrationen statt, um die Botschaft zu vermitteln, dass Flüchtlinge willkommen sind. In Barcelona folgten über 100000 Menschen einem Aufruf ihrer neu gewählten Bürgermeisterin (einer ehemaligen Aktivistin, die sich für Opfer der Immobilienkrise eingesetzt hat) und marschierten unter dem Motto »volem acollir« (wir wollen aufnehmen) durch die Straßen.

Viele Graswurzelbewegungen sind in die Bresche gesprungen, wenn Regierungen nicht in der Lage oder nicht willens waren, Hilfe zu leisten. Als im Jahr 2015 eine gewaltige Zahl von Flüchtlingen in Griechenland ankam, trafen sie auf ein Volk, deren Bürger »eine fünfjährige Schockbehandlung durch Austeritätsmaßnahmen hinter sich hatten, die ihnen ihre Würde nahmen, ihr politisches Selbstbestimmungsrecht einschränkten und sie zu massiven finanziellen Opfern zwangen«, schreibt der Soziologe Theodoros Karyotis. Und dennoch begegneten die Griechen den Neuankömmlingen mit großer Solidarität, anstatt das Wenige, das ihnen materiell geblieben war, eifersüchtig zu bewachen. Tausende von ihnen nahmen Flüchtlinge bei sich zu Hause auf, unzählige selbstgekochte Gerichte wurden in Flüchtlingslager geliefert, in staatlichen Krankenhäusern wurden Flüchtlinge kostenlos behandelt und in einer Fabrik, die von den Arbeitern in Eigenregie betrieben wurde, wurde eine Lagerhalle zur Verfügung gestellt, damit dort Spenden wie Kleidung oder Babynahrung abgegeben werden konnten.

Als in Deutschland Flüchtlinge monatelang in Behelfsunterkünften wie Zelten, Turnhallen oder leerstehenden Bürogebäuden ausharren mussten, weil nicht genügend Wohnungen zur Verfügung standen, organisierten Freiwillige eine Zimmervermittlung für Flüchtlinge, indem sie ihre Mitbürger öffentlich dazu aufriefen, Gästezimmer und leere Einliegerwohnungen zur Verfügung zu stellen. Diese Idee fand inzwischen Nachahmer in dreizehn weiteren Ländern. In meiner Heimat gibt es eine bemerkenswerte Bewegung, der zu verdanken ist, dass tausende Kanadier sich verpflichtet haben, als Sponsor einer syrischen Familie zu fungieren, was bedeutet, dass sie sich verpflichten, maximal ein Jahr lang finanziell zu deren Lebensunterhalt beizutragen und ihr persönlich bei der Eingewöhnung in das Leben in einem fremden Land zu helfen. Die *New York Times* hat es als das »menschlichste Einwanderungsprogramm der Welt« bezeichnet.

Besonders ermutigend ist, dass Trumps Erfolg nicht, wie anfangs vermutet, eine Welle von Wahlsiegen rechtsradikaler Parteien nach sich zog, sondern offenbar den gegenteiligen Effekt hatte. Die üble Politik der Trump-Regierung scheint vielen Menschen als Warnung gedient zu haben. Vor den Wahlen in den Niederlanden im März 2017 prophezeiten viele einen Wahlsieg von Geert Wilders und seiner zutiefst anti-islamischen und fremdenfeindlichen Partei für die Freiheit. Aber stattdessen schwand die Unterstützung für Wilders plötzlich, und es gelang der Partei des Ministerpräsidenten, die meisten Parlamentssitze zu bekommen. Der größte Gewinner war jedoch die Partei GrünLinks, die ihre Zahl an Sitzen von vier auf vierzehn steigerte. Deren Parteivorsitzender Jesse Klaver hat marokkanische und indonesische Vorfahren und vertrat im Wahlkampf mutige, anti-rassistische Standpunkte. Am Wahlabend empfahl Klaver anderen linken europäischen Politikern, die in ihrem Land mit neu erstarkten rechtspopulistischen und rassistischen Parteien konfrontiert sind: »Seid ehrlich zu euren Wählern, bleibt euren Prinzipien treu, seid pro Flüchtlinge, pro Europa ... Ihr könnt die Populisten aufhalten.«

Diesen Ratschlag beherzigten knapp anderthalb Monate später eine Menge Franzosen, aber am Ende nicht genügend von ihnen. Angesichts der Gefahr eines Wahlsiegs der rechtsradikalen Marine Le Pen wandten sich viele von den Kandidaten der etablierten Parteien ab, da sie eine Wiederholung des Szenarios Clinton gegen Trump befürchteten, und unterstützten stattdessen den linkspopulistischen Kandidaten Jean-Luc Mélenchon. Er war gegen Freihandel, für Frieden und versprach eine radikale Politik der wirtschaftlichen Umverteilung. Zu seinen Wahlveranstaltungen kamen bis zu siebzigtausend Menschen, womit er alle anderen Kandidaten in den Schatten stellte. Am Ende bekam Mélenchon, der anfangs bei Meinungsumfragen auf magere 9 Prozent gekommen war, im ersten Wahlgang 19,6 Prozent der Stimmen – 2 Prozent mehr hätten für den Einzug in die Stichwahl gereicht. In der Stichwahl besiegte dann Emmanuel Macron, ein neoliberaler ehemaliger Bankmanager, Marine Le Pen mit großem Abstand, allerdings stimmten so viele Franzosen wie noch nie für sie. Und etwa ein Drittel der Wahlberechtigten drückten ihre Abneigung gegen Le Pen und Macron dadurch aus, dass sie entweder der Wahl fernblieben oder einen ungültigen Stimmzettel abgaben. In Spanien hingegen sind zwei linke Kandidatinnen mit engen Verbindungen zu sozialen Bewegungen zu Bürgermeisterinnen von Madrid und Barcelona gewählt worden und haben konkrete politische Maßnahmen ergriffen, um die Lage von Flüchtlingen zu verbessern und gleichzeitig Obdachlosigkeit und Umweltverschmutzung zu bekämpfen.

Wird die Solidarität einen heftigen Schock überleben?

Diese Reaktionen sind ein enormer Fortschritt gegenüber der viel zu erfolgreichen Teile-und-herrsche-Strategie nach dem 11. September. Bis jetzt lässt sich die Opposition von Trumps Schock-Methoden nicht verunsichern. Stattdessen reißt er die Menschen in den USA und weltweit aus dem politischen Schlaf. Aber natürlich sind diese neuen Allianzen in den USA noch nicht mit den Folgen einer schweren Sicherheitskrise oder der Ausrufung eines Ausnahmezustands konfrontiert gewesen. Die entscheidende Frage ist, ob die Menschen weiterhin mutig und solidarisch handeln werden, wenn man ihnen sagt, dass ihr Leben konkret bedroht ist, und dass zu der Gruppe, mit der sie sich solidarisch gezeigt haben, womöglich die Person zählt, die letzte Woche eine Bombe gezündet hat.

Es gibt allerdings Grund zur Annahme, dass viele der gegenwärtig entstehenden Beziehungen stark genug sein werden, um der Furcht zu begegnen, die sich im Falle eines Ausnahmezustands garantiert regen wird.

Falls Trump versucht, eine Krise zu benutzen, um drakonische Maßnahmen durchzupeitschen, sollten alle, die zu der neuen Widerstandsbewegung gehören, sich erheben, gemeinsam einen menschlichen Schutzwall bilden und sagen: »Nein – dieses Mal nicht.«

Kapitel 11

Als ein Nein nicht reichte

Und da beginnt das Problem. Zu Schock-Strategien nur Nein zu sagen, reicht häufig nicht, um ihnen Einhalt zu gebieten. Das habe ich selbst in dem Jahr nach Erscheinen der *Schock-Strategie* erfahren, als die Wall Street ihre schlimmste Krise seit dem Börsenkrach 1929 erlebte.

Wir haben gesehen, wie die Finanzkrise 2008 – unzweifelhaft die Folge ungebremster Gier im Finanzsektor – weltweit, aber vor allem in Südeuropa benutzt wurde, um dem Mann auf der Straße harte Zugeständnisse im Stil der Schock-Strategie abzupressen. Europäer widersetzten sich diesem zynischen Vorgehen mit unglaublicher Beharrlichkeit und Courage (weit über das hinaus, was bislang unter Trump zu beobachten ist). Sie besetzten Plätze und verließen sie monatelang nicht. Sie führten Generalstreiks durch, die ganze Städte lahmlegten, und manche stimmten sogar dafür, die Bastarde aus dem Land zu werfen. Jenseits Europas, in Tunesien, wurde ein plötzlicher Anstieg der Lebensmittelpreise zum Katalysator für eine Welle von Aufständen, die später als Arabischer Frühling bezeichnet wurden.

Eine der Straßenparolen dieser Zeit, die in Italien ihren Ursprung hatte und sich nach Griechenland und Spanien ausbreitete, lautete: »Wir zahlen nicht für eure Krise!« Millionen Menschen hatten begriffen, dass genau dies von ihnen verlangt wurde. Sie blieben auf den Rechnungen der

Banker sitzen und waren gezwungen, für deren Sünden mit höheren Lebenskosten und niedrigeren Löhnen zu bezahlen. Und sie sagten nein. Lautstark, unmissverständlich und in gewaltiger Zahl.

Doch in den allermeisten Fällen hat das nicht gereicht – die Gebühren mussten weiterhin die kleinen Leute bezahlen. Manchmal kann eine besonders harte Austeritätsmaßnahme durch Straßenproteste abgewehrt werden. So verhinderten in Quebec Schüler im Jahr 2012 die Anhebung ihrer Schulgebühren, und 2011 kämpften Studenten in Chile erfolgreich für eine Revision ihres zerrütteten Bildungssystems. Doch die Austeritätspolitik hält weiter an.

Vor allem aber führte diese Welle von Demonstrationen und Besetzungen nicht zu einer grundlegenden Veränderung des Wirtschaftsmodells, die uns von dem Pfad in eine Welt der Grünen und Roten Zonen wegführen könnte. Als die tiefgreifenden Mängel unseres gegenwärtigen Modells in einer derart aufsehenerregenden Art und Weise zutage traten, wie es seit der Großen Depression nicht mehr der Fall gewesen war, haben wir alle nicht die Chance ergriffen, das Lenkrad der Geschichte in die Hand zu nehmen und umzusteuern.

Die Verantwortung dafür ist eine kollektive. Wir können weder einer einzelnen Person noch einer politischen Partei die Schuld dafür geben. Aber die krassesten Fehler nach dem Finanzcrash 2008 wurden in den Vereinigten Staaten begangen, weil hier eine beachtliche Zahl von Faktoren für einen transformativen Wandel sprach statt dafür, Stück für Stück an den Stellschrauben des alten Modells zu drehen und es der neuen Situation anzupassen. Daher lohnt es sich, jenen Augenblick der Krise näher zu betrachten, nicht um einen Schuldigen zu suchen, sondern um zu verstehen, wie es kommen konnte, dass eine solche politische Chance vertan wurde – damit wir nicht die alten Fehler wiederholen, wenn der nächste Wirtschaftsschock kommt.

Werfen wir den Blick zurück auf die Monate zu Beginn des Jahres 2009. Barack Obama zog als erster afroamerikanischer Präsident ins Weiße Haus ein, ein entschiedener Gegenschlag gegen acht Jahre Bush. Obama hatte die Stimmen der Bevölkerung hinter sich, und seine demokratischen Parteigenossen würden in den folgenden zwei Jahren über die Mehrheit im Kongress verfügen.

Zudem hatte Obama ein klares demokratisches Mandat, mehr zu tun, als nur ein wenig an der zerrütteten Wirtschaft herumzuflicken. In den letzten drei Monaten vor seiner Amtsübernahme hatte das Land fast zwei Millionen Arbeitsplätze verloren, und die Aussichten für 2009 waren düster. Der Gedanke, die Wall Street zu stürmen, war ungeheuer populär (und ist es noch), weil die großen Finanzinstitutionen, die die Weltwirtschaft ins Wanken gebracht hatten, der Grund dafür waren, dass sehr viele Menschen ihr Haus und ihren Arbeitsplatz verloren hatten und mitansehen mussten, wie sich ihre Ersparnisse in Luft auflösten. Die Banken standen mit dem Rücken zur Wand – ihre Manager tauchten praktisch ab. Im Wahlkampf hatte Obama mit kraftvollen Worten versprochen, die Wirtschaft zugunsten »der Mittelschicht, die hart arbeitet und Opfer bringt«, umzubauen und »der Gier und Unverantwortlichkeit der Wall Street« entschlossen entgegenzutreten.

Die neue Regierung hatte auch das Mandat, den Kampf gegen die Klimakrise aufzunehmen. Nach acht Jahren der Leugnung und der Verschleppungstaktiken unter George W. Bush versprach Obama, Kohlenstoff zu bepreisen und fünf Millionen grüne Arbeitsplätze zu schaffen, unter anderem im Bereich der erneuerbaren Energien und der Hybridautos. Als Obama die Vorwahl bei den Demokraten gewann, erklärte er der jubelnden Menge, man werde dies als den Augenblick in Erinnerung behalten, in dem sich der Meeresspiegelanstieg zu verlangsamen begann und »sich der Planet erholte«. Gewiss, er wurde nicht konkreter, aber es war auch keine normale Wahl, und es steht außer Frage, dass er das demokratische Mandat für kühne Schritte hatte.

Als die Banken auf den Knien lagen

Im Rückblick ist es wirklich verblüffend, über wie viel Macht die Demokraten in diesem kurzen Zeitfenster in Hinblick auf die Wirtschaft verfügten, bevor sie die Mehrheit im Kongress verloren. Erstens hatten sie freie Hand, ein Konjunkturprogramm zu entwickeln, das die Mittelschicht stärkte – und zwar im erforderlichen Umfang. Nach Jahrzehnten unerbittlicher Kürzungen der Sozialausgaben herrschte plötzlich ein breiter Konsens, dass die Bundesregierung die Wirtschaft aus dem Griff der Rezession befreien müsse. Am Ende sah das Konjunkturprogramm 800 Milliarden Dollar vor, eine erstaunliche Summe, doch damals hielten viele Kritiker sie für zu gering.

Und das war nicht das einzige Instrument, mit dem Obama seine Versprechen zum Wiederaufbau der Mittelschicht hätte einlösen können. Die Banken lagen auf den Knien, erhielten Billionen Dollar aus öffentlichen Kassen als unmittelbare Rettungsgelder und in Form von Kreditgarantien, und in den Vereinigten Staaten und auf der ganzen Welt fanden lebhafte und hitzige Debatten darüber statt, was die öffentliche Hand dafür verlangen sollte, dass sie die Banken aus einer Krise rettete, die Folge ihrer eigenen Gier war. Sollten Regierungen die Managergehälter beschneiden? Das zweite Glass-Steagall-Gesetz wieder einführen, das nach der Großen Depression eine strikte Trennung zwischen Einlagen- und Kreditbanken und Investmentbanken vorschrieb? Sollten sie die für die weltweite Krise verantwortlichen Manager ins Gefängnis stecken? Sollten die Banken verstaatlicht und als öffentliche Trusts geführt werden? Manches von alledem klingt heute vielleicht radikal, doch man darf nicht vergessen, dass sich 2009 die Debatten genau um diese Fragen drehten, sogar in seriösen Blättern wie der *Financial Times*. Und ähnliche Diskussionen gab es auch über das Schicksal der großen Autohersteller, die ebenfalls in Washington um Rettungsgelder vorsprachen. Zwei der Großen Drei in der amerikanischen Autoindustrie – General Motors und Chrysler (der Dritte ist Ford) – mussten im selben Jahr Insolvenz anmelden und wurden unter staatliche Kontrolle gestellt.

Treten wir also einen Schritt zurück und schauen, was gewesen wäre, wenn … Obama hatte per Wahl das Mandat für einen echten Wandel, er hielt praktisch einen Blankoscheck für ein Konjunkturprogramm in der Hand, und er hatte die Gelegenheit, zwei scheiternden Sektoren der US-Wirtschaft – den Banken und den Autoherstellern – dringend nötige Veränderungen abzuverlangen.

Stellen Sie sich vor, die Demokraten hätten den Hebel tatsächlich umgelegt, der sich ihnen 2009 und 2010 bot, und von den Banken und den Autogiganten ernsthafte, substantielle Umstrukturierungen im Gegenzug zu weiteren Rettungsmaßnahmen verlangt. Stellen Sie sich vor, Obama, der wegen seines Versprechens gewählt worden war, die Mittelschicht wiederaufzubauen, das Klimaproblem zu lösen und die Wirtschaft zu stabilisieren, hätte den Banken- und den Autosektor als Bestandteile einer gemeinsamen Vision zur Wiederbelebung der Wirtschaft behandelt und gleichzeitig den Kampf gegen Ungleichheit und Klimakrise aufgenommen.

Konkreter gefragt, was wäre gewesen, wenn die Autohersteller den Auftrag erhalten hätten, sich umzustrukturieren und Fahrzeuge für eine kohlenstoffarme Zukunft zu produzieren – Elektroautos, elektrisch betriebene Busse und Schienenfahrzeuge? In der Finanzkrise gingen zwei Millionen Arbeitsplätze in der Fertigungsindustrie verloren, und hunderte Fabriken schlossen die Tore. Was wäre gewesen, wenn man das nicht zugelassen, sondern die Fabriken saniert und umgerüstet hätte? Schließlich hatte eine vergleichbare Umgestaltung der Industrie schon einmal im Zweiten Weltkrieg stattgefunden, als US-Fabriken zur Teilnahme an den Kriegsanstrengungen verpflichtet wurden.

Sicher, all das wäre kostspielig gewesen, aber man hätte zum Beispiel die Banken dazu verdonnern können, eine gesunde Portion der Rettungsgelder in Form von Krediten für den industriellen Wandel zur Verfügung zu stellen (stattdessen horteten sie das Geld). Mit Anschubgeldern hätte man zur Umschulung der Arbeitnehmer beitragen können, um sie in vollem Umfang am Umbau der Industrie zu beteiligen, und die öffentliche Infrastruktur – Verkehr, Energienetze – für diesen Teil einer ökologischen Wirtschaft umbauen können. Obamas Infrastrukturprogramm beinhaltete zwar die wichtige Unterstützung erneuerbarer Energien und ökologischer Projekte, doch Mittel für die saubere Infrastruktur der Zukunft, etwa den öffentlichen Nahverkehr und Schienenfahrzeuge, wurden zugunsten der alten schmutzigen Infrastruktur wie beispielsweise

Highways umgewidmet. Somit waren die sich aus der Rettung der Banken und der Autoindustrie ergebenden Chancen fast völlig verspielt. Trotz ihres Scheiterns auf ganzer Linie war die Haltung der Regierung immer noch: Die Banken wissen am besten Bescheid, die Autounternehmen wissen am besten Bescheid, unsere Aufgabe ist einfach, dafür zu sorgen, dass diese Industrien so schnell wie möglich wieder auf die Beine kommen, damit sie nach einem sanften Zwicken wieder zum Business as usual zurückkehren können.

Das Jobwunder, das keines war

Dass dieser Weg nicht eingeschlagen wurde, ist deshalb so schlimm, weil eins der größten Hindernisse für ernstzunehmende Klimaschutzmaßnahmen darin besteht, dass sich die Fossilunternehmen erfolgreich als die Einzigen positionieren konnten, die in der Lage sind, gutbezahlte Arbeitsstellen zu schaffen und zu verhindern, dass die Lichter ausgehen. Obama und die Demokraten hätten diese Behauptung ein für allemal als Lüge aus der Welt schaffen können.

Andere Länder taten in dieser Zeit genau das. Seit etwa zehn Jahren sehen deutsche Regierungen in einer ökologischen Wirtschaft die einzige Möglichkeit, ihren Produktionssektor wiederzubeleben. Folglich sind 400 000 Arbeitsplätze entstanden, und inzwischen stammen 30 Prozent der im Land verbrauchten Energie aus erneuerbaren Quellen. Dabei hat Deutschland in Europa die bei weitem stärkste Volkswirtschaft. Die deutsche Energiewende ist durchaus mit Mängeln behaftet – Deutschland ist immer noch übermäßig von Kohle abhängig –, und die Regierung hat anderen Ländern einen gnadenlosen Austeritätskurs aufgezwungen, während sie für das eigene Land einen anderen Kurs gewählt hat. Wären die USA Deutschlands Beispiel in Sachen Energie gefolgt, wären sie so weit auf dem Weg zu einer auf erneuerbaren Energien beruhenden Wirtschaft vorangeschritten, dass es Trump unmöglich gewesen wäre, alles wieder rückgängig zu machen – egal wie viele Präsidialdekrete er erlassen hätte. Und wer weiß? Neue Arbeitsplätze in der Produktion und eine bessere Infrastruktur hätten womöglich gereicht, ihm den Sieg insgesamt zu vermasseln.

Zugegeben, all diese Veränderungen und Umstrukturierungsmaßnahmen hätten eine ungewöhnliche Fokussierung und Zähigkeit verlangt. Hätte Obama bei seinem Amtsantritt den gescheiterten Banken und Autofirmen sowie dem unverantwortlichen Energiesektor gegenüber auf der Umgestaltung beharrt, wäre es zu einem heftigen und schwer zu ertragenden Gegenschlag gekommen. Man hätte ihn als Kommunisten hingestellt, als den Hugo Chávez der USA. Andererseits waren sein Mandat für einen umfassenden Wandel und die Welle des Wohlwollens, die ihm angesichts seiner Wahl entgegenschlug, von einem solch großen und seltenen Machtpotential gegenüber der Wirtschaft begleitet, dass gut eine neue Ära wirtschaftlicher Gerechtigkeit und klimatischer Stabilität hätte eingeleitet werden können.

Dass dieser Augenblick ungenutzt an den Amerikanern vorbeiging, ist ein Versagen, das nicht nur den Demokraten angelastet werden kann. In Obamas erstem Amtsjahr verwechselten die meisten progressiven Organisationen – erleichtert, Bush endlich losgeworden zu sein, und angesichts der ihnen schmeichelnden Tatsache, zum ersten Mal seit zehn Jahren das Gehör der regierenden Partei zu haben – Zugang zur Macht mit der Macht selbst. Die Folge war, dass der Druck von außen, der früher zu großen politischen Siegen geführt hatte, in Obamas erster Amtszeit im Großen und Ganzen ausblieb. Trotz einiger mutiger Versuche entstand keine vereinte Koalition der fortschrittlichen Kräfte, die Obama gezwungen hätte, aus diesem einzigartigen historischen Augenblick etwas zu machen, und ihn gedrängt hätte, in Sachen Arbeitsplätze, Rassengerechtigkeit, saubere Luft, sauberes Wasser und bessere öffentliche Dienstleistungen nicht zu kleckern, sondern zu klotzen. Das war ein Fehler. Der große (und uns sehr fehlende) Historiker Howard Zinn schrieb einmal: »Das wirklich Entscheidende ist nicht, wer im Weißen Haus sitzt, sondern wer an Sitzblockaden teilnimmt – auf den Straßen, in den Kantinen, in den Regierungsfluren, in den Fabriken. Wer protestiert, wer Amtsstuben besetzt und demonstriert. Das sind die Dinge, die darüber entscheiden, was passiert.«

Das Fazit lautet, dass wir, die Theoretiker und Aktivisten, 2009 nicht bereit waren – dass zu viele von uns einfach darauf warteten, dass die Veränderung von ganz oben kommen würde. Und als dann die meisten von uns erkannten, wie unzureichend die vollzogenen Veränderungen waren, hatte sich das Fenster schon wieder geschlossen und die Tea Party war bereits auf dem Vormarsch.

Erinnerung an unseren Satz nach vorn

Bevor in den 1980er Jahren die Schock-Politik zur Normalität wurde, reagierte man auf Krisen, die offensichtlich durch Geldgier und Gesetzesverstöße von Unternehmen verursacht waren, oft ganz unterschiedlich. Auf jeden Fall führten diese Krisen aber auch zu Siegen der progressiven Kräfte, die zu den folgenschwersten in der modernen Geschichte gehören.

Nach dem blutigen amerikanischen Bürgerkrieg und der Abschaffung der Sklaverei drängten Schwarze und ihre radikalen Verbündeten auf wirtschaftliche Gerechtigkeit und mehr soziale Rechte. Sie errangen große Siege wie etwa die kostenlose öffentliche Bildung für alle Kinder – obwohl es noch ein ganzes Jahrhundert dauern sollte, bis die Rassentrennung in den Schulen aufgehoben wurde.

Der schreckliche Brand der Triangle Shirtwaist Company in New York im Jahre 1911, bei dem 146 vorwiegend minderjährige Näherinnen aus Immigrantenfamilien ums Leben kamen, erhöhte den Kampfgeist hunderttausender Arbeiter – was schließlich zu einer Verschärfung der Arbeitsschutzgesetze, zur Beschränkung von Überstunden, neuen Vorschriften für Kinderarbeit und Durchbrüchen bei den Gesundheits- und Brandschutzbestimmungen führte.

Besonders vielsagend ist die Tatsache, dass nur dank der kollektiven Reaktion von unten auf den großen Börsencrash von 1929 der New Deal möglich wurde. Die Streikwelle Mitte der 1930er Jahre – die Rebellion der Transportarbeiter und der Generalstreik in Minneapolis, die dreiundachtzigtägige Blockade der Westküstenhäfen durch Hafenarbeiter und die Sitzstreiks gegen General Motors in Flint, Michigan – begründete die Macht von Industriegewerkschaften und zwang die Unternehmensinhaber, einen größeren Teil ihrer Gewinne mit ihren Beschäftigten zu teilen. In derselben Zeit verlangten Massenbewegungen angesichts des Leids, das die Große Depression mit sich brachte, umfassende Sozialprogramme zum Beispiel in Gestalt der Sozial- und der Arbeitslosenversicherung (von denen die Mehrheit

afroamerikanischer Arbeiter und viele Arbeiterinnen be-
merkenswerterweise ausgeschlossen wurden). Und es wurden strenge Vorschriften zur Regulierung des Finanzsek-
tors eingeführt, die der ungezügelten Profitmaximierung
reale Schranken setzten. In der gesamten industrialisierten
Welt bereitete der Druck sozialer Bewegungen den Boden
für Programme ähnlich dem New Deal mit seinen ehrgeizigen Investitionen in die öffentliche Infrastruktur – etwa in
die Versorgungswirtschaft, das Verkehrssystem, den Wohnungsbau und dergleichen –, und zwar in Dimensionen, die
vergleichbar sind mit denen, die heute zur Bewältigung der
Klimakrise nötig wären. (Ein ähnlicher Auslöser waren die
Verheerungen durch den Zweiten Weltkrieg.)

Im Jahr 1969 kam es im Santa-Barbara-Kanal wegen
eines Rohrbruchs auf einer Bohrinsel zu einer Ölpest, bei
der die schönen Strände Kaliforniens mit der klebrigen
Masse überzogen wurden, eine Art Umweltcrash – und ein
Schock, auf den Millionen mit der Forderung nach grundlegenden Veränderungen reagierten. Viele der strengsten
nordamerikanischen Gesetze zum Schutz von Luft, Wasser
und gefährdeten Arten haben ihren Ursprung im Zorn der
Menschen, den dieses Desaster auslöste.

All dies sind Beispiele dafür, dass eine schmerzhafte Krise zu einem Weckruf werden und zu sinnvollen Gesetzen
führen kann, die einen Beitrag zu einer gerechteren und
sichereren Gesellschaft leisten – nicht zuletzt dank der
harten Arbeit von Aktivisten, die Jahre vor dem schockierenden Ereignis den Boden dafür bereitet haben. Die Reformen, die in den genannten Fällen durchgeführt wurden,
waren alles andere als vollkommen und bedeuteten keinen
echten Wandel, und doch verdanken wir ihnen einen Großteil des modernen sozialen Sicherheitsnetzes und die Vor-

schriften, die vielen Arbeitnehmern Schutz bieten und die öffentliche Gesundheit garantieren. Darüber hinaus ist zu betonen, dass es zu ihrer Durchsetzung keiner Manipulationen seitens der Machthaber bedurfte. Vielmehr waren sie bei den Wählern so populär, dass man sie ihnen nicht unter dem Vorwand der Krise unterschieben musste, sondern sie vielmehr mit lauter Stimme von starken Bewegungen gefordert wurden – eine Stärkung der Demokratie, nicht deren Zersetzung.

Warum also führten diese Krisen zu solchen visionären Veränderungen, während die jüngeren Katastrophen – Katrina, das Debakel der Subprime-Hypotheken, das Desaster der BP-Bohrplattform Deepwater Horizon – kaum politische Fortschritte nach sich zogen?

Wenn Utopia eine helfende Hand reicht

Meine Theorie: Das Wechselspiel zwischen hochfliegenden Träumen und realen Siegen ist immer die entscheidende Voraussetzung für einen tiefgreifenden Wandel. Die Durchbrüche, die nach dem Bürgerkrieg und während der Großen Depression für Arbeiter und ihre Familien und in den 1960er Jahren bis Anfang der 1970er Jahre für die Bürgerrechte und die Umwelt erzielt wurden, waren nicht einfach die Folge von Krisen, sondern von Krisen, die sich in Zeiten entwickelten, da die Menschen sich trauten, großen Träumen nachzuhängen, lauthals und öffentlich – Explosionen utopischer Vorstellungskraft.

Vorbild für die Streiks im Vergoldeten Zeitalter, ausgelöst durch die Anhäufung riesiger Vermögen zu Lasten unterdrückter Arbeiter, war die aus der arbeitenden Bevölkerung rekrutierte Pariser Kommune, die für den kurzen Zeitraum von zwei Monaten die Verwaltung der Stadt übernahm. Die »Kommunarden« träumten von einem »kooperativen Gemeinwesen«, von einer Welt, in der die Arbeit nur ein Element in einem ausgewogenen Leben mit viel Zeit für Muße, Familie und Kunst ist. Utopisch-sozialistische Literatur wie *Das Jahr 2000: ein Rückblick auf das Jahr 1878* von Edward Bellamy standen ganz oben auf der Liste der meistverkauften Bücher (in krassem Gegensatz zu heute, da die klassische dystopische Literatur – *1984* von George Orwell, *Der Report der Magd* von Margaret Atwood und *Das ist bei uns nicht möglich* von Sinclair Lewis – seit Trumps Wahl wieder auf den Bestsellerlisten erscheinen). Die Arbeiteraktivisten in der Zeit der Großen Depression waren nicht nur versierte Marx-Kenner, sondern lasen auch die Werke von W. E. B. Du Bois. Der Soziologe und Bürgerrechtler hatte die Vision einer weltumspannenden Arbeiterbewegung, der es gelingen würde, die Unterdrückten und Geknechteten zu vereinen und damit ein ungerechtes Wirtschaftssystem umzugestalten. Das Ende des 19. Jahrhunderts bot, wie der Historiker Robin D. G. Kelley einmal schrieb, das ideale Klima für »demokratische, volksnahe und radikale Bewegungen unter Beteiligung aller Hautfarben und der Führung Schwarzer«.

Dasselbe gilt für die hart errungenen Siege der Bürgerrechtsära. Ob in den Reden Martin Luther Kings zum Ausdruck gebracht oder in den Visionen des Student Nonviolent Coordinating Committee, einer der bedeutendsten Bürgerrechtsorganisationen in den USA, der Schwarze und Weiße angehörten, es war der alle umfassende und inspirierende Traum der Bewegung, der den Boden bereitete für die Bildung von Basisorganisationen, die wiederum konkrete Veränderungen herbeiführen konnten. Ende der 1960er und

Anfang der 1970er Jahre legte eine ähnliche Leidenschaft für gesellschaftliche Utopien – entstanden aus dem gegenkulturellen Aufruhr junger Leute, die fast alles in Frage stellten – den Grundstein für die Errungenschaften feministischer, lesbisch-schwuler und ökologischer Gruppierungen.

Die – nach heutigen Maßstäben –, geradezu radikalen Reformen des New Deal wurden, wie man sich immer wieder in Erinnerung rufen sollte, von Präsident Roosevelt in einer Zeit des Kampfgeists aufseiten der progressiven und linken Kräfte durchgesetzt und erschienen damals als die einzige Möglichkeit, eine alles umstürzende Revolution zu verhindern. Und diese Bedrohung war durchaus real. Als Upton Sinclair, der sozialkritische Autor von *Der Dschungel*, 1934 in Kalifornien für das Amt des Gouverneurs kandidierte, war das ein Ereignis, das man heute mit dem Wahlkampf Bernie Sanders' vergleichen könnte. Sinclair war Verfechter einer radikaleren Version des New Deal und vertrat die Ansicht, der Schlüssel für die Beseitigung der Armut sei die staatliche Finanzierung von Arbeiterkooperativen. Sinclair erhielt bei der Gouverneurswahl 900000 Stimmen, was jedoch nicht reichte, um das Amt übernehmen zu können. (Wenn amerikanische Schüler im Geschichtsunterricht nichts davon erfahren, ist das womöglich kein Zufall: »Der Kampf des Menschen gegen die Macht«, schrieb Milan Kundera, »ist der Kampf des Gedächtnisses gegen das Vergessen.«)

Gefangen in der Matrix

Als sich 2008 das Finanzfiasko vor uns ausbreitete, war das utopische Denken dieser Art weitgehend verkümmert. Sehr viele Menschen wussten, dass die richtige Antwort auf die Krise ein moralischer Aufruhr war und die Geschenke in Billionenhöhe an die Banken, die Weigerung, die Verantwortlichen dafür zur Rechenschaft zu ziehen und den Armen und Rentnern die unverschämtesten finanziellen Belastungen aufzuerlegen, nur als obszön bezeichnet werden konnten.

Doch ganze Generationen, die im Neoliberalismus aufgewachsen waren, taten sich schwer, sich etwas anderes, irgendetwas anderes vorzustellen als das, was sie kannten. Das hat vielleicht auch etwas mit der Macht des Gedächtnisses zu tun. Als sich Arbeiter gegen die unsittlichen Zumutungen des Industriezeitalters erhoben, hatten viele von ihnen noch lebhafte Erinnerungen an eine andere Art der Wirtschaft. Andere kämpften aktiv für den Erhalt noch bestehender Lebensformen, sei es die bäuerliche Familienwirtschaft, die raubtierhaften Kreditgebern zum Opfer fiel, oder kleine Handwerksbetriebe, die vom Industriekapitalismus weggefegt wurden. Diese Menschen hatten etwas erlebt, was sie in die Lage versetzte, sich eine grundlegend bessere Zukunft vorzustellen und sich für sie einzusetzen. Selbst diejenigen, die nichts anderes kannten als Versklavung und Apartheid, verfügten über eine schier unerschöpfliche Kreativität bei der Suche nach Mitteln und Wegen – nicht zuletzt durch Formen klandestiner Kunst –, den Traum von Freiheit, Selbstverwaltung und Demokratie zu nähren und lebendig zu halten. So schrieb der amerikanisch-dominikanische mit dem Pulitzer-Preis ausgezeichnete Romanautor Junot Díaz kurz nach der Wahl Trumps 2016 in einem geradezu prophetischen Artikel, in dem er auf die bevorstehenden harten Zeiten hinwies: »Diejenigen von uns, deren Vorfahren noch der Besitz anderer waren und aufwuchsen wie Vieh, kennen die Zukunft nur allzu gut, weil sie zum Teil unsere Vergangenheit ist. Und wir wissen, dass wir, die nichts hatten, nicht einmal unsere richtigen Namen, durch den Kampf, allen Widrigkeiten zum Trotz, die Welt verändert haben. Unsere Vorfahren kämpften mit sehr geringen Mitteln, und wir, die wir mehr haben, müssen dasselbe tun.«

Diese Phantasie, die Fähigkeit, sich eine Welt vorzustellen, die völlig anders aussieht als die gegenwärtige, fehlt weitgehend, auch wenn 2008 ein *Nein* durch die Welt hallte. Die Bevölkerungen der westlichen Länder verfügen kaum über Erinnerungen an irgendein anderes Wirtschaftssystem. Doch manche Kulturen und Gemeinschaften – vor allem indigene –, halten die Erinnerungen an andere Lebensmodelle wach, die nicht auf dem privaten Besitz von Grund und Boden und der unendlichen Profitmaximierung beruhen. Im Gegensatz dazu sind die meisten von uns, die nicht in solchen Traditionen aufgewachsen sind, völlig gefangen in der Matrix des Kapitalismus, und daher können wir vielleicht geringfügige Verbesserungen verlangen, doch uns etwas ganz anderes vorzustellen, fällt uns deutlich schwerer.

Das erklärt zum Teil, warum die Bewegungen, die nach der Finanzkrise entstanden – von den Platzbesetzungen in Europa bis zu Occupy Wall Street und selbst zur Revolution in Ägypen –, zwar in ihrem »Nein« sehr deutlich waren: Nein zur Gier der Banker, Nein zur Austeritätspolitik und, in Ägypten, Nein zur Diktatur. Doch was meist fehlte, war eine klare und packende Vision der Welt jenseits dieses Nein.

Und dieser Mangel bescherte uns dann die weiteren Schocks.

Angesichts eines entfesselten weißen Überlegenheitsgefühls und der offenen Frauenfeindlichkeit, angesichts dessen, dass die Welt am Rand des ökologischen Zusammenbruchs dahintaumelt und das Kapital im Begriff steht, die allerletzten Spuren des öffentlichen Sektors zu verschlingen, müssen wir zweifellos mehr tun, als eine Linie in den Sand zu ziehen und zu sagen »bis hierher und nicht weiter«. Ja, auch das müssen wir tun, aber wir müssen zugleich einen glaubwürdigen und inspirierenden Pfad in eine andere Zukunft aufzeigen. Und diese Zukunft darf nicht einfach so aussehen wie die Welt vor Trump (das heißt die Welt, aus der Trump hervorgegangen ist). Wir müssen dorthin, wo wir noch nie waren.

Um eine solch völlig neue Zukunft skizzieren zu können, müssen wir uns die utopischen Traditionen wieder zu eigen machen, die so viele über das Bestehende hinausweisende Bewegungen in der Vergangenheit mit Leben erfüllt haben. Das bedeutet, dass wir den Mut haben müssen, das Bild einer anderen Welt zu malen, ein Bild, das uns, auch wenn es nur in unseren Köpfen existiert, die Kraft gibt, Kämpfe zu führen, die wir gewinnen können. Denn schließlich ist es doch so, wie Oscar Wilde 1891 schrieb: »Eine Weltkarte, in der das Land Utopia nicht verzeichnet ist, verdient keinen Blick, denn sie lässt die eine Küste aus, wo die Menschheit ewig landen wird. Und wenn die Menschheit da angelangt ist, hält sie Umschau nach einem besseren Land und richtet ihre Segel dahin.«

Und wenn wir dann die Segel setzen, dürfen wir uns nicht darauf beschränken, über die Zukunft, die wir wollen, zu reden und zu schreiben, sondern müssen sie während der Reise aufbauen.

In Standing Rock konnte ich sehen, wie dieses Prinzip in die Tat umgesetzt (und in Gebeten und Liedern formuliert) wurde.

Kapitel 12

Lehren aus Standing Rock:
Einen Traum wagen

Weniger als einen Monat nach Trumps Wahlsieg reiste ich nach Standing Rock, North Dakota. Der Wetterbericht hatte einen gewaltigen Schneesturm angekündigt, der bei unserer Ankunft gerade eingesetzt hatte, weshalb die flachen Hügel und schweren Himmel komplett weiß waren.

Einige Tage zuvor hatte der Gouverneur angekündigt, die Camps der Tausenden von »Wasserschützern« räumen zu lassen, die sich am Rand des Standing Rock Sioux Reservats versammelt hatten, um den Bau der Dakota Access Pipeline zu stoppen. Die Baufirma wollte, dass die Öl-Pipeline den Lake Oahe unterquerte, der die einzige Wasserquelle der Standing Rock Sioux ist, und auch ein Teilstück des Missouri River, aus dem 17 Millionen Menschen ihr Trinkwasser beziehen. Sollten die Pipeline leckschlagen, würde das indigene Volk, ihren Anführern zufolge, über kein sauberes Wasser mehr verfügen, und ihre heiligen Stätten würden entweiht. Der Slogan der Bewegung, der weltweit wahrgenommen wurde, lautete in der Lakota-Sprache »Mni Wiconi« – »Wasser ist Leben«.

Nach monatelangen Auseinandersetzungen mit privaten Sicherheitsdiensten und der schwerbewaffneten Polizei schien der Gouverneur nun, da Trump auf dem Weg ins Weiße Haus war, zu glauben, er habe freie Bahn und könne die Bewegung mit Gewalt zerschlagen. Seit Monaten ging er gegen die Menschen in den Camps vor – als sie schließlich geräumt wurden, waren insgesamt 750 von ihnen verhaftet worden – und bei meiner Ankunft galt Standing Rock bereits als Schauplatz der brutalsten staatlichen Unterdrückung in den USA während der zurückliegenden Jahre. Nach dem Erlass des Räumungsbefehls bezeichneten etliche den 5. Dezember 2016 als den Tag des »letzten Gefechts« der Standing Rock Sioux, und ich war, genau wie viele andere, angereist, um ihnen beizustehen.

Überraschenderweise war auch ein Konvoi aus über zweitausend Kriegsveteranen nach Standing Rock gekommen, um die Sioux zu unterstützen und sich, wenn nötig, in ihren Uniformen den Polizisten entgegenzustellen. Die Veteranen sagten, sie hätten feierlich geschworen, der Verfassung zu dienen und sie zu beschützen. Nachdem sie Filmaufnahmen gesehen hatten, die zeigten, wie friedliche Wasserschützer brutal von Wachhunden angegriffen, bei Temperaturen unter dem Gefrierpunkt aus Wasserwerfern beschossen und mit Gummigeschossen, Pfefferspray und Bean-Bag-Salven traktiert wurden, waren sie der Ansicht, dass die Pflicht zu beschützen es nun erforderte, gegen die Regierung des Landes einzuschreiten, für das sie einst in den Krieg gezogen waren.

Als ich ankam, war die Zahl der Menschen in den verschiedenen Camps auf etwa zehntausend angestiegen. Sie übernachteten in Hunderten von Zelten, Tipis und Jurten. Kinder fuhren auf einem schneebedeckten Hang Schlitten. Im Haupt-Camp herrschte eine Atmosphäre gelassener, aber beständiger Aktivität. Freiwillige kochten Tausende von Mahlzeiten, und von früh bis spät brachten Lieferwagen frische Lebensmittel. Junge Journalisten und Filmemacher, weltbekannte Musiker und Hollywood-Stars veröffentlichten und posteten regelmäßig Meldungen über die neuesten Entwicklungen und hielten so Millionen von Menschen über die dramatischen Ereignisse auf dem Laufenden. In den größeren Zelten und unter einer geodätischen Kuppel fanden Workshops über Dekolonisierung und Gewaltlosigkeit statt. Eine Gruppe von Trommlern hatte sich um das heilige Feuer versammelt und passte auf, dass die Flammen nicht verloschen.

Ein Stück die Straße entlang schlugen die neu angekommenen Kriegsveteranen ihr Lager auf. Das beeindruckende Tempo, in dem sie das taten, lag sicher an der Erfahrung, die sie bei ihren Einsätzen in Afghanistan, Irak und, im Falle einiger von ihnen, in Vietnam gesammelt hatten. Mir kam in den Sinn, dass ich so viel Zeit mit Menschen in amerikanischer Militäruniform zuletzt bei meinem Besuch in Bagdad verbracht hatte, wo ich jungen Frauen und Männern begegnet war, die man als Besatzer in ein Land geschickt hatte, in dem es rein zufällig einen der weltweit größten Vorräte an Rohöl gab. Nachdem amerikanische Soldaten so oft den Befehl erhalten hatten, die Interessen der Energiekonzerne zu verteidigen und im In- und Ausland Krieg gegen indigene Völker zu führen, fand ich es erhebend, mit anzusehen, wie sich diese Veteranen freiwillig und unbewaffnet dem Kampf eines indigenen Volkes anschlossen, der sich gegen das jüngste in einer langen Reihe unverantwortlicher Projekte zur Ausbeutung fossiler Brennstoffe richtete.

Eines der ersten Gespräche in Standing Rock führte ich mit der legendären LaDonna Brave Bull Allard, eine der Stammesältesten der Lakota und in gewisser Weise für den massenhaften Widerstand gegen die Pipeline verantwortlich, da sie im April 2016 auf ihrem Land das erste Camp gegründet hatte, das sie damals Sacred Stone Camp nannte. Acht Monate später stand sie mit hellwachem Blick vor mir und ließ sich die Anstrengungen überhaupt nicht anmerken, die damit verbunden sein mussten, eine Art Herbergsmutter für die unzähligen Menschen zu spielen, die aus aller Welt gekommen waren, um sich dieser einzigartigen Bewegung anzuschließen.

Sie sagte zu mir, das Camp sei erst für Hunderte und dann für Tausende zu einer zweiten Heimat geworden. Außerdem sei es ein Feldlazarett, in dem die Opfer von Polizeigewalt ebenso behandelt wurden wie jene, die wegen der bereits zu spürenden Folgen von Trumps Wahlsieg unter Ängsten litten.

Leben als Grundlage von Lernen

Brave Bull Allard, die zudem das Amt der Historikerin ihres Volkes innehat, erzählte mir außerdem, dass das Lager vor allem zu einer Schule geworden sei – für indigene Kinder und Jugendliche mit dem Wunsch nach einer engeren Verbindung zu ihrer Kultur, die auf dem Land ihrer Vorfahren leben und deren Zeremonien praktizieren wollten, aber auch für nichtindigene Menschen, denen klargeworden war, dass die gegenwärtige Situation Fähigkeiten und Kenntnisse erforderte, die die meisten von uns nicht besitzen.

»Meine Enkel finden es unfassbar, wie wenig manche der Weißen wissen«, sagte sie lachend, doch ohne abschätzigen Unterton. »Sie kommen angelaufen und rufen: ›Oma! Die Weißen haben keine Ahnung, wie man Holz hackt! Dürfen wir es ihnen beibringen?‹ Und ich antworte: ›Ja, tut das.‹« Brave Bull Allard selbst brachte unzähligen Besuchern die Dinge bei, die ihrer Ansicht nach für das Überleben in ihrer Gegend unbedingt nötig waren: wie man Salbei als Desinfektionsmittel nutzt, wie man während der unbarmherzigen Stürme in North Dakota warm und trocken bleibt (»man braucht mindestens sechs Schichten Kleidung«, verkündete sie apodiktisch).

Sie erzählte mir, sie habe erkannt, dass die Verhinderung der Pipeline zwar von zentraler Bedeutung sei, es aber bei dieser Zusammenkunft zugleich um etwas Größeres gehe. Die Camps seien inzwischen ein Ort, an dem sowohl indigene als auch nichtindigene Menschen lernten, im Einklang mit dem Land zu leben, das sie bewohnten, und es als ebenbürtig zu begreifen. Und es ging für sie nicht nur um den Erwerb von Fertigkeiten. Es gehe auch darum, die Besucher mit den Traditionen und Zeremonien vertraut zu machen, die man trotz der jahrhundertelangen verbrecherischen Angriffe auf die indigenen Völker und ihre Kultur am Leben erhalten hatte. Der Grund, warum die Traditionen die Unterdrückung überdauert hatten, war für sie folgender: »Wir wussten, dass dieser Tag kommen würde – die Vereinigung aller Stämme … Wir sind hier, um die Erde und das Wasser zu beschützen. Darum sind wir noch immer am Leben. Um genau das zu tun, was wir jetzt machen. Um der Menschheit bei der Beantwortung der drängendsten Frage zu helfen: Wie schaffen wir es, wieder mit der Erde zu leben, statt ihr Feind zu sein?«

Und diese Unterweisung müsse schnell erfolgen, sagte sie – die Störung des Klimas mache sich bemerkbar. Wenn die nichtindigenen Menschen nicht lernten, die lebenserhaltenden Kräfte der Erde zu bewahren, seien wir alle geliefert. Eingedenk dieser Einschätzung waren die Camps für Brave Bull Allard nur ein Anfang. Nach der Verhinderung der Pipeline müssten die Standing Rock Sioux zu Vorbildern für die Nutzung grüner Energie und einer nachhaltigen Lebensweise werden. Diese Vision einer Bewegung, die nicht nur Widerstand leistet, sondern auch den Weg in die Zukunft prägt und ihn anderen vermittelt, wird von vielen wichtigen Köpfen der Bewegung geteilt, darunter Cody Two Bears, Mitglied im Tribal Council der Standing Rock Sioux. Bekleidet mit einem roten Sweatshirt, auf dem in schwarzen Buchstaben das Wort »Krieger« prangte, sprach er darüber, wie seine Vorfahren den ersten Europäern in diesem Gebiet beigebracht hatten, in dem rauen, unbekannten Klima zu überleben. »Wir haben ihnen gezeigt, wie man Obst und Gemüse anbaut, sich warm hält, Langhäuser baut.« Aber die Weißen hatten immer nur genommen – von der Erde und den indigenen Völkern. Und jetzt, sagte Two Bears, »wird es immer schlimmer. Darum müssen wir, die wir die ersten Menschen auf diesem Land waren, den anderen beibringen, wieder richtig zu leben. Indem wir Nachhaltigkeit praktizieren, erneuerbare Energien nutzen, indem wir die Segnungen nutzen, die der Schöpfer uns hat zukommen lassen: die Sonne und den Wind. Wir fangen hier bei uns an. Und wir werden dem übrigen Land zeigen, wie man leben sollte.«

Zeitalter der Beschützer

In Standing Rock habe ich viel darüber nachgedacht, was es bedeutet, ein Beschützer zu sein. Die Anführer der dortigen Bewegung hatten von Anfang an darauf bestanden, dass sie keine »Demonstranten« waren, die Unheil stiften wollten, sondern »Wasserschützer«, die eine ganz andere Form von Unheil verhindern wollten. Und dann waren da die

vielen Kriegsveteranen in ihren T-Shirts mit dem Schrift-
zug »Dienen und Beschützen«, die überzeugt waren, dass
dieser Schwur von ihnen verlangte, in vorderster Front zu
stehen, wenn es darum ging, die Rechte der Ersten Völker
des Kontinents zu verteidigen. Und ich dachte an meine
eigene Pflicht, eine Beschützerin meines Sohnes zu sein,
seiner Freunde und der Kinder, die noch zur Welt kommen
würden – vor allem angesichts der steinigen Zukunft, die
wir ihnen beschert haben.

Schwingt sich allerdings die falsche Person zum Beschützer auf, kann das katastrophale Folgen haben. In
Krisenzeiten erklären sich autoritäre Männer nur allzu
gerne bereit, diese Rolle zu übernehmen. Sie versprechen,
die Herde von allem Übel zu bewahren, und verlangen
dafür im Gegenzug lediglich uneingeschränkte Macht
und blinden Gehorsam. Doch der Geist des Beschützens,
der das Camp erfüllte, hatte nichts mit der Haltung dieser allmächtigen patriarchalen Gestalten zu tun. Es ging
dort um ein Beschützen, das aus der genauen Kenntnis
der Zerbrechlichkeit des Menschen entspringt, und es war
nicht die eingleisige, passive Art von Schutz, die komplett
scheitern kann. Dieser Schutz war gegenseitig, und er ver-
wischte alle Trennlinien: Wasser, Erde und Luft schützen
und nähren uns alle – das Mindeste, was wir tun können,
ist sie (oder uns selbst?) zu beschützen, wenn sie (oder wir
selbst?) bedroht sind. Als die Menschen den gepanzerten
Einsatzwagen und der bewaffneten Bereitschaftspolizei ge-
genüberstanden und »Mni Wiconi« skandierten, verliehen
sie diesem zentralen Prinzip eine Stimme: Beschützt das
Wasser, weil das Wasser uns alle beschützt.

Dasselbe Gefühl der Verletzlichkeit und Gegenseitigkeit
bestimmt auch das Auftreten der Veteranen. Am 5. Dezem-

ber verkündete die Obama-Regierung, dass sie dem Antrag, die Pipeline unter dem Wasserreservoir des Stammes zu verlegen, die Zustimmung verweigere. Am Abend dieses Tages fand in Standing Rock eine »Vergebungs-Zeremonie« statt. Mehre Stunden lang baten Hunderte von Veteranen einer nach dem anderen die Stammesältesten um Vergebung für die Verbrechen, die im Laufe der Jahrhunderte von den Armeeeinheiten, in denen sie gedient hatten, an indigenen Völkern verübt worden waren.

Wesley Clark jr., einer der Organisatoren der Veteranen-Delegation, sprach als Erster. Er sagte: »Viele von uns, darunter auch ich, stammen aus den Einheiten, die euch viele Jahre lang Leid zugefügt haben. Wir sind hierhergekommen. Haben euch bekriegt. Uns euer Land genommen. Wir haben Verträge mit euch geschlossen, die wir gebrochen haben. Wir haben Bodenschätze aus euren heiligen Hügeln geraubt. Wir haben die Antlitze unserer Präsidenten in die Felsen eures heiligen Berges gehauen. Dann haben wir euch noch mehr Land weggenommen und haben euch eure Kinder weggenommen und dann haben wir versucht … die Sprache auszulöschen, die euch Gott gegeben hat, der Schöpfer gegeben hat. Wir haben euch nicht respektiert, haben eure Erde verschmutzt, wir haben euch auf unzählige Weise verletzt, doch heute sind wir hier, um uns entschuldigen.«

Den Zorn überwinden

Inmitten der Tränen und des Salbei-Rauchs spürten wir die historische Bedeutsamkeit dieses Ereignisses. Und noch etwas anderes: eine Art und Weise, mit Wut und Trauer umzugehen, die nicht nur darin bestand, diese

Gefühle einfach herauszulassen. Derart kurze Zeit nach einem spaltenden, barbarischen Wahlkampf war das eine unglaubliche Erleichterung. Wochenlang waren die Bildschirme, die in meinem Leben eine zu große Bedeutung haben, von unerbittlicher Wut erfüllt, von zornigen, sich im Kreise drehenden Diskussionen darüber, wer oder was die alleinige Schuld an dem Schlamassel trug, in dem wir nun steckten. Trump hat wegen des Rassismus der Amerikaner gewonnen und damit Punktum!, sagten einige. Nein, stimmt nicht, die intriganten, wirtschaftsliberalen Demokraten sind schuld – Bernie hätte es geschafft, brüllten andere. Nein, er hat wegen des Kapitalismus gesiegt, das war das wichtigste Thema – Fremdenfeindlichkeit und der Rassismus der Weißen waren nebensächlich. Nein, die Identitätspolitik hat uns den Todesstoß versetzt, ihr Heulsusen und Spalter. Nein, es war die Frauenfeindlichkeit, ihr dämlichen Arschlöcher. Nein, es waren die Energiekonzerne, die weiterhin mit fossilen Brennstoffen Mega-Profite machen wollen, egal wie viel Schaden sie dem Planeten dadurch zufügen. Es wurden viele gute Argumente vorgebracht, aber leider bestand das Ziel kaum einmal darin, jemand anderen zu überzeugen oder einen gemeinsamen Nenner zu finden. Das Ziel war meist, sich mit der eigenen Meinung durchzusetzen.

Und dann wich binnen weniger Minuten der ganze Frust. Die Auseinandersetzungen der vergangenen Wochen erschienen mir plötzlich genauso unsinnig wie das Verlegen einer Öl-Pipeline unter der Trinkwasser-Quelle der Standing Rock Sioux – einer Pipeline, die ursprünglich durch die mehrheitlich von Weißen bewohnte Stadt Bismarck verlegt werden sollte, was aber dort wegen Sicherheitsbedenken strikt abgelehnt wurde. In den Camps, umgeben von Menschen, die einen Kampf gegen eine der mächtigsten Industrien der Welt wagten, wurde mir die Absurdität der Vorstellung von einem Wettstreit zwischen unseren verschiedenen Anliegen bewusst. In Standing Rock wurde überdeutlich, dass es um ein System ging, das vieles umfasste. Es war der rücksichtslose Kapitalismus, der einen möglichen Ökozid durch die Pipeline in Kauf nahm. Es zeugte von übelstem Rassismus, in Standing Rock eine Pipeline zu planen, die man Bismarck nicht hatte zumuten wollen, und Wasserschützer als Ungeziefer zu behandeln, das man bei Eiseskälte mit Wasserwerfern traktieren durfte. Der moderne Kapitalismus, weißer Rassismus und fossile Energien waren alles Stränge ein und desselben Flechtwerks. Und sie waren fest verwoben, dort, auf diesem gefrorenen Stück Land.

Winona LaDuke, die großartige Schriftstellerin und Aktivistin vom Volk der Anishinaabe, formuliert es so: »Derzeit treffen dreiste Konzerninteressen und dreister Rassismus auf Mut, Gebete und Entschlossenheit.« Es ist ein Kampf, der nicht vor Grenzen haltmacht. Überall auf der Welt sind Menschen, die sich der heiligen Aufgabe widmen, empfindliche Naturgebiete vor Bedrohungen durch die Industrie zu schützen, in schmutzige Kriege verwickelt. In einem Bericht der Nichtregierungsorganisation Global Witness, die sich gleichermaßen für Umweltschutz und Menschenrechte einsetzt, heißt es: »2015 wurden pro Woche durchschnittlich mehr als drei Menschen getötet, weil sie das Land, die Wälder oder die Flüsse ihrer Heimat gegen die Zerstörungswut der Industrie verteidigt hatten … Immer öfter geraten Gemeinden, die sich zur Wehr setzen, ins Visier von firmeneigenen Sicherheitsdiensten, Polizeikräften und sogar Auftragsmördern.« Etwa 40 Prozent der

Opfer gehörten laut Einschätzung der Autoren des Berichts indigenen Völkern an.

Seit der Wahl sehnte ich mich nach einer Art Zusammenkunft fortschrittlich gesinnter Denker und Aktivisten – um uns zu vereinen, Strategien zu entwerfen und einen Weg zu finden, wie wir Trumps tägliche Sperrfeuer vier Jahre lang aushalten können, und damit jene Art von Debatte zu führen, die in Australien am Wahltag/-abend so abrupt unterbrochen wurde. In meiner Vorstellung fand dieses Treffen in den Hörsälen einer Universität statt. Auf die Idee, dass Standing Rock sein Schauplatz würde, wäre ich nie gekommen. Doch tatsächlich erlebte ich das, was ich ersehnt hatte, in den Camps, und zwar in der Mischung aus Aktion und Kontemplation und dem beständigen Learning by Doing, das von Brave Bull Allard und anderen erdacht worden war.

Es gelang am Ende nicht, den Bau der Pipeline aufzuhalten – jedenfalls noch nicht. In einem eklatanten Verstoß gegen ein Abkommen und die Landrechte kassierte Trump gleich nach seinem Amtsantritt Obamas Beschluss und erlaubte der Baufirma, unter Einsatz von Polizeigewalt die Pipeline unter dem Lake Oahe zu verlegen, ohne vorher die Zustimmung der Standing Rock Sioux eingeholt zu haben. Während ich dies schreibe, fließt Öl unter der örtlichen Trinkwasserquelle entlang, und die Röhre kann jederzeit platzen. Dieser Skandal beschäftigt inzwischen die Gerichte, und man versucht, die Banken, die das Projekt finanziert haben, unter Druck zu setzen. Bis jetzt sind etwa 80 Millionen Dollar von den betroffenen Banken abgezogen worden.

Aber das Öl fließt weiter.

Ich werde niemals vergessen, wie es war, als nach Monaten des Widerstands im Haupt-Camp die Nachricht eintraf, dass die Obama-Regierung endlich die Erlaubnis zum Bau der Pipeline verweigert hatte. Ich stand zufällig neben Tokata Iron Eyes, einer sehr geerdeten, aber dennoch verspielten Dreizehnjährigen aus Standing Rock, die geholfen hatte, die Bewegung gegen den Bau der Pipeline in Gang zu bringen. Ich spielte das Video mit meinem Smartphone ab und fragte sie nach ihrer Reaktion auf die Neuigkeit. »Ich habe das Gefühl, meine Zukunft wiederbekommen zu haben«, sagte sie und brach in Tränen aus. Auch ich fing an, zu weinen.

Dank Trump hat Takota dieses Gefühl der Sicherheit wieder verloren. Und dennoch kann und wird sein Beschluss den wichtigen Lernprozess nicht vergessen machen, der während der vielen Monate in Standing Rock stattfand. Dieser Prozess hat eine Form des Widerstands geformt, die mit einer Hand *nein* zu einer unmittelbaren Bedrohung sagte, und mit der anderen unermüdlich daran arbeitete, das *Ja* zu erschaffen, das eine Welt ist, wie wir sie haben wollen und sie brauchen.

Kapitel 13

Zeit für einen großen Satz nach vorn: Weil uns kleine Schritte nicht mehr weiterbringen

»Wir können unseren Mitgliedern keine Opfer mehr abverlangen. Sie verlieren so viel. Sie brauchen diese Pipeline-Jobs – wir müssen ihnen etwas anbieten.«

Der Mann, der diesen Appell aussprach, war Funktionär einer großen Gewerkschaft, der zahlreiche Beschäftigte im kanadischen Öl- und Gassektor angehören. Sechzig Menschen saßen im Kreis und rutschten auf ihren Stühlen hin und her. Eigentlich konnte man ihm nicht widersprechen. Jeder hat Anspruch auf einen vernünftigen Arbeitsplatz. Und die Beschäftigten in der Energiebranche hatten schwer zu leiden.

Aber die Anwesenden wussten ebenfalls, dass Umweltschützer unnachgiebig sind, auch wenn es nur um eine einzige Pipeline geht. Der Versuch, Wissenschaft und Chemie zum Einlenken zu bewegen, ist zum Scheitern verurteilt. Neue Infrastruktur für fossile Brennstoffe zu bauen lässt sich nicht mit dem Plan vereinbaren, die Temperaturen auf einem halbwegs ungefährlichen Niveau zu halten.

Da ergriff Arthur Manuel das Wort. Der hochangesehene indigene Intellektuelle und ehemalige Häuptling der Secwepemc Nation in British Columbia lehnte sich vor, sah dem Gewerkschafter in die Augen und erwiderte beinahe im Flüsterton: »Glauben Sie, Sie sind die Einzigen, die Opfer bringen mussten? Wissen Sie, wie viel Geld, wie viele Jobs von Öl- und Gas- und Bergwerkunternehmen mein Volk abgelehnt hat? Beträge in zweistelliger Millionenhöhe.

Das tun wir, weil es Dinge gibt, die wichtiger sind als Geld.«

Es schien, als würden alle im Raum den Atem anhalten. Es war einer jener schmerzhaft ehrlichen Wortwechsel, zu denen es auf einer zweitägigen Tagung im Mai 2015 in Toronto kam. Anwesend waren Anführer und Organisatoren, die ein riesiges Spektrum von Bewegungen vertraten und aus ganz Kanada angereist waren, von Haida Gwaii an der Westküste bis Halifax an der Ostküste.

Wir waren zusammengekommen, um die Gemeinsamkeiten der Krisen herauszuarbeiten, vor denen wir stehen; auch wollten wir versuchen, eine ganzheitliche Vision für eine Zukunft zu skizzieren, die für viele der sich überschneidenden Probleme eine Lösung bietet. So wie in Standing Rock sehen immer mehr Menschen die Verbindungen zwischen den Krisen, und sie sprechen darüber – zum Beispiel stellt sich heraus, dass die Wirtschaftsinteressen, die am heftigsten auf Krieg drängen, zu Hause und im Ausland, identisch sind mit den Kräften, die für die Erwärmung des Planeten verantwortlich sind. Und die prekäre wirtschaftliche Situation, die der Gewerkschafter schilderte, und die Angriffe auf indigene Landrechte und auf die Erde selbst, auf die sich Arthur Manuel bezog (der Anfang 2017 überraschend starb), stammen ebenfalls aus derselben Quelle: einem zerstörerischen Wertesystem, das Profit über das Wohl der Menschen und des Planeten stellt. Eben jenes System hat auch zugelassen, dass mit dem Streben nach Geld der politische Prozess in den Vereinigten Staaten schwer geschädigt wurde und in der Folge eine Bande skandalumwitterter Plutokraten das Weiße Haus erobern konnte.

Dass zwischen vielen Notlagen, die um unsere Zeit und Aufmerksamkeit konkurrieren, eine Verbindung besteht, liegt auf der Hand. Es springt ins Auge. Verschiedenste Gründe – Druck der Spender, der Wunsch nach Kampagnen mit vielen »Klicks«, die Angst, zu radikal und damit todgeweiht zu erscheinen – veranlassen jedoch viele von uns, diese natürlichen Bezüge zu durchtrennen und quasi auf einer »Insel« zu genau abgezirkelten »Fragen« zu arbeiten. Austeritätsgegner sprechen selten vom Klimawandel. Klimaaktivisten erwähnen selten Krieg oder Besatzung. In der Umweltbewegung wird allzu selten die Verbindung gezogen zwischen den Schüssen auf Schwarze in den Straßen von Ferguson oder Ottawa und dem steigenden Meeresspiegel und den Dürrekatastrophen, die in aller Welt die Heimat dunkelhäutiger Menschen zerstören. Selten wird der Zusammenhang gesehen zwischen den mächtigen Männern, die glauben, sie könnten Frauen nach Belieben benutzen und ihnen Gewalt antun, und der verbreiteten Vorstellung, Menschen hätten das Recht, der Erde Gewalt anzutun.

Viele Krisen, vor denen wir stehen, sind Symptome derselben Krankheit: einer herrschaftsbasierten Logik, die viele Menschen und die Erde selbst behandelt, als wären sie Wegwerfartikel. Wir waren zusammengekommen, weil wir meinen, dass diese isolierte Sichtweise, dieses Inseldenken der Grund ist, warum die Progressiven an praktisch allen Fronten an Boden verlieren und um Brotkrumen kämpfen, obwohl wir alle wissen, dass unser historischer Augenblick nach einem transformativen Wandel verlangt. Dass wir uns auf einzelne Themen spezialisieren – dass wir zögern, die *Systeme* beim Namen zu nennen, gegen die wir antreten –, hindert uns daran, unser volles Potential zu nutzen, und es lässt allzu viele Menschen glauben, echte Lösungen seien unerreichbar.

Wir waren auch in der Überzeugung zusammengekommen, dass die Überwindung der Trennlinien – das Aufdecken und die Hervorhebung der roten Fäden, die unsere diversen Themen und Bewegungen durchziehen – unsere dringendste Aufgabe ist. Dass aus diesen Verbindungen eine größere und mitreißendere Koalition hervorgehen wird, als wir sie seit Jahrzehnten gesehen haben, eine Koalition, die es nicht nur mit den Symptomen eines gescheiterten Systems aufnehmen kann, sondern sogar mit dem System an sich. Unser Ziel, und es war nie bescheiden, besteht darin, nicht nur die Welt zu kartieren, die wir nicht wollen, sondern auch jene Welt, die wir an ihrer Stelle wollen.

Dass in diesem Versammlungssaal so viele verschiedene Gruppierungen vertreten waren, führte zu einigen harten Auseinandersetzungen. Aber angesichts einer langen, schmerzlichen Geschichte gescheiterter Zusammenarbeit und zahlreicher Vertrauensbrüche ist das, was geschieht, wenn die Leute endlich beschließen, Raum für einen gemeinsamen Traum zu schaffen, durchaus hart. Man möchte meinen, sich die Welt auszumalen, die wir wollen, wäre leicht und würde Spaß machen. Tatsächlich ist es die härteste Arbeit überhaupt. Aber es ist auch unsere einzige Hoffnung. Wie wir gesehen haben, legen es Trump und seine Kohorten darauf an, die Uhren der Welt an allen Fronten gleichzeitig zurückzudrehen. Nur eine ganz andere Vision, die uns an diversen Fronten voranbringt, hat gegen ein solches Aufgebot eine Chance. Unser Experiment, eine Landkarte der sich überschneidenden Themen zu zeichnen, begann in Kanada, ist aber Teil eines internationalen Gesprächs – in den Vereinigten Staaten, in Großbritannien, in Australien, in ganz Europa und anderswo –, in dessen Verlauf immer mehr Menschen zu demselben Schluss kommen: Es ist Zeit, dass wir uns um eine gemeinsame Agenda versammeln, die direkt den Kampf aufnehmen kann gegen das politische Gift, das sich in unseren Ländern ausbreitet. Nein ist nicht genug – es ist Zeit für ein großes, mutiges Ja, um das wir uns scharen.

Zeit für den Schock, der vom Volke ausgeht

Seit der Finanzkrise von 2008 rätsle ich über die Frage, was es braucht, um eine echt progressive, populistische Antwort auf die Krisen zu geben, vor denen wir stehen.

Ich hatte gemeint, die von der Klimawissenschaft aufgedeckten Fakten würden – wenn wir sie ganz verstehen – der Auslöser sein. Schließlich gibt es keinen deutlicheren Hinweis darauf, dass unser gegenwärtiges System versagt: Wenn die Devise lautet »weitermachen wie bisher«, werden wachsende Gebiete unseres Planeten für Menschen unbewohnbar. Und wie wir gesehen haben, müssen wir, um wirksam auf den Klimawandel zu reagieren, die gesamte wachstumsorientierte Wirtschaftspolitik über Bord werfen – was einer der Hauptgründe ist, warum rechtsgerichtete Ideologen krampfhaft die Realität des Klimawandels leugnen. Deshalb schien mir, so wie der Börsenkrach von 1929 und der Zweite Weltkrieg Zeiten großen sozialen Wandels nach sich zogen, so könnte auch die Klimakrise – eine existentielle Bedrohung für die Menschheit – zur Chance werden für einen sozialen und wirtschaftlichen Wandel, wie es ihn nur einmal in hundert Jahren gibt.

Dass die Klimakrise so akut ist, gibt uns ein Druckmittel in die Hand, um große Veränderungen durchzusetzen: eine feste, nicht aufschiebbare, von der Wissenschaft vorgegebene Frist. Uns geht, wie man nicht oft genug wiederholen kann, die Zeit aus. Wir haben die Probleme so viele Jahrzehnte lang vor uns her geschoben, dass sie nun unaufschiebbar geworden sind. Das heißt, wenn wir eine katastrophale Erwärmung verhindern wollen, müssen wir die große wirtschaftliche und politische Wende *jetzt* einleiten.

Aber wie wir alle wissen, funktioniert der Klimawandel anders als ein Marktzusammenbruch oder ein Krieg. Abgesehen von den häufiger auftretenden Superstürmen vollzieht er sich mit zermürbender Langsamkeit, so dass die Erwärmung allzu leicht in den Hintergrund rückt, während offenkundigere tägliche Notfälle in den Vordergrund drängen. Daher kamen wir zu der Tagung im Frühjahr 2015 nicht nur wegen der Klimakrise zusammen, sondern auch wegen eines Phänomens, das Schlagzeilen machte: der Einbruch der Erdölpreise, der für ExxonMobil, Rex Tillerson und Wladimir Putin solche Probleme schuf. Für uns in Kanada – wo die Regierung ihren letzten Heller auf das teure Teersandöl in Alberta gesetzt hatte – erwies sich der jähe Preisverfall als vernichtender Schlag für die Wirtschaft. Investoren zogen sich fluchtartig aus dem Teersand zurück, zehntausende Beschäftigte wurden arbeitslos, und es gab keinen Plan B – sei es, um Arbeitsplätze zu schaffen oder die leere Staatskasse zu füllen.

Jahrelang hatten die Kanadier zu hören bekommen, wir müssten uns zwischen einer gesunden Umwelt und einer robusten Wirtschaft entscheiden – jetzt stellte sich heraus, dass uns weder das eine noch das andere blieb. In Alberta waren ganze Landstriche abgeholzt und kontaminiert worden, um an das zähe Öl heranzukommen, indigene Landrechte waren mit Füßen getreten worden, und die Wirtschaft lag dennoch am Boden. Ja, sie lag gerade deswegen am Boden, weil wir so sehr auf einen Rohstoff gesetzt hatten, dessen Preis eine Achterbahnfahrt machte, die anscheinend niemand kontrollieren konnte.

Deshalb war die Idee eines landesweiten Treffens entstanden, denn es stand die Überlegung im Raum, ob womöglich der Absturz des Ölpreises, in Verbindung mit der Dringlichkeit der Klimakrise, der Katalysator für die tiefgreifenden Veränderungen sein könnte, die unsere Wirtschaft und Gesellschaft an so vielen Fronten braucht. Wir stellten uns vor, wir könnten den kritischen Augenblick der zweifachen Krise nutzen, um eine Politik voranzubringen, die ein sehr viel besseres Leben verspricht, die Kluft zwischen Arm und Reich schließt, jede Menge gutbezahlte Arbeitsplätze in kohlenstoffarmen Sektoren schafft und die Demokratie von Grund auf neu belebt. Das wäre die Umkehrung der Schock-Strategie. Es wäre ein Schock, der vom Volke ausgeht, ein Schlag von unten.

Also schickten wir einen Brief los mit der Überschrift »Vom Preisschock zur Energiewende« und luden führende Köpfe aus dem ganzen Land ein, zwei Tage lang in einem großen Kreis großen Träumen nachzuhängen. Was dann geschah, schildere ich in der Hoffnung, dass die Erfahrung nützlich sein könnte in einer Zeit, in der so viele Menschen nach Möglichkeiten suchen, Brücken zu bauen.

Ein Programm ohne Partei

Auf unsere Einladung hin fanden sie sich alle ein. Chefs von Dachverbänden und Gewerkschaften, Leiter großer Umweltverbände, charismatische Anführer indigener

Stämme und Ikonen der Frauenbewegung, Organisatoren und Denker, die zu den Rechten von Migranten, Open-Source-Technologien, Ernährungsgerechtigkeit, Wohnen, Glauben und mehr arbeiten. Die Tatsache, dass wir innerhalb weniger Wochen so viele Akteure zusammentrommeln konnten, zeigte, dass es sich nach allgemeiner Einschätzung um eine seltene Chance für einen politischen Neuanfang handelte – ähnlich wie die Finanzkrise von 2008. Nur dass diesmal die Menschen entschlossen waren, die Chance nicht ungenutzt zu lassen.

Der zweite Grund, warum wir es so eilig hatten, die Versammlung einzuberufen, war der bevorstehende Wahlkampf. In Kanada regierte seit einem Jahrzehnt die Konservative Partei unter Stephen Harper, einem Busenfreund der Erdölindustrie, doch die Stimmung im Land kippte, und die Politik schien reif für Veränderungen. Aber zu diesem Zeitpunkt gab es keine Partei, die die Wähler mit einer anderen Vision für das Land begeistern konnte. Zur Klimafrage führten beide Oppositionsparteien – die gemäßigten Liberalen unter Justin Trudeau und die Mitte-Links-Partei New Democratic Party – einen konventionellen Wahlkampf, in dem sie neue Teersand-Pipelines forderten und weder dem Preisverfall noch der Klimakrise Rechnung trugen.

Bei unserer Versammlung beschlossen wir also, etwas zu tun, das die Bewegungen in unserem Land schon seit Jahrzehnten nicht mehr versucht hatten: Wir wollten in den landesweiten Wahlkampf eingreifen, und zwar mit einem »Volkswahlprogramm«, das die Bedürfnisse nicht einer einzelnen, sondern sehr vieler Wählergruppen widerspiegelte.

Wir sahen das als Chance, nicht nur unsere Beziehung

zum Planeten zu heilen, sondern auch die durch Kolonialismus und Rassismus geschlagenen Wunden, die bis in die Anfänge des modernen Kanada zurückreichen.

Dabei behielten wir eins im Kopf: Die Lebensweise, die zur Destabilisierung von Klima und Wirtschaft führt, schafft auch noch andere Krisen. Sie löst eine Epidemie der Angst und Verzweiflung aus, die sich in Medikamentenabhängigkeit und hohen Suizidraten ebenso zeigt wie in Bildschirmsucht und Aggression im Straßenverkehr. Also wagten wir uns auszumalen: Welche Dinge wären nötig, um unser Gemeinwesen glücklicher und gesünder zu gestalten? Und sind das womöglich dieselben Dinge, die auch den Planeten gesunden lassen? Kurz gesagt, wir steckten uns ein hohes Ziel. Was uns alle verband, war das Gefühl, dass es das einzig moralisch Richtige war: Für uns alle im Versammlungssaal, ob wir zu Migration oder Obdachlosigkeit oder indigenen Landrechten oder zum Klima arbeiteten, hatte selten so viel auf dem Spiel gestanden. Ziel war es, eine so konkrete und inspirierende Vision zu entwerfen, dass die Wähler praktisch gesehen zwei Dinge gleichzeitig tun konnten: Erstens konnten sie an der Urne abwählen, was sie nicht mehr wollten (die katastrophale amtierende Regierung). Und zweitens stand ihnen ein Raum offen, auch wenn er sich außerhalb des Wahlkampfs und der Wahlpolitik befand, um ja zu sagen zu einer Vision und ihren Namen unter unser Volkswahlprogramm zu setzen oder anders öffentliche Unterstützung für etwas zu bekunden, von dem wir uns erhofften, dass es die wahren Wünsche vieler Menschen reflektierte.

Wir stellten uns vor, wenn wir unserem Programm genügend Schwung gaben, würde es unsere gewählten Volksvertreter unter Druck setzen. Aber bevor es so weit kommen konnte, mussten wir uns erst einmal über die Aussagen des Dokuments einigen – und das war nicht leicht.

Vereinigung statt Konkurrenz

Bei diesem ersten Treffen konnten wir auf ein paar Grundregeln zurückgreifen, die teils unausgesprochen, teils deutlich formuliert im Raum standen. Die erste lautete, dass niemand das Spiel »Meine Krise ist größer als deine« spielen durfte; auch durfte nicht gefordert werden, wegen der Dringlichkeit und des Ausmaßes der Klimakrise sollte sie Vorrang gegenüber dem Kampf gegen Armut und Rassismus und anderen wichtigen Anliegen haben. Statt eine Rangordnung der Themen aufzustellen, gingen wir von der Prämisse aus, dass wir in einer Zeit mehrfacher, sich überschneidender Krisen leben, und weil alle dringend sind, können wir es uns nicht leisten, sie nacheinander zu beheben. Was wir brauchen, sind *integrierte* Lösungen, konkrete Ideen, wie wir die Emissionen radikal senken und gleichzeitig sehr viele gewerkschaftlich geschützte Arbeitsplätze schaffen können, während jenen, die unter dem herrschenden Wirtschaftssystem misshandelt und ausgeschlossen wurden, echte Gerechtigkeit zuteilwird.

Eine weitere Grundregel war, dass respektvoller Konflikt gesund und unverzichtbar ist, will man neues Gelände betreten. Streit heißt, es funktioniert!

Viele der hier versammelten Gruppierungen und Menschen sprachen darüber, dass sie zwar schon früher Koalitionen geschlossen hatten, diese aber auf einem »Nein« gründeten – nein zu einem miesen konzernfreundlichen Handelsabkommen, nein zu einer harten Austeritätspolitik, nein zu einem besonders haarsträubenden Politiker, nein zu Erdöl-Pipelines und Fracking. Aber wir erkannten, dass es schon lange her war, dass die progressive Seite des politischen Spektrums zusammengekommen war, um ja zu sagen, oder sogar ja zu einer radikalen Vision des künftigen Wirtschaftslebens. Folglich waren Konflikte nicht zu vermeiden, zumal jede Versammlung, also auch die unsere, unvollkommen sein muss, weil Leute fehlen, die anwesend sein sollten.

Es gab auch unbeschwerte, freudige Momente, in denen Ideen für einen »gerechten Übergang« nur so sprudelten. An den Schreibwänden drängten sich Vorschläge und Fragen:

- Kostenlose, hochkarätige Kinderbetreuung
- Weniger Autoverkehr
- Weniger Arbeit, mehr Musik und Garten und Familie
- Hochgeschwindigkeitszüge, Solarstraßen

Zur Sprache kamen auch Herausforderungen, die sich offensichtlich nicht in zwei Tagen bewältigen ließen und uns noch auf Jahre hinaus beschäftigen würden:

- Wenn wir die Eigentumsfrage nicht anpacken, wie sollen wir dann Recht und Gerechtigkeit für alle schaffen?
- Wie lassen wir die Idee hinter uns, dass uns das, was wir besitzen, Sicherheit gibt? Sicherheit bekommen wir durch Gemeinschaft, durch Solidarität. Sicherheit hängt davon ab, wie zuverlässig meine Bindungen sind, nicht davon, wie viel ich besitze.
- Wie lässt sich der öffentliche Sektor so umbauen, dass wir, die *Öffentlichkeit*, das Gefühl haben, beteiligt zu sein? Wir alle sollten den öffentlichen Wohnungsbau und die öffentlichen Ressourcen als unser Eigentum ansehen.
- Wie können wir dafür sorgen, dass die informelle und

unbezahlte Arbeit in der Pflege, im Haushalt und in der Landespflege anerkannt wird und in einem gerechten Übergang Wertschätzung erfährt?
- Wie sollte ein garantiertes Grundeinkommen aussehen?
- Klimagerechtigkeit ist untrennbar mit Entkolonialisierung verbunden. Wie stellen wir uns Reparationszahlungen an die Menschen vor, die vom Raubbau der Fossilindustrie und dem Klimawandel am stärksten betroffen sind?

Und nachdem ein nicht abreißender Strom von abertausenden Flüchtlingen auf der Suche nach Sicherheit aus ihrer Heimat floh, beschäftigte uns alle folgender Punkt:
- Migranten sehen sich die Klimakrise nicht von außen an. Sie stecken mitten drin.

Führen mit Werten statt mit Maßnahmen

Mir fiel dabei die Aufgabe zu, zwei Tage lang aufmerksam zuzuhören, Leitmotive aufzuschreiben und eine erste Rohfassung zu erstellen, die alle Anwesenden überarbeiten durften. Das war der anspruchsvollste Auftrag in meinem Leben als Journalistin (es fällt mir ja schon schwer, mit einem Koautor zusammenzuarbeiten, geschweige denn mit sechzig). Aber es kristallisierten sich ganz klare Leitmotive heraus, dank deren eine Synthese gelang.

Ein solches Motiv war, dass unser gegenwärtiges System auf grenzenlosem Nehmen und Raubbau beruht, auf gierigem Grapschen. Unsere Wirtschaft bedient sich bei den Beschäftigten und fordert immer mehr von ihnen in immer engerem Zeitrahmen, während die Arbeitgeber im Gegenzug weniger Sicherheit und sinkende Löhne anbieten. Auch viele Kommunen werden bis an die Grenze der Belastbarkeit getrieben: Für Schulen, Parks, Nahverkehr und andere Dienstleistungen wurden über Jahrzehnte hinweg die Mittel zusammengestrichen, während die Einwohner weniger Zeit haben, um in die Bresche zu springen. Und natürlich sind wir alle Teil eines Systems, das sich unentwegt am Reichtum der Natur bedient, ohne die natürlichen Regenerationszyklen zu schützen, während wir kaum darauf achten, wo wir unseren Schmutz abladen, sei es in den Gewässern, die das Leben erhalten, oder in der Atmosphäre, die das Klimasystem im Gleichgewicht hält.

Nach all den Geschichten – von Beschäftigten, die nach einem arbeitsreichen Leben von ihrer Firma entlassen wurden, von Einwanderern, die auf unbegrenzte Zeit unter erbärmlichen Bedingungen gefangen gehalten werden, von der Ignoranz und den Attacken, denen Wissen und Kultur der Ureinwohner ausgesetzt sind – war uns klar, dass ein System, das süchtig nach Reichtum und schnellen Profiten ist, nicht anders vorgehen kann: Es behandelt die Menschen und die Erde entweder als Ressourcen, die es bis zum Geht-nicht-mehr ausbeutet, oder als Müll, der außer Sichtweite deponiert wird, sei es in den Tiefen des Ozeans oder in einer Gefängniszelle.

Wenn die Leute hingegen die Welt beschrieben, die sie wollten, fielen immer wieder die Begriffe *care* und *caretaking* (Sorge und Achtgeben) – Sorge für das Land, für die lebendigen Systeme der Erde und füreinander. Im Lauf der Gespräche entwickelte sich daraus ein Rahmen, in den alles zu passen schien: die Notwendigkeit eines Übergangs von einem System, das auf endlosem Nehmen beruht – von der Erde und von einander –, zu einer Kultur der Sorge, getragen von dem Grundsatz, dass wir, wenn wir nehmen, auch achtgeben und etwas zurückgeben. Zu einem System, in dem jeder Wertschätzung erfährt und wir weder die Menschen noch die Welt der Natur behandeln, als wären sie Wegwerfartikel.

Handeln aus der Haltung der Sorge und des Konsens, statt des Raubbaus und der Gewalt, wurde zur verbindenden Idee, die den Entwurf zusammenhielt – angefangen mit dem Respekt für das Wissen und die unverletzlichen Rechte der indigenen Völker, den ursprünglichen Hütern von Land, Wasser und Luft. Viele von uns (auch ich) hatten anfangs gemeint, wir würden zusammenkommen, um eine Liste politischer Ziele zu erstellen, aber wir erkannten bald, dass im Zentrum unseres Entwurfs neue Wertvorstellungen, ja eine neue Moral standen.

Wie die Politik im Einzelnen aussehen sollte, ging aus diesen neuen Werten hervor. Wenn wir zum Beispiel über grüne Arbeitsplätze sprechen, stellen wir uns in der Regel einen Handwerker mit Helm vor, der Solarpaneele installiert. Das sind tatsächlich grüne Arbeitsplätze, und sie sind wichtig. Aber es gibt noch andere. Wer sich um Alte und Kranke kümmert, produziert kaum Treibhausgase. Dasselbe gilt für Lehrerinnen. Oder Erzieherinnen. Aber diese Arbeit, die überwiegend von Frauen geleistet wird, ist oft unterbezahlt, erfährt geringe Wertschätzung, und die Mittel dafür werden von der Regierung nach und nach zusammengestrichen. Also beschlossen wir, die traditionelle Definition für grüne Arbeitsplätze bewusst auf jede Tätigkeit auszuweiten, die etwas Sinnvolles und Bereicherndes für das Gemeinwesen leistet und dafür kaum fossile Brennstoffe benötigt. Wie eine Teilnehmerin sagte: »Krankenpflege ist erneuerbare Energie. Bildung ist erneu erbare Energie.« Kurz gesagt war es ein Versuch, zu zeigen, wie eine Wirtschaft, die auf Zerstörung basiert, durch eine Wirtschaft ersetzt werden kann, die auf Liebe beruht.

Rote Linien

Wir haben versucht, so viele Fragen wie möglich anzusprechen, die den von allen gewünschten Wertewechsel reflektieren (von der freundlichen Aufnahme vieler Migranten bis zur Abschaffung von Handelsverträgen, die uns die Wahl zwischen »Wachstum« einerseits und dem Schutz unserer Umwelt und der Schaffung von Arbeitsplätzen vor Ort andererseits aufzwingen). Aber wir widerstanden der Versuchung, eine Liste mit jeder denkbaren Forderung zu erstellen. Stattdessen betonten wir den Rahmen, der zeigte, dass so viele unserer Probleme – und Lösungen – vernetzt sind, weil sich der Rahmen auf jeden Ort und jede Gemeinschaft ausdehnen ließ, auf den die Vision angewendet wurde.

Gleichzeitig gab es Forderungen, die von bestimmten anwesenden Gruppen gestellt wurden, die ins Programm gehörten. Für die indigenen Teilnehmer war es wichtig, die vollständige Umsetzung der United Nations Declaration on the Rights of Indigenous Peoples zu verlangen, in der es heißt, dass auf dem Land indigener Völker ohne deren »freie, vorherige und informierte« Zustimmung keine Aufschließung von Lagerstätten stattfinden darf. Für Klimaaktivisten war die Feststellung maßgeblich, dass keine neue Infrastruktur für fossile Brennstoffe gebaut werden darf. Für Gewerkschafter war die Forderung wichtig, dass Arbeiter nicht nur für grüne Arbeitsplätze umgeschult werden, sondern dass sie bei der Umschulung auch demokratisch mitbestimmen können.

Für viele Anwesende war die Absage an jegliche Nostalgie eine leuchtend rote Linie. Das Programm durfte nicht in idealisierte Erinnerungen an ein Land zurückfallen, das von jeher auf Landraub und der systematischen wirtschaftlichen und sozialen Exklusion vieler nichtweißer Gemeinschaften gründete. Die Inspiration musste aus dem Bild von der Zukunft herrühren, das wir gemeinsam malten. Ellen Gabriel, Koautorin des Entwurfs und Aktivistin für indigene Rechte aus Kanehsatà:ke in der Provinz Quebec, sagte, der Prozess bedeute für sie »eine Wiedergeburt der Menschheit«. Wiedergeburt, nicht »Auferstehung«.

Christina Sharpe, Professorin für Englisch an der Tufts University, deren Buch *In the Wake* die heute noch spürbaren Nachwirkungen des Sklavenhandels schildert, nahm unlängst an einer durch den Entwurf angeregten Diskussion teil. Sie gab uns eine Warnung mit auf den Weg: Die Aufgabe sei, »sich zusammenzutun, aber nicht zusammenzubrechen«. Das heißt, dass wir zwar nach Gemeinsamkeiten und Punkten suchen sollen, über die quer durch diverse Erfahrungen und Fragen Einigkeit besteht, dass aber nicht alles in einem ununterscheidbaren Brei aus Plattitüden mit dem kleinsten gemeinsamen Nenner aufgehen darf. Die Integrität der einzelnen Bewegungen, die Besonderheiten ihrer jeweiligen Erfahrungen müssen reflektiert und geschützt werden, auch wenn wir uns zusammenschließen, um eine gemeinsame Vision zu finden.

Das stehen wir gemeinsam durch

Unsere Frage lautete praktisch: Welche Eigenschaften schätzen wir bei unseren Mitmenschen am meisten? Zum Beispiel: Großzügigkeit, Gastfreundschaft, Warmherzigkeit und Weisheit. Und dann fragten wir: Wie sehen diese Eigenschaften aus, wenn sie in der Öffentlichkeit, als Politik Ausdruck finden? Wir stellten fest, dass diese Eigenschaften unter anderem Offenheit widerspiegeln. Und das heißt, wir entwickeln eine Kultur, die Menschen in Not willkommen heißt, statt Fremden mit Angst und Misstrauen zu begegnen; eine Kultur, die die Ältesten und das Wissen, das sie ihr Leben lang gesammelt haben, ebenso schätzt wie Formen des Wissens, die weit älter sind als dieses ziemlich neuartige Gebilde namens Kanada.

Bianca Mugyenyi, Vorstandsmitglied der Organisation, die aus der Versammlung hervorging, bringt diesen Grundsatz bezüglich Klima und Migration auf den Punkt: »Die Flüchtlingsströme, die wir jetzt sehen, sind nur ein Vorgeschmack dessen, was auf uns zukommt. Klimawandel und Migration sind eng verknüpft, und in den kommenden Jahrzehnten werden durch den Anstieg der Meeresspiegel und Extremwetterereignisse unzählige Menschen auf der ganzen Welt ihre Heimat verlieren. Uns allen stellt sich also die Frage: Stehen wir das gemeinsam durch? Wir glauben, dass die meisten Menschen, wenn sie die Chance dazu haben, diese Haltung einnehmen. Man beobachtet es immer wieder in Zeiten der Krise, wenn Menschen für ihre Nachbarn, aber auch für völlig Fremde eintreten. Aber unsere Einwanderungsbehörde, der Grenzschutz und das Sozialsystem müssen sich mit dieser Idee erst vertraut machen. Der Satz nach vorn bedeutet, das Gute in uns anzusprechen.«

Energie-Reparationen

Heute gehört die Energie, die sehr viele Menschen nutzen, sehr wenigen Konzernen, die damit Gewinne für ihre Aktionäre erwirtschaften. Ihr Hauptziel, ja sogar ihre treuhänderische Pflicht besteht darin, den maximalen Profit herauszuholen – und aus diesem Grund zögern die meisten Energiekonzerne, auf erneuerbare Energien umzusteigen. Was würde aber passieren, so fragten wir, wenn die Energie, die wir nutzen, den ganz normalen Bürgern gehört und demokratisch kontrolliert wird? Was wäre, wenn wir die Art der Energieerzeugung *und* die Besitzverhältnisse ändern?

Also beschlossen wir, dass wir erneuerbare Energien, wenn sie bei den Konzernen im Angebot wären, nicht bei ExxonMobil und Shell kaufen wollen – wir wollen eine Energieerzeugung in öffentlicher Hand, im Besitz von Kommunen oder Energiegenossenschaften. Wenn die Energieanlagen auf demokratischer Grundlage uns gehören, dann können wir die Einnahmen für soziale Dienste in ländlichen Gebieten, in kleinen und großen Städten nutzen – Kitas, Altenpflege, Gemeindezentren und öffentlichen Nahverkehr (statt beispielsweise 180 Millionen Dollar für die Altersversorgung von Leuten wie Rex Tillerson beiseitezulegen). Pionierarbeit auf diesem Gebiet wurde in den 1980er Jahren in Dänemark geleistet, wo die Regierung Windpark-Genossenschaften förderte und subventionierte, und auch in Deutschland ist in dieser Hinsicht viel passiert. (Rund die Hälfte der Erneuerbaren-Energie-Anlagen in Deutschland sind in der Hand von Landwirten, Kommunen und knapp 900 Bürgerenergiegenossenschaften. In Dänemark befanden sich im Jahr 2000 rund 85 Prozent der Windkraftanlagen des Landes im Besitz von Landwirten,

Genossenschaften und anderen kleinen Akteuren.) Beide Länder haben gezeigt, dass dieses Modell enorme soziale Vorteile bringt und mit einer recht zügigen Energiewende vereinbar ist. Es gibt Tage, an denen Dänemark mit seinen Windparks sehr viel mehr Energie erzeugt, als das Land benötigt – der Überschuss wird nach Deutschland und Schweden exportiert.

Wir ließen uns von diesen Vorbildern inspirieren – und von hunderttausenden Arbeitsplätzen, die dabei entstanden. Aber ebenso anregend fanden wir Beispiele aus den Vereinigten Staaten, wo über Netzwerke wie die Climate Justice Alliance arme Gemeinden mit farbiger Bevölkerung dafür kämpfen, dass Orte, die nicht nur vernachlässigt, sondern mit schwersten Umweltschäden belastet wurden, als Erste von einer großangelegten Energiewende profitieren. In Kanada treten dieselben Muster zutage: Unsere kollektive Abhängigkeit von schmutziger Energie hat in den vergangenen Jahrhunderten die ärmsten und schutzbedürftigsten Gruppen, fast ausschließlich Ureinwohner und Einwanderer, am schlimmsten getroffen. Ihr Land wurde gestohlen und durch Bergbau vergiftet. In ihren Vierteln errichtete man die umweltschädlichsten Raffinerien und Kraftwerke. Wir fordern also nicht nur »Energiedemokratie« nach dem deutschen Modell, wir rücken auch faire Reparationsleistungen und Klimagerechtigkeit ins Zentrum der Energiewende: Indigene und andere Gemeinden an der Front (zum Beispiel Immigrantenviertel, in denen Kohlekraftwerke die Luft verpesten) sollen die Ersten sein, die öffentliche Mittel erhalten, um ihre eigenen Ökoenergieprojekte in Bürgerhand aufzubauen – wobei die Arbeitsplätze, die Gewinne und die Qualifikationen in den Kommunen bleiben.

Eine gerechte Energiewende heißt auch, dass Beschäftigte in CO_2-intensiven Sektoren – die oftmals in Kohleminen und Erdölraffinerien ihre Gesundheit geopfert haben – in vollem Umfang partizipieren. Unser Leitsatz lautet: No worker left behind (kein Arbeiter wird zurückgelassen).

Insgesamt ging unser Plan davon aus, dass der radikale Umstieg auf saubere Energiequellen unserem Land die historische Chance bietet, eine wahrhaft faire Gesellschaft aufzubauen. Mit dem Abschied von fossilen Brennstoffen können wir beginnen, das schreckliche Unrecht, das den indigenen Völkern angetan wurde, wiedergutzumachen. Wir können Ungleichheit reduzieren. Wir können die krasse Benachteiligung von Immigranten auf dem Arbeitsmarkt beenden. Und wir können eine Menge stabile, gutbezahlte Arbeitsplätze in grünen Sektoren schaffen, in der Renaturierung von Land und Gewässern und in den Pflegeberufen. Kinder könnten gesünder aufwachsen, weil sie keine giftigen Abgase einatmen müssten. Unsere alternde Gesellschaft würde von einer gesünderen Umwelt und einem funktionierenden Gemeinwesen profitieren. Und wir müssten nicht mehr so viele Stunden im Stau stehen, könnten unsere Wochenarbeitszeit reduzieren und hätten mehr Zeit für Freunde und Familie. Mit anderen Worten, wir streben größeres gesellschaftliches Glück und mehr Ausgewogenheit an – eine Gesellschaft, in der sich Glück nicht mehr über den endlosen Zyklus eines endlos wachsenden Konsums definiert, der der Markenlogik unterliegt (und der den Aufstieg von Donald Trump förderte). Für uns hörte sich das gut an. Und wir wagten – was gar nicht dem kanadischen Charakter entspricht – sogar zu hoffen, dass unser Manifest zum Vorbild für andere breite Allianzen jenseits der Grenzen unseres Landes werden könnte.

Ja, unsere Rettung ist bezahlbar

Das größte Hindernis für unser Programm, so viel war uns klar, bestand in der gewaltsamen Logik der Austerität – der Botschaft, die wir alle seit Jahrzehnten eingehämmert bekommen: Die Regierung ist ständig pleite, wer kann da auf die Idee kommen, von einer wahrhaft gerechten und fairen Gesellschaft zu träumen? Deshalb haben wir in enger Zusammenarbeit mit einigen Wirtschaftswissenschaftlern eine Aufstellung vorgelegt, die zeigt, wie wir die Mittel für die Umsetzung unseres Plans beschaffen können.

Zu den zentralen Maßnahmen zählen: Abschaffung der Subventionen für fossile Brennstoffe (das sind rund 775 Milliarden Dollar weltweit); Sicherung eines fairen Anteils an den Riesengewinnen im Finanzsektor durch Verhängung einer Finanztransaktionssteuer (sie könnte nach Angaben des Europaparlaments weitweit 650 Milliarden Dollar erbringen); Anhebung der Förderabgaben für den Abbau fossiler Brennstoffe; Anhebung der Körperschaftssteuer und der Einkommensteuer für die Superreichen (hier gibt es viel Spielraum – eine einprozentige Milliardärssteuer würde den Vereinten Nationen zufolge weltweit allein 45 Milliarden Dollar erbringen); eine progressive Kohlenstoffsteuer (eine Steuer von 50 Dollar pro metrische Tonne CO_2, ausgestoßen in Industrieländern, würde schätzungsweise jährlich 450 Milliarden Dollar in die Kassen spülen); sowie Kürzungen der Militärausgaben (wenn der Militärhaushalt der zehn Länder mit den höchsten Aufwendungen um 25 Prozent beschnitten würde, stünden bis zu 325 Milliarden Dollar zur Verfügung, wie das Stockholmer internationale Friedensforschungsinstitut ermittelt hat). Leider haben wir es versäumt, eine Austrocknung der Steueroasen zu fordern, ein Schritt, der womöglich die größte Einkommensquelle erschließen würde.

Die Rechnung ist leicht nachzuvollziehen: Das Geld für die große Wende, für den großen Satz nach vorn ist da – wir brauchen nur mutige Regierungen, die es eintreiben.

Unterm Strich sah unsere Vision so aus – wir investieren in Sektoren, die spürbar unsere Lebensqualität verbessern und eine sozial engagierte, mitmenschliche Gesellschaft schaffen, statt das Geld für soziale Dienste im Namen der künstlich heraufbeschworenen Krise namens »Austerität« zusammenzustreichen. Und wir verpflichten uns, Gerechtigkeit in jedem Aspekt der Wende zu verankern.

Das Gegenteil von der Kunst des Erfolgs

Wenn ich auf die Arbeit an unserem Entwurf zurückblicke, fällt mir auf, dass sie von Trumps Kunst des Erfolgs nach dem Motto »wie kann ich euch linken« himmelweit entfernt war. Niemand bekam alles, was er wollte, oder versuchte auch nur, es zu kriegen. Es gab ernste Meinungsverschiedenheiten, aber für das fertige Manifest machten alle Anwesenden Zugeständnisse; niemand wurde ausgebootet. Dieses Geben und Nehmen stand im Einklang mit den Grundsätzen und Werten, die aus unserer Debatte hervorgingen: Wenn wir eine Gesellschaftsform hinter uns lassen wollen, die auf grenzenlosem Raubbau und Nehmen basiert, um sie durch eine Gesellschaft zu ersetzen, die auf Sorge, Achtsamkeit und Erneuerung gründet, dann müssen alle unsere Beziehungen auf eben jenen Grundsätzen der Sorge und des wechselseitigen Gebens und Nehmens beruhen – weil unsere Beziehungen zueinander die wertvollste Ressource überhaupt sind. Und das ist die Antithese zu der Rüpelei, mit der andere so lange drangsaliert werden, bis sie sich unterwerfen.

Ja zum »Ja«

Nach wochenlangem Hin und Her über Formulierungen hatten wir schließlich einen endgültigen Entwurf für das Grundsatzprogramm, der von fast allen, die am ersten Treffen beteiligt waren, akzeptiert werden konnte. (Der gesamte Text ist am Ende dieses Buchs zu finden.) Und wir einigten uns auf einen Namen: *The Leap Manifesto – Programmschrift für einen Satz nach vorne in Kanada im Einklang mit der Erde und miteinander.* Wir entschieden uns für *The Leap*, weil das Wort zum Ausdruck bringt, dass wir jedem schrittweisen Herangehen eine Absage erteilen, das sich »gemäßigt« nennt, im gegenwärtigen Stadium der Klimakrise in Wirklichkeit aber höchst gefährlich ist. Die Kluft zwischen dem jetzigen Zustand und dem, zu dem der Weg uns führen muss, ist so groß, und uns bleibt nur noch so wenig Zeit, dass sie mit kleinen Schritten nicht zu überwinden ist – wir müssen springen.

Avi Lewis, mein Partner und Mitautor des Manifests, hat es einmal so ausgedrückt: »Mit *The Leap* haben wir einen Plan, dessen Dimension denen der Krise entspricht. Und für viele von uns erscheint dies wie eine kosmische Erlösung – endlich Forderungen, die der Notwendigkeit entsprechen, dass die Veränderungen umfassend sein und wir sie schnellstens in Angriff nehmen müssen. *The Leap* ist für die Menschen gerade deshalb glaubwürdig und überzeugt sie, weil darin die Klimakrise nicht als technisches Problem dargestellt wird, das von Ingenieuren gelöst werden muss, sondern als Krise des Systems und einer bestimmten Wirtschaftsphilosophie. In unserem Manifest wird die tiefere Ursache der Klimakrise benannt, und die liegt in der alles beherrschenden Wirtschaftslogik unserer Zeit: dem Extraktivismus, der das ständige, im immer weiter zunehmenden Konsum wurzelnde Wachstum garantieren soll ... Die skizzierten Veränderungen mögen beängstigend sein, aber sie sind notwendig. Und die Menschen spüren instinktiv, dass dies die Veränderungen sind, die wir brauchen.«

Bevor wir unser Manifest an die Öffentlichkeit brachten, baten wir viele Organisationen und vertrauenswürdige Personen des öffentlichen Lebens, es als Erstunterzeichner zu unterstützen. Und dabei hörten wir immer wieder: *Ja. Das ist es, was wir wollen. Üben wir Druck auf unsere Politiker aus. Schluss mit jedem gemäßigten Kurs.* Ohne zu zögern stellten sich Idole unseres Landes auf unsere Seite wie etwa Neil Young und Leonard Cohen (der leider bald von uns gehen sollte). Der Schriftsteller Yann Martel antwortete, das Manifest müsse »von allen Ausrufern, die es in diesem Land gibt, auf allen Stadtplätzen hinausgeschrien werden«.

Unser Manifest ist eines der wenigen Grundsatzprogramme, hinter die sich sowohl große Organisationen stellen können wie Greenpeace und Oxfam, die kanadische Gewerkschaft für Angestellte im öffentlichen Dienst, der Chef des Canadian Labour Congress (der Dachverband der Gewerkschaften) als auch echte Graswurzelgruppen wie »Black Lives Matter – Toronto«, »No One Is Illegal-Vancouver-Coast Salish Territories« und der Council of Canadians, die größte Bürgerrechtsorganisation des Landes, die sich aus Mitgliedsbeiträgen finanziert. Unter den Erstunterzeichnern befinden sich Unterstützer aller Parteien ebenso wie Personen, die keiner Partei anhängen. Alle waren sich in einem einig: Wenn die großen Parteien den Wählern keinen Plan anbieten, der den vielfältigen Krisen, mit denen wir konfrontiert sind, entspricht, dann muss dieser Plan von jenseits der sich auf Wahlen konzentrierenden Parteien kommen.

Im Zeitraum von Tagen nach der Veröffentlichung des Manifests setzten tausende Menschen und bald Zehntausende ihren Namen darunter, und weit über 200 Organisationen schlossen sich an. Wir waren überwältigt. Es war klar, dass sehr viele Menschen nach Jahrzehnten des Kampfs gegen das, was sie nicht wollen – Pipelines für Teersandöl, die Rolle des Geldes in der Politik, Handelsabkommen, die nur den Unternehmen dienen, drakonische Sicherheitsgesetze –, bereit sind, sich zusammenzuschließen, um sich für die Welt einzusetzen, die sie wollen. Die Welle der Zustimmung erinnerte mich an ein Motto, das ich zum ersten Mal in Argentinien bei einem sehr harten Wahlkampf hörte: »Unsere Träume passen nicht in eure Wahlurnen.« Und das sagten auch die Menschen, indem sie das Manifest unterschrieben: Ja, ich werde in diesem zutiefst mangelhaften und verengten Wahlsystem meine Stimme abgeben, aber glaubt nicht, dass diese Stimme ein Ausdruck der Welt ist, die ich will. *The Leap* schuf den Abstand, um zu erkennen, dass die Wahlpolitik am gegenwärtigen Punkt der Geschichte meist weder die Träume noch die sehr drängenden Bedürfnisse einer großen Zahl von Menschen widerspiegelt. (In Kanada, den Vereinigten Staaten und überall auf der Welt wird jedoch das eigentliche Kunststück darin bestehen, die richtige Strategie zu finden, um diese Träume *in* die Wahlurnen zu bringen, und zwar so schnell wie möglich …)

Den Rahmen sprengen

Die Reaktion der unternehmensfreundlichen Presse reichte von Irritation (wie kann es ein Grundsatzprogramm ohne Partei geben? Warum wird es mitten in einem Wahlkampf verbreitet?) bis hin zu offener Wut. Eine der überregionalen kanadischen Zeitungen bezeichnete den Ruf nach einem System, das auf der Fürsorge füreinander und den Planeten aufgebaut ist, als »Wahnsinn«; eine andere sprach von »nationalem Selbstmord«.

Das überraschte uns nicht. Wir wussten, dass unsere Vorschläge nicht in den Rahmen dessen passten, was in den üblichen Debatten als politisch möglich galt. Doch was wir mit *The Leap* – ganz ausdrücklich – erreichen wollen, ist, dass der Rahmen gesprengt wird. Denn wenn der Rahmen keinen Spielraum lässt für die Sicherheit und möglicherweise auch das Überleben unserer Spezies, dann stimmt etwas ganz entschieden nicht mit diesem Rahmen. Wenn uns das, was heute als politisch möglich gilt, in ein Klimachaos wie in *The Day After Tomorrow* führt, dann müssen wir ändern, was als politisch möglich gilt.

Und viele pflichteten uns entschieden bei. Trotz mancher wirrer Berichte in den Massenmedien unterschrieben immer mehr Menschen, fragten nach Werbeschildern für *The Leap*, die sie in ihren Vorgärten aufstellen konnten, und organisierten auf eigene Faust *Leap*-Gruppen in ihren Städten, Schulen und Gewerkschaften. Und wir erhielten am laufenden Band Fotos von ihren *Leap*-Tech-ins, -Sit-ins und -Kundgebungen – sogar Aufnahmen von Liedern, zu denen sie unser Manifest angeregt hatte. Eine landesweite Umfrage ergab, dass Anhänger aller drei großen Parteien der Mitte und der linken Mitte – der Liberalen, der Neuen Demokratischen Partei (NDP) und der Grünen Partei Kanadas – den wichtigsten Forderungen im Manifest zustimmten. Sogar 20 Prozent der konservativ Wählenden erklärten ihr Einverständnis.

Bei den Parlamentswahlen verlor dann Stephen Harper seinen Posten als Premier, doch der größte Verlierer war die NDP, unsere Mitte-Links-Partei. Sie hatte einen extrem verhaltenen Wahlkampf geführt und war von Justin Trudeaus Liberalen links überholt worden (sie hatten die mangelnde Konkretheit ihres Programms mit einer verblüffend progressiven Öffentlichkeitsarbeit wettgemacht). Beim Parteitag der NDP ein paar Monate später kam es unter Führung junger Delegierter zu einer internen Revolte: Überzeugt, dass ihre Partei die Wahl hätte gewinnen können, wenn sie Flagge gezeigt hätte, forderten sie alle Delegierten auf, sich zum Geist des *Leap*-Manifests zu bekennen. Die Resolution wurde angenommen – ein seltenes Beispiel dafür, dass eine große Partei sogar ein Manifest in ihr Programm einbeziehen kann, das von einer sozialen Bewegung jenseits der Parteienlandschaft stammt.

Das Manifest lebt

In den Monaten seit der Veröffentlichung ist *The Leap* zu einem lebendigen, sich weiterentwickelnden Projekt mit einer stetig wachsenden Unterstützergemeinschaft geworden, die das Konzept unaufhörlich bereichert und verbessert. Zudem arbeitet unser Team mit Organisationen auf der ganzen Welt zusammen, die ähnliche Experimente durchführen – sei es die australische Gruppe, die ich am Vorabend von Trumps Wahlsieg kennenlernte, bis hin zu einer Koalition grüner Parteien in Europa, die mittlerweile selbst ein Manifest verfasst hat, zu dem sie durch *The Leap* angeregt wurde, seien es Gemeinschaften an den verschiedensten Orten von Nunavit in der Arktis bis zur US-amerikanischen South-Gulf-Region und zur Bronx. Sie alle versuchen, das Dokument auf ihre lokalen Bedürfnisse zu übertragen und die drückendsten Probleme zu benennen. Es gibt sogar eine Gruppe von inhaftierten »Leapers«: In einer Jugendstrafanstalt für Jungen im Teenager-Alter, die als Erwachsene vor Gericht gestellt wurden, beschäftigen sich Schüler mit der Frage, wie eine gerechte Energiewende in einen Prozess eingebunden werden könnte, der verhindert, dass Jugendliche wie sie im Gefängnis landen.

Mein Lieblingsbeispiel für das, was unser Team inzwischen als »Living Leap« (lebendes Manifest) bezeichnet, ist das, was die kanadische Postgewerkschaft macht. Wie Postangestellte überall auf der Welt sahen sich deren Mitglieder mit einem Vorstoß konfrontiert, ihre Arbeitsplätze abzuschaffen, die Auslieferung von Postsendungen einzuschränken und vielleicht sogar die gesamte staatliche Post an FedEx zu verkaufen – also Austerität und Privatisierung wie üblich. Doch anstatt für die bestmögliche Lösung im Rahmen dieser verfehlten Logik zu kämpfen, kooperierten sie mit dem *Leap*-Team und einer Gruppe namens Friends of Public Services, um einen visionären Plan zu entwickeln: Die Postämter im Land sollen jeweils zu einem Knotenpunkt des ökologischen Wandels werden. Zusammen mit einer alten Forderung der Gewerkschaft, auch einen Bankkundendienst anzubieten, schlugen sie unter dem Titel »Lieferung von kommunalem Strom« vor, aus den einzelnen Postämtern ein dem 21. Jahrhundert angemessenes Netzwerk zu machen, in dem die Gemeinde-mitglieder ihre Elektroautos aufladen und Privatpersonen wie auch Unternehmen unter Umgehung der großen Banken Kredite für die Gründung einer Energie-Genossenschaft erhalten können. Und die Postangestellten sollen nicht mehr nur Post ausliefern, sondern auch Produkte aus der Region zu den Kunden bringen und sich außerdem um alte Menschen kümmern. So werden sie zu Pflegekräften und Klimaschützern – und ihre »Firmenwagen« sind im Land gebaute Elektroautos.

Anfangs drängten uns viele, eine neue Partei zu gründen oder Kandidaten mit dem Manifest als Programm für die bereits bestehenden Parteien zur Verfügung zu stellen. Aber wir wehrten uns dagegen, um das zu schützen, was die *Leap*-Bewegung lebendig hält, und weil wir nicht wollten, dass sie von einer Partei welcher Art auch immer geschluckt wurde. *The Leap* bezieht heute, vor allem seit der Wahl Trumps, seine Kraft von Menschen, die, ob in Kanada oder anderswo, unser Netzwerk als Basis für ihre Arbeit vor Ort und für die Aufstellung ihrer Wahlprogramme nutzen. So hat beispielsweise in Thunder Bay, einer Stadt im Norden Kanadas, die seit langem vom Holzfällen lebt, eine *Leap*-Gruppe eine Kandidatenliste für den Stadtrat aufgestellt und eine eigene Version des Manifests verfasst, in der sie aufzeigt, wie ihre Stadt zu einem Zentrum ökologischer Produktion werden, die Obdachlosigkeit bekämpfen und die Landrechte der indigenen Bevölkerung schützen könnte. Und die bekannte und wunderbare Aktivistin Cheri Honkala, die sich dafür einsetzt, dass Obdachlose eine Wohnung erhalten, und gegen Armut kämpft, kandidierte im März 2017 für das Repräsentantenhaus in Pennsylvania mit dem Versprechen, »ein Programm nach dem Vorbild des *Leap*-Manifests« aufzustellen. Sie berief sich dabei auf die Notwendigkeit, »gemeinsam gegen Klimawandel, Ungleichheit und Rassismus« vorzugehen.

Auf vielfachen Wunsch: Utopia ist wieder da

The Leap ist Teil eines neuen politischen Zeitgeists, denn viele Menschen erkennen, dass unsere Zukunft davon abhängt, ob wir quälende Schranken überwinden, uns zusammenschließen und die Führerschaft in die Hände derer legen können, die bislang meist ausgeschlossen blieben. Unsere politischen Einzelaktionen sind an eine Grenze gestoßen. Es reicht nicht mehr, dass jeder in seinem Winkel aktiv ist, ohne sich den Zusammenhang zwischen den verschiedenen Kämpfen bewusst zu machen und ohne eine klare Vorstellung von den Konzepten und Werten zu haben, die das moralische Fundament der Zukunft bilden, die wir brauchen.

Diese Erkenntnis bedeutet nicht, dass es plötzlich zur Wahl stünde, ob wir in einzelnen Problemfeldern Widerstand leisten – gegen Angriffe auf die Familie, auf den menschlichen Körper, auf Gemeinschaften oder auf die Rechte des Einzelnen. Es gibt keine Alternative zum Widerstand und auch keine Alternative dazu, rebellische, progressive Kandidaten auf allen politischen Ebenen ins Rennen zu schicken, von der Bundesebene bis hinunter zur Schule vor Ort. In den kommenden Monaten und Jahren werden die in diesem Buch beschriebenen Methoden des Widerstands wichtiger denn je sein: der Protest der Straße, die Streiks, die Klagen vor Gerichten, die Schutzzonen, die Solidarität über die Schranken zwischen Ethnien, Geschlechtern und sexuellen Identitäten hinweg – all das wird entscheidend sein. Und wir werden auch weiterhin Druck auf Institutionen ausüben müssen, öffentliche Gelder aus Unternehmen zurückzuziehen, die von den vielen Formen der Enteignung profitieren, sei es durch die Nutzung fossiler Brennstoffe, mit Gefängnissen, Krieg oder Besetzungen. Und doch: Selbst wenn jeder dieser Widerstandskämpfe gewonnen wird – was nicht möglich ist –, werden wir immer noch an derselben Stelle stehen, an der wir vor dem Aufstieg der extremen Rechten standen: ohne bessere Chancen, die tiefer liegenden Ursachen der systemischen Krisen zu beseitigen, deren virulentes Symptom Trump lediglich ist.

Viele Anführer und wichtige Aktivisten der heutigen Bewegungen haben das inzwischen begriffen und planen und handeln entsprechend. Alicia Garza, eine der Gründerinnen von Black Lives Matter, sagte am Vorabend der Amtseinführung Trumps, nach fünf Jahren anschwellender sozialer Bewegungen, »ob Occupy Wall Street, die DREAMers-Bewegung oder Black Lives Matter …, ich habe die konkrete Hoffnung, dass sich diese Gruppierungen zu der großen Kraft zusammenschließen, die wir sein können, die wirklich einmal dieses Land steuern wird. Deshalb konzentriere ich mich nun auf diese Aufgabe, und ich hoffe, dass alle anderen auch darüber nachdenken.«

Viele Menschen tun das inzwischen, und so sehen wir ein Wiederaufflammen jener Art utopischen Träumens, die wir in den letzten Jahrzehnten bei den sozialen Bewegungen schmerzlich vermisst haben. Immer häufiger werden unmittelbare, drängende Forderungen – ein Mindestlohn von 15 Dollar pro Stunde, ein Ende der Tötungen durch die Polizei und der Ausweisungen, eine Kohlenstoffsteuer – mit dem Ruf nach einer Zukunft verknüpft, die nicht nur besser ist als die von Gewalt beherrschte, nicht mehr haltbare Gegenwart, sondern ... wunderbar.

In den Vereinigten Staaten ist das kühnste und anregendste Beispiel für diesen neuen Utopismus »A Vision for Black Lives«, ein beeindruckendes Grundsatzprogramm, das im Sommer 2016 von der Movement for Black Lives veröffentlicht wurde und an deren Formulierung über 50 Organisationen unter schwarzer Führung beteiligt waren. Dort heißt es: »Wir weisen trügerische Lösungen zurück und glauben, dass wir eine völlige Überwindung unseres gegenwärtigen Systems erreichen können, das den Profit über die Menschen stellt und vielen von uns die Luft zum Atmen nimmt.« Des Weiteren werden polizeiliche Gewalt und Masseninhaftierung in Zusammenhang gestellt mit einem Wirtschaftssystem, das Krieg gegen schwarze und andere Communitys von Menschen dunkler Hautfarbe führt, sie beim Arbeitsplatz- und Sozialabbau ganz oben auf die Liste stellt und zu den Hauptopfern der Umweltverschmutzung macht. Die Folge ist, dass eine enorme Zahl von Menschen aus dem normalen Wirtschaftsleben ausgeschlossen, von einer zunehmend militarisierten Polizei gejagt und in überfüllte Gefängnisse eingesperrt und damit ausgesperrt wird. Aber in dem Programm findet sich auch eine Reihe konkreter Vorschläge wie beispielsweise, den (meist privaten) Gefängnissen die Geldmittel zu entziehen, keine Polizei an Schulen mehr zuzulassen und die Polizei zu entmilitarisieren. Darüber hinaus hat die Gruppe ein Programm entwickelt, das zeigt, wie die Wiedergutmachung für die Sklaverei und die systemische Diskriminierung aussehen könnte, und das einen kostenlosen College-Besuch und den Schuldenerlass für Studenten vorsieht. Das ist bei weitem noch nicht alles – das Programm enthält an die 40 Forderungen, von Änderungen im Steuergesetz bis hin zur Auflösung der Banken. So kommentierte die Zeitschrift *Atlantic*, das Grundsatzprogramm – das mitten im Wahlkampf um das Präsidentenamt veröffentlicht wurde – könne »hinsichtlich der Gründlichkeit durchaus mit Parteiprogrammen mithalten«.

In den Monaten nach der Amtseinführung Trumps konzentrierte das Movement for Black Lives seine Kräfte auf die Vertiefung der Verbindungen zu anderen Bewegungen und führte dutzende Gruppen unter dem Banner »The Majority« (Die Mehrheit) zusammen. Das neue Bündnis begann seine Arbeit mit einer Reihe von Aktionen zwischen dem 4. April (dem Jahrestag der Ermordung Dr. Martin Luther Kings) und dem 1. Mai. Im ganzen Land fanden Demonstrationen unter dem Motto »Gegen Rassismus, für mehr Lohn« statt. Dabei wurde der Kampf für Rassengerechtigkeit mit der Kampagne für einen Mindestlohn von 15 Dollar verknüpft, der sich in kürzester Zeit immer mehr Arbeitnehmer anschlossen, sowie mit der Gegenwehr gegen zunehmende Angriffe auf Einwanderer. »Angesichts der Präsidentschaft Trumps«, so die neue Koalition, »ist es für uns dringend geboten, eine echte, kollektive Vision wirtschaftlicher Gerechtigkeit und von Arbeiterrechten zu entwickeln, die allen zugutekommen.«

Im Juni 2017 werden tausende Aktivisten aus allen Wählerschichten zum zweiten jährlichen People's Summit, veranstaltet von National Nurses United, in Chicago einfallen, um die Diskussion über die Details einer »Volksagenda« auf breiter Basis fortzusetzen. Mittlerweile gibt es mehrere solcher Annäherungen zwischen verschiedenen Gruppen in einzelnen Bundesstaaten von Michigan bis North Carolina, wo schon seit Jahren Bewegungen unterschiedlicher Ausrichtung an den sogenannten »Moral Mondays« (Moralischen Montagen) zusammenkommen. Einer der Initiatoren dieser Einrichtung, Reverend William Barber, erklärte dazu: »Man muss eine Bewegung aufbauen, statt nur auf den geeigneten Augenblick zu warten ... Für mich sind all diese Bewegungen – Moral Mondays, Fight for $ 15, Black Lives Matter – Zeichen der Hoffnung, dass Menschen aufstehen und nicht den Kopf in den Sand stecken werden.«

Wie das Beispiel Kanadas zeigt, zwingt uns die Klimakrise, die Pläne zur politischen Umgestaltung unter ein enges, eisernes Zeitregime zu stellen. Die kraftvolle und breite Koalition unter dem Namen New York Renews drängt hart darauf, dass sich die einzelnen Bundesstaaten verpflichten, bis 2050 den vollständigen Wechsel zu erneuerbaren Energiequellen zu vollziehen. Wenn sich weitere Bundesstaaten in den USA wie auch andere Länder solche ehrgeizigen Ziele setzen (Schweden beispielsweise will bis 2045 kohlenstofffrei sein), werden auch die ruchlosesten Versuche von Trump und Tillerson nicht ausreichen, unseren Planeten ins Klimachaos zu stürzen.

So sehen wir vielleicht endlich einen Weg nach vorn vor uns – durch neue politische Zusammenschlüsse. Sie müssten den Kampf für wirtschaftliche Gerechtigkeit mit einer gründlichen Analyse dessen verbinden, wie mit Rassismus und Frauenfeindlichkeit ein System gestützt wird, das die bereits unverschämt Reichen auf Kosten der Menschen und des Planeten noch mehr bereichert. Solche Zusammenschlüsse könnten den Millionen Menschen eine Heimat geben, die sich zum ersten Mal an Aktionen beteiligen und sich organisieren. Sie könnten eine multiethnische und generationsübergreifende Koalition knüpfen, die zusammengehalten wird von einem gemeinsamen Projekt für einen umfassenden Wandel.

Die sich abzeichnenden Pläne, wo und wann auch immer Widerstand gegen Trump zu leisten, gehen weit darüber hinaus, nur einen fortschrittlichen Kandidaten für das Amt zu finden und ihn dann bedingungslos zu unterstützen. Stattdessen schließen sich Gemeinschaften und Bewegungen zusammen, um die Kernforderungen zu formulieren, die jeder Politiker unterschreiben muss, der ihre Zustimmung sucht.

Die Volksplattformen übernehmen allmählich die Führung – und die Politiker werden ihnen folgen müssen.

Schlussfolgerung:
Eine fürsorgliche Mehrheit ist in Reichweite

»Dies ist die Stunde des Optimismus; Pessimismus sparen wir uns für bessere Zeiten auf.«

Jean-Claude Servais

Ich habe dieses Buch mit dem Wort »Schock« begonnen, da es beschreibt, was sehr viele Menschen am Wahlabend und den folgenden Tagen empfanden. Aber während ich in den letzten Monaten über das Wort nachdachte, begann ich zu zweifeln, ob es in diesem Zusammenhang zutreffend ist.

Ein Schockzustand liegt vor, wenn wir durch ein völlig unerwartetes Ereignis aus der Bahn geworfen wurden. Aber wie ich in diesem Buch ausführlich dargelegt habe, ist Trumps Erfolg eigentlich kein unerwartetes Ereignis, sondern stellt einen Kulminationspunkt dar – die logische Folge vieler gefährlicher Botschaften, die unsere Gesellschaft seit sehr langer Zeit aussendet. Gier ist gut. Im Leben zählt vor allem finanzieller Erfolg. Weiße Männer sind die Krone der Schöpfung. Die Natur ist dazu da, von uns ausgeplündert zu werden. Die Schwachen haben ihr Schicksal verdient, und dem reichsten einen Prozent stehen die goldenen Hochhäuser zu. Dinge, die der öffentlichen Hand gehören oder in Gemeinbesitz sind, sind suspekt und nicht schützenswert. Überall um uns herum lauern Gefahren, und wir sollten uns nur um uns selbst kümmern. Und all dies ist der Weisheit letzter Schluss.

Da diese Botschaften für viele von uns so selbstverständlich sind wie die Luft, die wir atmen, sollte Trumps Wahl wirklich kein Schock sein. Ein Milliardär, der prahlt, er dürfe Frauen ungestraft an die Genitalien fassen, der Mexikaner als Vergewaltiger bezeichnet und Behinderte verhöhnt, eignet sich vortrefflich als Ikone einer Gesellschaft, die ein obszönes Maß an Nachsicht gegenüber Superreichen walten lässt, die eine Der-Sieger-bekommt-alles-Mentalität verinnerlicht hat und generell auf hierarchischen Strukturen basiert. Wir hätten mit Trumps Erscheinen rechnen sollen. Und tatsächlich haben diejenigen, die von dem Rassismus und der Frauenfeindlichkeit in den westlichen Zivilisationen am stärksten betroffen sind, schon lange mit jemandem wie ihm gerechnet.

Daher handelt es sich womöglich bei dem seelischen Zustand, den manche als Schock bezeichnet haben, genau genommen um Entsetzen. Insbesondere um das entsetzte Gefühl des Wiedererkennens, das uns überkommt, wenn wir einen gelungenen dystopischen Roman lesen oder einen guten dystopischen Film sehen. Alle Geschichten dieser Genres greifen reale Entwicklungen auf und spinnen sie bis zu ihrem logischen Ende weiter – um uns dann einen Spiegel vorzuhalten und zu fragen: Gefällt dir, was du siehst? Willst du wirklich diesen Weg weiter beschreiten? Diese albtraumhaften Zukunftsvisionen sind genau deshalb so entsetzlich, weil sie *nicht* schockierend sind – sie stellen unsere Botschaften nicht in Frage, sondern führen uns vor, wohin sie in letzter Konsequenz führen. Aus diesem Grund bin ich inzwischen der Meinung, dass wir den ersten Reality-TV-Star mit dem Finger am Atomknopf als eine wahr gewordene dystopische Vision betrachten sollten. Trump ist ein Spiegel, der nicht nur den USA, sondern der ganzen Welt vorgehalten wird. Wenn uns nicht gefällt, was wir da sehen – und einer Menge Menschen gefällt es nicht –, dann liegt auf es der Hand, was wir tun müssen.

Wir müssen nicht nur Trump selbst kritisieren, sondern auch die Botschaften, die ihn zwangsläufig hervorgebracht haben. Es reicht nicht, ihn als Menschen zu verdammen, so übel und erschreckend ignorant er auch sein mag. Wir müssen die grundlegenden Prinzipien verdammen, die ihm so viel Belohnungen und Anerkennung bescherten, dass er der mächtigste Mann der Welt werden konnte. Die Werte, die uns mittels Reality-TV-Sendungen, Wie-man-schnell-reich-wird-Büchern und der Verherrlichung milliardenschwerer Erlöser und Philantrokapitalisten eingetrichtert wurden. Die Werte, die zur Abschaffung sozialer Sicherungssysteme, zu explodierenden Häftlingszahlen, einer als normal erachteten Vergewaltigungs-Kultur, demokratiefeindlichen Handelsabkommen, steigenden Meeresspiegeln, privatisierter Katastrophenhilfe sowie zu einer Welt aus Grünen Zonen und Roten Zonen geführt haben.

Zugleich ist es vermutlich in Ordnung – und sogar gesund –, ein wenig schockiert über Trump zu sein. Der Grund dafür: Die Botschaften, die ihn hervorbrachten, wurden nie von allen gutgeheißen. Es gab stets andere Botschaften, solche, die verkündeten, dass Geld nicht das einzig wertvolle Gut ist und dass unser Schicksal mit dem unserer Mitmenschen und dem der Natur verwoben ist. Die Mächte, die Trump repräsentiert, mussten stets jene anderen, älteren und selbstverständlich wahren Botschaften unterdrücken, damit die ihren trotz aller Beweise und entgegen der menschlichen Intuition die Vorherrschaft hatten.

Die Zähigkeit dieser anderen Botschaften sollte uns daran erinnern, dass Trumps Präsidentschaft zwar den logischen Kulminationspunkt der Verwirklichung neoliberaler Prinzipien ist, der Neoliberalismus aber nicht der einzig logische Kulminationspunkt der menschlichen Entwicklung ist. Darum muss ein Teil – ein zentraler Teil – unserer Bemühungen nicht nur aus Widerstand bestehen. Nicht nur daraus, nein zu sagen. Das müssen wir natürlich auch tun. Aber wir müssen auch mit aller Entschlossenheit einen Raum erschaffen und beschützen, der Träumen und Ideen für eine bessere Welt Platz bietet. Das ist nicht überflüssig. Es ist vielmehr ein notwendiger Bestandteil des Plans, wie wir den Trumpismus besiegen.

Den inneren Trump töten

Es mag ein bisschen sonderbar klingen, aber Trumps Wahlerfolg stellt mich auch vor eine Art innere Herausforderung, denn ich bin jetzt entschlossen, meinen inneren Trump zu töten. Wir haben bereits festgestellt, dass die neue amerikanische Regierung viele von uns veranlasst hat, über unsere eigene latente Voreingenommenheit und unsere Vorurteile nachzudenken und sie zu überwinden, da sie uns in der Vergangenheit gespalten haben. Dieser innere Prozess ist unbedingt notwendig, wenn wir gemeinsam Widerstand gegen die jetzige Politik leisten und sie ändern wollen.

Es gibt ein paar andere, häufig übersehene Arten, in denen wir unseren inneren Trump – alles, das an unseren Denkweisen ein bisschen *trumpisch* ist – stärker als bisher bekämpfen können. (Um Missverständnisse zu vermeiden: Ich behaupte nicht, dass unser Versäumnis, es schon früher getan zu haben, uns verantwortlich für den Ausgang der Wahl des Jahres 2016 macht – es geht hier nicht darum, wer warum für wen gestimmt hat.) Es könnte dabei um den Teil in uns gehen, dessen Aufmerksamkeitsspanne sich auf 140 Zeichen beschränkt, und der dazu neigt, »Follower« mit Freunden zu verwechseln. Oder um den Teil, der sich angewöhnt hat, sich selbst eher als Marke auf einem Markt zu betrachten denn als Angehöriger einer Gemeinschaft von Menschen. Oder um den Teil, der andere Menschen, die ähnliche Arbeit leisten, nicht als potentielle Mitstreiter bei einem Kampf ansieht, der all unsere Fähigkeiten erfordern wird, sondern als Konkurrenzprodukte auf einem Nischenmarkt. (Da Trumps Präsidentschaft den Kulminationspunkt der Durchsetzung der heimtückischen, kolonialistischen Prinzipien des Corporate Branding bildet, ist es vielleicht an der Zeit, uns von ihnen komplett loszusagen.) Oder es könnte um den Teil gehen, der es sich nicht verkneifen kann, Menschen zu attackieren, die anderer Meinung sind als wir, und dabei manchmal sogar die Grenze zum Mobbing überschreitet. Auch auf die Gefahr hin, genau diese Form von Angriffen zu provozieren, möchte ich die Frage stellen, ob solches Verhalten nicht dem des Twitter-Nutzers im Oval Office gefährlich ähnelt.

Oder es könnte um den Teil gehen, der darauf wartet, dass ein Milliardär zu unserer Rettung herbeieilt, und zwar einer, der sympathisch und großzügig ist und sich wegen des Klimawandels und der Benachteiligung von Mädchen Sorgen macht. So ein fortschrittlicher milliardenschwerer Retter mag sehr wenig mit Trump gemein haben, aber diese Phantasievorstellung misst einem sehr reichen Menschen die Kräfte eines Superhelden zu, was wiederum einem wichtigen Glaubenssatz der Kirche von Mar-a-Lago gefährlich ähnelt.

Wenn einige der geschilderten Tendenzen und Botschaften fest in uns verankert zu sein scheinen, dann liegt das nicht daran, dass wir schlechte Menschen sind. Es liegt daran, dass viele von uns sich in Sphären bewegen, in denen ständig betont wird, dass es nicht genug natürliche Ressourcen für allgemeinen Wohlstand gibt und wir uns darum mit allen Mitteln einen Weg an die Spitze bahnen sollten. Jeder, der Massenmedien konsumiert oder Inhalte für sie herstellt, schwimmt nolens volens in einer trüben Brühe aus Reality-Fernsehen, persönlichem Branding und ständiger Zerstreuung durch Nachrichten – derselben Brühe, die Donald Trump hervorgebracht hat. Es gibt in diesem übelriechenden Gewässer verschiedene Bereiche – und manche Menschen befinden sich in Abschnitten, in denen es gar keine Rettungsschwimmer und überdurchschnittlich viele schädliche Keime gibt – aber es ist so oder so schwierig, ans sichere Ufer zu gelangen. Sich dies bewusst zu machen kann helfen, uns Klarheit über unsere Aufgabe zu verschaffen: Wenn wir eine Chance haben wollen, die Welt zu verändern, müssen wir bereit sein, uns selbst zu ändern.

Die gute Nachricht ist, dass wir, nachdem wir uns innerlich *enttrumpt* haben – und als Folge vielleicht ein paar zusätzliche Wochenstunden in Gesellschaft von Menschen verbringen, die uns wichtig sind, oder unser Ego zugunsten des Gelingens eines Projektes zurückstellen oder den Wert der vielen Dinge im Leben erkennen, die man nicht mit Geld kaufen kann –, womöglich glücklicher sind. Und diese Aussicht sollte uns beständig für einen Kampf motivieren, dessen erfolgreiches Ende in weiter Ferne liegt und der von uns lebenslanges Engagement erfordern wird.

Die Wahl

Den weltweiten Vormarsch rechtspopulistischer Parteien zu stoppen können wir auf zweierlei Weise probieren. Da wäre zum einen die Establishment-Variante, die von den meisten Parteien der Mitte befürwortet wird: Sie verspricht ein bisschen bessere Kinderbetreuung, mehr Aufstiegschancen für Frauen und farbige Menschen und vielleicht ein paar zusätzliche Solaranlagen. Aber diese Variante ist mit den altbekannten Austeritäts-Prinzipien verbunden, dem altbekannten Vertrauen in die Märkte, der altbekannten Gleichsetzung von Konsum mit Glück, den altbekannten Pflastern auf klaffenden Wunden.

Es gibt viele Gründe, warum es komplett misslingen dürfte, mit einem solchen Programm Erfolge der Rechtsradikalen zu verhindern, und der wichtigste ist: Es hat bei weitem nicht genug zu bieten. Weder geht es auf die echten und legitimen Ängste ein, die den Wunsch nach Sündenböcken befeuern, noch vermittelt es den Menschen, die am stärksten von der zunehmenden Bedrohung durch die Rechten betroffen sind, genügend Hoffnung auf eine bessere Zukunft. Eine Gesellschaft, in der extreme Ungleichheit herrscht, Neofaschisten ihr Unwesen treiben und die Natur aus dem Gleis gerät, ist krank, und der Neoliberalismus ist, als einer der Verursacher all dieser Krisen, eine völlig unbrauchbare Medizin. Er stellt sich den negativen Kräften nur mit einem schwachen Nein in den Weg und hat kein Ja zu bieten, das die Menschen überzeugt.

Sehr viele von uns sind eindeutig für eine andere Variante bereit: ein begeisterndes Ja, das einen Plan für spürbare Verbesserungen im täglichen Leben skizziert, vor großen Begriffen wie *Umverteilung* und *Wiedergutmachung* nicht zurückschreckt, und die in der westlichen Zivilisation verbreitete Gleichung in Frage stellt, der zufolge eine hohe Lebensqualität nach ständig steigendem Konsum verlangt, egal ob wir dadurch unserem Planeten schaden oder unsere wahren Bedürfnisse vernachlässigen.

Und vielleicht sollten wir Trump zumindest teilweise für unseren neu erwachten Ehrgeiz danken. Die Dreistigkeit seines kapitalistischen Putsches hat ungeheuer viel zu der Erkenntnis beigetragen, dass eine Veränderung des Systems notwendiger denn je ist. Wenn sich, wie geschehen, die Spitzen der amerikanischen Wirtschaft bereitwillig hinter diesen bösartigen, korrupten, eitlen, geistlosen Mann stellen und die Wall Street seinen Vorhaben applaudiert, den Planeten verbrennen und alte Menschen hungern zu lassen, und erschreckend viele Massenmedien den Befehl für einen Raketenangriff, erteilt während des Verzehrs eines Stücks Schokoladenkuchen, als »präsidiales« Verhalten loben, nun ja, dann kommen sehr viele Menschen zu dem Schluss, dass sie mit einem solchen Gesellschaftssystem nichts zu tun haben wollen. Dadurch, dass ein besonders niederträchtiger Mensch mit dem höchsten Amt belohnt wurde, hat das System der maximalen Ausbeutung, des ständigen Erniedrigens und Wegwerfens eine Art Bruchstelle erreicht. Es muss eindeutig das System selbst in Frage gestellt werden, es reicht nicht mehr, jede einzelne politische Entscheidung getrennt zu kritisieren.

Bei den linken Kandidaten und Parteien, die in letzter Zeit in den USA, in Frankreich und in anderen Ländern erstaunlich erfolgreich waren, hatten wir es nicht mit perfekten Politikern oder perfekten, bis ins letzte Detail ausgearbeiteten Wahlprogrammen zu tun. Einige der Kandidaten blickten bei der Formulierung ihrer Vorhaben eher in die Vergangenheit als in die Zukunft, und ihr Wahlkampf spiegelt oft die Vielfalt des Landes, das sie regieren wollen, nicht oder nur ungenügend wider. Und dennoch beweist der Umstand, dass diese ernstzunehmenden Kandidaten und oftmals brandneuen politischen Bewegungen einem Wahlsieg relativ nahe gekommen sind – zur großen Überraschung der Meinungsforscher und etablierten Politikexperten – eine Tatsache, die während der Jahrzehnte, in denen neoliberale Ideen den öffentlichen Diskurs dominierten, bestritten und unterdrückt wurde: Tiefgreifende fortschrittliche Reformen sind populärer, als viele von uns noch vor ein, zwei Jahren zu träumen gewagt hätten.

Wir müssen Folgendes verinnerlichen: Der Bann des Neoliberalismus ist dank der Lebenserfahrung der Menschen und dank zahlloser unbestreitbarer Tatsachen endlich gebrochen. Neuerdings bringt es Kandidaten Millionen von Wählerstimmen ein, Dinge anzusprechen, die ewig als tabu galten: *Kostenloses Studium, Verdoppelung des Mindestlohns, so schnell wie technisch möglich komplett zu erneuerbare Energien wechseln, Demilitarisierung der Polizei, das Gefängnis ist kein geeigneter Ort für junge Menschen, Flüchtlinge sind hier willkommen, Kriege machen unser aller Leben unsicherer.* Und die Menschenmengen reagieren mit lautstarker Begeisterung. Wer weiß, was angesichts von so viel Ermunterung noch alles folgt? Wiedergutmachung für Versklavung und Kolonialisierung? Ein Marshallplan für die Bekämpfung von Gewalt gegen Frauen? Abschaffung von Gefängnissen? Demokratisch organisierte Kooperativen als Herzstück eines Programms für die Förderung grüner Jobs? »Wachstum« nicht länger als Maßstab von Fortschritt benutzen? Warum nicht? Mit der geistigen Selbstbeschränkung, die derart lange die Vorstellungskraft fortschrittlich denkender Menschen gezügelt hat, scheint es vorbei zu sein.

Die Beinahe-Siege der Linken in den letzten beiden Jahren sind keine Niederlagen. Sie sind die ersten Regungen einer grundsätzlichen ideologischen Neuausrichtung, aus der durchaus eine Mehrheit für eine fortschrittliche Politik resultieren kann – geopolitisch genauso signifikant wie die Erfolge autoritärer und neofaschistischer Kräfte vom rechten Rand. Die Schwäche und die Fehler dieser Kandidaten sollte übrigens kein Grund für Verzweiflung, sondern für echte Hoffnung sein. Es bedeutet, dass die Möglichkeit besteht, ein viel größeres politisches Zelt zu errichten – sofern wir von Anfang an die Stangen gemeinsam an der richtigen Stelle in den Boden treiben. Viele Anführer von linken Bewegungen meinen, wir sollten als Erstes die Prämisse akzeptieren, dass die zunehmende ökonomische Ungleichheit und die drohende Klimakatastrophe zwangsläufige Folgen der Weltanschauung von Politikern sind, die Menschen je nach Hautfarbe oder Geschlecht verschiedenen Wert zumessen und ihre Macht vor allem der Fähigkeit verdanken, Teile der Gesellschaft gegen jene aufzuhetzen, die aufgrund von Hautfarbe, Religion oder sexuelle Orientierung eine Minderheit bilden. Und wenn die politische Bewegung, die dieser Prämisse folgt, zudem einen Plan hat, wie man die neuen Techniken und den globalen Handel human und demokratisch gestalten kann, würde sie rasch den rechten Populisten Terrain abjagen und sich zugleich als Wegweiserin in eine aufregende verheißungsvolle Zukunft statt als Bewahrerin altbackener Traditionen präsentieren. Eine Mischung aus echter Diversität und entschlossenem Blick nach vorne könnte sich als unschlagbar erweisen.

Wer dies für ein zu optimistisches Szenario hält, sollte

Folgendes nicht vergessen: In den USA hat die Zahl der Menschen, die sich politischen Bewegungen anschließen und sich dort engagieren, laut Einschätzung erfahrener Aktivisten eine verblüffende Größe erreicht. Demonstrationen – für Frauenrechte, gegen Abschiebungen und gegen die Tötungen von Schwarzen durch die Polizei – verzeichnen mehr Teilnehmer denn je. Von progressiven politischen Gruppen organisierte Versammlungen, Vorträge und Diskussionsrunden sind häufig überfüllt. Etwas Bedeutendes ist im Entstehen begriffen, und wenn jemand zu wissen behauptet, wohin dies führen wird, sollte man ihm genauso wenig trauen wie den Meinungsforschern, die uns erzählt haben, dass Trump die Wahl unmöglich gewinnen kann und die Briten bestimmt nicht für den Brexit stimmen werden. Das erwähnte große Zelt in Zeiten politischer Einzelinteressen zu errichten ist ein hartes Stück Arbeit und erfordert die Bereitschaft, sich vorbehaltlos mit schmerzhaften Erfahrungen der Vergangenheit auseinanderzusetzen. Aber was bleibt uns in der gegenwärtigen Situation, in der sich furchterregende und hoffnungsvolle Perspektiven die Waage halten, anderes übrig, als es zu versuchen? Als uns auf jede sich bietende Gelegenheit zu stürzen?

Nachdem beispielsweise der erste Versuch Trumps gescheitert war, Obamas Krankenversicherung abzuschaffen, gewann die Bewegung für die Einführung einer obligatorischen, staatlich finanzierten Krankenversicherung im ganzen Land Zulauf, und die Idee von »Medicare für alle« erschien plötzlich einer viel größeren Zahl von Menschen sinnvoll. Nun wird Druck ausgeübt, damit diese Idee in großen Staaten wie Kalifornien verwirklicht wird, egal was in Washington passiert.

Sollten Trumps Pläne auch künftig mit seiner geradezu absurden Unfähigkeit, sie umzusetzen, gepaart sein, werden sich weitere solcher Gelegenheiten ergeben. Falls das Nordamerikanische Freihandelsabkommen NAFTA tatsächlich neu verhandelt wird, ist eine Art Verschiebung der tektonischen Platten zu erwarten. Trumps Vorgehen wäre eine bittere Enttäuschung für seine Wähler aus der Arbeiterklasse, aber der Umstand, dass ein Abkommen neu verhandelt würde, von dem es hieß, es werde für alle Zeiten gelten, wäre auch eine Chance für Gewerkschaften und Umweltschützer, ein Konzept für wirklich fairen Handel zu präsentieren und um Unterstützung dafür zu werben. Jede dieser Gelegenheiten – und es wird bestimmt viele geben – verschafft uns die Möglichkeit, konkret darzulegen, wie eine Alternative zum rechten Populismus aussehen kann und sollte. Und jedes Mal wird unser politisches Programm um eine Facette reicher.

Noch ein letzter Punkt: Trumps Katastrophen-Kapitalisten haben die Kontrolle über einen sehr mächtigen Teil der amerikanischen Exekutive – aber sie haben nicht die Kontrolle über das ganze Land. Sie haben nicht alle Städte und Bundesstaaten unter ihrer Kontrolle. Und häufig haben sie nicht einmal die Kontrolle über die Entscheidungen des Kongresses. Keinesfalls unter Kontrolle haben sie Universitäten, religiöse Institutionen und Gewerkschaften. Und sie haben keine Kontrolle über die Gerichte – jedenfalls noch nicht. Sie haben keine Kontrolle über andere unabhängige Länder. Und sie haben keine Kontrolle über uns, denn wir können uns ihnen überall auf der Welt allein oder in Gruppen widersetzen.

Gerade weil die Politik, die derzeit im Weißen Haus gemacht wird, so ungemein gefährlich ist, kommt dem, was wir gemeinsam in den nicht *trumpifizierten* Umgebungen tun, eine besonders große Bedeutung zu. Beim Parteitag der Demokraten im Jahr 2016 sagte Michelle Obama in ihrer Rede den inzwischen legendären Satz: »When they go low, we go high.« Sie meinte damit weniger die Taten des politischen Gegners, sondern dessen Tonfall, und stellte klar, dass es für sie und ihren Ehemann nicht in Frage kam, sich hinunter auf das erbärmliche Niveau von Trump und seinen Spießgesellen zu begeben. Es ist an der Zeit, diese Haltung von Worten auf Taten zu übertragen: Wenn unsere Gegner Tiefschläge verteilen, sollten wir das als Ansporn verstehen, höhere Ziele anzustreben. In den vielen Bereichen, die Trump nicht unter Kontrolle hat, müssen wir uns solche hohen Ziele setzen und möglichst viel erreichen. Wir müssen mehr als bisher tun, um den katastrophalen Klimawandel zu verhindern. Wir müssen mehr tun, um Migranten und Flüchtlinge in unseren Städten Schutz zu bieten. Wir müssen mehr tun, um militärische Eskalationen zu vermeiden. Wir müssen mehr tun, um die Rechte von Frauen, Homosexuellen und Transgender zu verteidigen.

Umgekehrter Schock

Jahrzehntelang haben die Eliten die Macht von Schocks für albtraumhafte politische Maßnahmen genutzt. Donald Trump glaubt, er könne diese Tradition fortführen, und er glaubt, dass wir morgen vergessen haben werden, was er gestern gesagt hat (und wenn nicht, wird er bestreiten, es je gesagt zu haben), dass wir uns von den Ereignissen überrollen lassen und am Ende auseinanderstieben, aufgeben, so dass er nach Belieben herrschen kann.

Aber wie wir gesehen haben, führen Krisen nicht zwangsläufig dazu, dass Gesellschaften regredieren und kapitulieren. Es gibt auch eine zweite Option – wir können angesichts einer schweren Bedrohung, die uns alle betrifft, den Entschluss fassen, uns zusammenzuschließen und einen evolutionären Satz nach vorne zu wagen. Wir können, in den Worten von Reverend William Barber, »die Moral-Defibrillatoren unserer Zeit sein, die dem Herz unserer Nation einen Schock versetzen und eine Bewegung des Widerstands, der Hoffnung, des Strebens nach Gerechtigkeit und der Liebe gründen«. Wir können, mit anderen Worten, uns selbst total überraschen – indem wir vereint, zielgerichtet und entschlossen handeln. Indem wir uns weigern, auf die altbekannten einfallslosen Schock-Methoden hereinzufallen, egal wie stark wir unter Druck gesetzt werden. Der kapitalistische Putsch, den ich in diesem Buch in seiner ganzen Tragweite beschrieben habe, ist eine Krise mit globalen Auswirkungen, die womöglich noch in künftigen Zeitaltern spürbar sein werden.

Wie wir auf diese Krise reagieren, bleibt uns überlassen.

Also lasst uns die zweite Option wählen.

Lasst uns einen Satz nach vorne machen.

Postscriptum:
Das Leap-Manifest

Ausgehend von der Prämisse, dass Kanada vor der tiefsten Krise seiner jüngeren Vergangenheit steht.

Die Wahrheits- und Versöhnungskommission hat die schockierende Gewalt anerkannt, von der die jüngste Vergangenheit Kanadas zeitweise geprägt war. In der kanadischen Gegenwart stellen Armut und Ungleichheit ein immer größeres Problem dar. Und unsere Bilanz, was den Klimawandel angeht, ist ein Verbrechen gegen die Zukunft der Menschheit.

All diese Fakten sind umso beschämender, da sie dramatisch von den Werten abweichen, die wir für uns in Anspruch nehmen: die Achtung der Rechte indigener Gemeinschaften, Internationalismus, Menschenrechte, Vielfalt und Umweltverantwortung.

Es ist möglich, diese Werte in Kanada auch tatsächlich zu leben.

Wir könnten in einem Land leben mit einer wahrhaft gerechten erneuerbaren Energieversorgung, mit leicht zugänglichen öffentlichen Verkehrsmitteln für alle, mit neuen Arbeitsplätzen und Chancen, die dazu beitragen, systematisch alle Ungleichheiten aufgrund der ethnischen Herkunft und des Geschlechts zu beseitigen. Die Fürsorge füreinander und für unseren Planeten könnten unsere wachstumsstärksten Wirtschaftsbereiche sein. Dank besserer Bezahlung und kürzeren Arbeitszeiten hätten viel mehr Menschen die Möglichkeit, genügend Zeit mit Familie und Freunden zu verbringen und sich in ihrem Umfeld zu engagieren.

Wir wissen, dass uns für diesen Übergang nicht sehr viel Zeit bleibt. Aus der Klimawissenschaft geht klar hervor, dass wir noch in diesem Jahrzehnt entschlossen handeln müssen, um eine globale Erwärmung katastrophalen Ausmaßes zu verhindern.

Das heißt auch, dass uns kleine Schritte nicht mehr weiterbringen.

Vielmehr braucht es einen gewaltigen Satz nach vorne.

Und der beginnt mit *der Achtung der angeborenen Rechte und Landrechte derjenigen Menschen, die dieses Land bereits seit Menschengedenken verwalten. Indigene Gemeinschaften* stellen sich seit jeher industriellen Großprojekten in den Weg, um Flüsse, Küstenstreifen, Wälder und Ländereien zu beschützen. Wir können sie darin unterstützen und eine neue Beziehung zu diesen Gemeinschaften aufbauen, *indem wir die Erklärung der Vereinten Nationen über die Rechte der indigenen Völker in vollem Umfang umsetzen.*

In Anlehnung an die Verträge, welche die Rechtsgrundlage für das Bestehen dieses Landes darstellen und uns verpflichten, das Land zu teilen, »solange die Sonne scheint, das Gras wächst und die Flüsse fließen«, fordern wir Energiequellen, die überdauern und nicht endlich sind oder die Umwelt vergiften. Dank bahnbrechender technischer Fortschritte sind wir diesem Traum heute zum Greifen nahe. Neue Studien zeigen, dass innerhalb von 20 Jahren die gesamte Stromversorgung Kanadas auf erneuerbare Energiequellen umgestellt werden kann; bereits im Jahr 2050 könnten wir eine zu 100 % saubere Wirtschaft haben.

Wir fordern ein Umdenken – und zwar jetzt.

Es gibt *keine Entschuldigung mehr für neue Infrastruk-turprojekte, die das Extraktivismusmodell noch jahr-zehntelang weiterführen.* Die neue eiserne Regel für Ener-gieprojekte muss lauten: *Was man nicht vor der eigenen Haustür haben möchte, hat auch vor anderer Leute Haus-tür nichts zu suchen.* Dies betrifft zum Beispiel Öl- und Gaspipelines; Fracking in New Brunswick, Quebec und British Columbia; mehr Tankschiffe vor unserer Küste und Bergbauprojekte kanadischer Firmen auf der ganzen Welt.

Die Zeit ist reif für *Energiedemokratie*: Wir fordern nicht nur veränderte Energiequellen, sondern sind auch der Ansicht, dass diese neuen Energiesysteme soweit als mög-lich von den örtlichen Gemeinschaften selbst kontrolliert werden sollten.

Mit innovativen Eigentümerstrukturen können wir eine Alternative zu profitgierigen Privatunternehmen und bü-rokratielastigen staatlichen Betrieben schaffen: demokra-tisch geführte Einrichtungen, die einen existenzsichernden Lohn zahlen und dafür sorgen, dass die Erlöse im regiona-len Wirtschaftskreislauf verbleiben. *Und insbesondere in-digene Gemeinschaften sollten öffentliche Unterstützung für ihre eigenen Projekte zur sauberen Energiegewinnung erhalten. So auch Gemeinden, die derzeit mit den schwe-ren gesundheitlichen Folgen umweltverschmutzender In-dustrietätigkeiten leben müssen.*

Strom, der auf diese Weise gewonnen wird, deckt nicht nur unsere Elektrizitätsbedürfnisse ab, sondern hilft auch bei der Umverteilung von Reichtum, stärkt die Demokra-tie und trägt dazu bei, die Wunden zu heilen, die Kanada seit seiner Gründung mit sich herumträgt.

Der neue Kurs einer umweltverträglichen Wirtschaft

bringt noch viele weitere Möglichkeiten für solche positiven Nebeneffekte mit sich. Wir fordern ein *umfassendes Programm zum Bau energieeffizienter Häuser und zur Sanierung des existierenden Wohnbestands, das als Allererstes den Menschen und Gemeinschaften mit dem niedrigsten Einkommen zugutekommt* und ihnen Ausbildungs- und andere Möglichkeiten zur langfristigen Armutsminderung bietet. *Wir fordern Aus- und Weiterbildungsmöglichkeiten sowie andere Ressourcen für Arbeiter*innen in kohlenstoffintensiven Wirtschaftszweigen, damit sie ohne Einschränkung Teil der klimafreundlichen Wirtschaft sein können.* Dabei sollten die Arbeiter*innen auf demokratische Weise mit einbezogen werden. *Mit erneuerbaren Energien betriebene Hochgeschwindigkeitszüge und erschwingliche öffentliche Verkehrsmittel können alle Menschen im ganzen Land miteinander verbinden –* anstelle von noch mehr PKW, Pipelines und explodierenden Güterzügen, die gefährlich sind und eine entzweiende Wirkung haben.

Und da wir mit diesem Satz nach vorne etwas spät dran sind, müssen wir auch *in unsere alte öffentliche Infrastruktur investieren,* damit sie extremen Wetterereignissen standhält.

Ein *landwirtschaftliches System, das viel stärker örtlich und ökologisch ausgerichtet ist,* würde unsere Abhängigkeit von fossilen Brennstoffen verringern, Kohlenstoff im Boden binden und unerwartete Schocks in der globalen Versorgung abfedern – und gleichzeitig gesündere und erschwinglichere Nahrungsmittel für alle bereitstellen. *Wir fordern ein Ende aller Handelsabkommen, die uns Steine in den Weg legen bei dem Versuch, lokale Wirtschaftskreisläufe wiederzubeleben, Konzerne zu regulie-*

ren und schädliche extraktive Projekte zu stoppen. Um die Waage der Gerechtigkeit wieder ins Gleichgewicht zu bringen, sollten wir dafür sorgen, *dass alle Arbeiter*innen Einwandererstatus und umfassende Absicherung erhalten.* In Anerkennung der Rolle, die Kanada in militärischen Konflikten und beim Fortschreiten des Klimawandels – beides wichtige Ursachen für die weltweite Flüchtlingskrise – spielt, müssen wir Flüchtlinge und Migrant*innen, die auf der Suche nach Sicherheit und einem besseren Leben sind, willkommen heißen.

Der Übergang zu einer Wirtschaft, die im Einklang mit den begrenzten Ressourcen der Erde steht, bedeutet auch den *Ausbau der Wirtschaftsbereiche, die bereits kohlenstoffarm sind: Pflege, Lehrarbeit, Sozialarbeit, Kunst und öffentliche Medien. Es wird höchste Zeit für ein nationales Kinderbetreuungsprogramm nach dem Vorbild von Quebec.* Die Arbeit in all diesen Branchen, die zu einem großen Teil von Frauen verrichtet wird, ist der Kern jeder menschenwürdigen, widerstandsfähigen Gesellschaft – und es ist wichtig, dass unsere Gesellschaft angesichts der turbulenten Zukunft, die uns bereits bevorsteht, so widerstandsfähig wie möglich ist.

Da weite Teile der Betreuungsarbeit – ob im Bereich Mensch oder Natur – derzeit unbezahlt verrichtet werden, rufen wir zu einer intensiven Diskussion über die Einführung eines *bedingungslosen Grundeinkommens* auf. Ein solches Sicherungsnetz, wie es in den 1970er Jahren erstmals in Manitoba erprobt wurde, könnte dazu beitragen, dass niemand eine Arbeit annehmen muss, welche die Zukunft der eigenen Kinder gefährdet, nur um eben diese Kinder in der Gegenwart zu ernähren.

Wir erklären »Austerität« – die Sparpolitik, mit der koh-

lenstoffarme Branchen wie Bildung und Gesundheitsfür-
sorge sowie das öffentliche Verkehrswesen systematisch
ausgehöhlt werden, während gleichzeitig unverantwort-
liche Privatisierungen im Energiebereich forciert werden –
zu einem überholten und lebensbedrohlichen Konzept.

Die finanziellen Mittel für diesen grundlegenden Kurs-
wechsel sind vorhanden – es braucht lediglich die richtigen politischen Maßnahmen, um sie freizusetzen. *Wie*
das Beenden der Subventionierung fossiler Brennstoffe.
Finanztransaktionssteuern. Höhere Förderabgaben auf
Ressourcen. Höhere Ertragssteuern für Konzerne und
wohlhabende Einzelpersonen. Eine progressive Kohlen-
stoffsteuer. Senkung der Militärausgaben. All diese Maßnahmen basieren schlicht auf dem *Verursacherprinzip* und
können unglaublich viel bewirken.

Eines ist klar: Knappe öffentliche Mittel in Zeiten bei-
spielloser Mengen an Privatvermögen sind Zeichen einer
konstruierten Krise, die ganz konkret darauf abzielt, alle
Träume bereits im Keim zu ersticken.

Diese Träume sind größer als dieses Dokument. Wir rufen zu Gemeindeversammlungen im ganzen Land auf, bei
denen sich Anwohner*innen demokratisch versammeln
und definieren, welche Art von Satz nach vorne ihre eigene
örtliche Wirtschaft benötigt.

Dieses Wiederaufblühen basisdemokratischer Entschei-
dungsfindung wird unausweichlich auf jeder Regierungs-
ebene zu mehr Demokratie führen und zu einem System
beitragen, in dem *jede Stimme zählt und Unternehmens-*
kapital keinen Platz mehr in der Politik hat.

Wir haben eine große Aufgabe zu bewältigen, doch die
aktuelle Situation erfordert nun einmal genau das.

Dank des Ölpreiseinbruchs wurde dem Ehrgeiz, fossile

Brennstoffe so schnell abzubauen, wie es die Risikotechnologien erlauben, vorübergehend der Wind aus den Segeln genommen. Diese Unterbrechung des frenetischen Expansionskurses sollte nicht als Krise, sondern als Geschenk betrachtet werden.

Als ein seltener Augenblick, der uns die Möglichkeit gibt, in den Spiegel zu sehen – und uns für eine Veränderung zu entscheiden.

Daher appellieren wir an alle, die ein politisches Amt anstreben, von dieser Möglichkeit Gebrauch zu machen und sich zu der Notwendigkeit eines tiefgreifenden Wandels zu bekennen. Dies ist unsere erklärte Pflicht gegenüber all denjenigen, denen unser Land in der Vergangenheit Schaden zugefügt hat; gegenüber all denjenigen, die gegenwärtig unnötiges Leid ertragen müssen; und gegenüber all denjenigen, die ein Recht auf eine sichere und aussichtsreiche Zukunft haben.

Es ist Zeit für couragiertes Handeln.

Es ist Zeit für einen Satz nach vorne.

Danksagung

Eine Reihe großartiger Menschen haben mir geholfen, dieses Buch in äußerst kurzer Zeit fertigzustellen. Louise Dennys, Verlagsleiterin von Penguin Random House Canada, hat mir hervorragende Ratschläge gegeben, durch die der Text in vieler Hinsicht gewann. Johann Hari bestand darauf, dass ich das Buch schreiben sollte, ehe ich selbst davon überzeugt war, und er zeichnete lange Gespräche zwischen uns auf, um mir zu zeigen, dass Teile des Materials bereits vorhanden waren, und verlieh etlichen Entwürfen größere Präzision. Derrick O'Keefe ließ alles stehen und liegen, um zu redigieren, zu recherchieren und uns zu betreuen. Sharon Riley war eine exzellente Rechercheurin und eine sorgfältige Fact-Checkerin, wobei sie unverzichtbare Hilfe von Christine Shearer, Allie Tempus, Kate Aronoff und Rajiv Sicora erhielt. Jackie Joiner fungierte wie immer auf ihre unnachahmliche Art als Orchesterdirigentin.

Louise und ich sind sehr froh, mit zwei wundervollen Lektoren zusammenarbeiten zu dürfen: Helen Conford bei Penguin Random House UK und Anthony Arnove bei Haymarket Books in den USA. Er kümmert sich auch um die internationalen Lizenzen. Die schrecklich enge Zeitplanung verlangte wahre Wunder von beiden und von den Verlagsmitarbeitern, insbesondere Rick Meier und Deirdre Molina, und von der unermüdlichen Herstellungs-Crew von Knopf Canada, bestehend aus Brittany Larkin, Terra

Page, John Sweet und dem Creative Director Scott Richardson. Ich bin *The Intercept*, *The Nation* und *The Guardian* zu Dank verpflichtet, da bei ihnen Teile dieses Buches zuerst erschienen. Michelle Alexander, Keeanga-Yamahtta Taylor und Eve Ensler haben frühe Textentwürfe gelesen und wertvolles Feedback geliefert.

Mein Ehemann Avi Lewis half mir, viele Aspekte meiner Argumentation zu durchdenken, und er gab mir genug Zeit und Raum, um mich dem Projekt vollständig zu widmen. Mein Dank gilt zudem Michael, Bonnie und Seth Klein; Michele Landsberg und Stephen Lewis; Sol Guy, Seth MacFarlane, Kyo Maclear, Brit Marling, Katie McKenna, Bianca Mugyenyi, Betsy Reed, Anthony Rogers-Wright, Juliana Saehrig, Katharine Viner und Ofelia Whitely. Das unglaubliche Leap-Team und die sechzig Menschen, die das ursprüngliche Manifest formulierten, dienen mir als Stütze und Vorbild. Wir leiden noch immer unter dem Verlust unseres wundervollen Mitstreiters Arthur Manuel. Mein größter Dank gilt dem geduldigen kleinen Toma, der seine Mutter während der vergangenen Monate vermisste, und dennoch der festen Überzeugung ist, Donald Trump sei zu »gemein«, um Präsident sein zu dürfen.